#2주+2주
#쉽게
#빠르게
#재미있게

한자 전략 완성

#한자 급수 시험 대비부터 #창의 융합 사고력까지 #지루하지 않게 급수 시험 준비하기

한자 전략 시리즈 구성

1단계~6단계

8급

1단계 A, B

7급Ⅱ

2단계 A, B

7급

3단계 A, B

6급Ⅱ

4단계 A, B

6급

5단계 A, B

5급Ⅱ

6단계 A, B

심화 학습

심화 한자로 익히는
교과 학습 한자어

급수별 배정 한자 수록
한자 쓰기장

실제 시험 대비
모의 평가

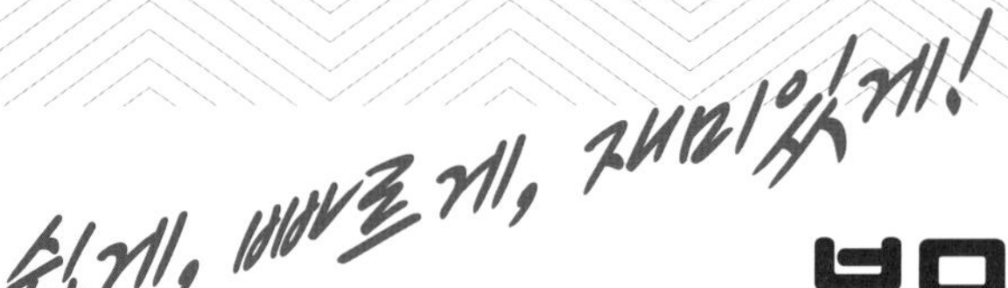

부모님과 함께하는 한자 전략

한자의 모양 · 음(소리) · 뜻을 빠짐없이 완벽 습득

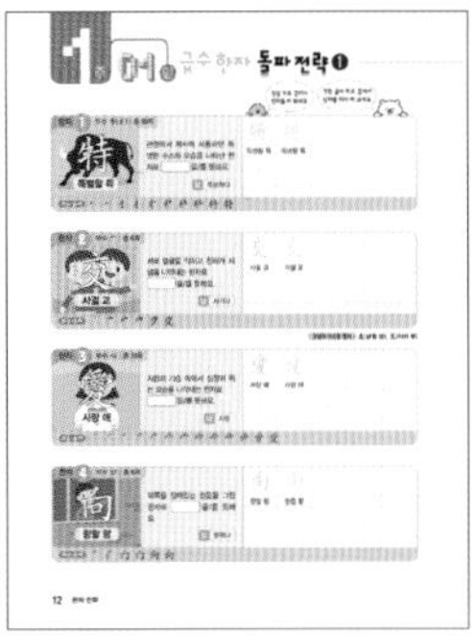
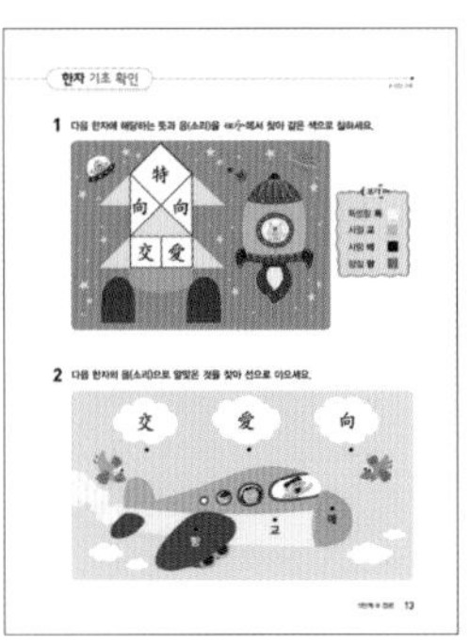

- 한 번에 한자를 떠올릴 수 있게 도와줄 그림과 빈칸 채우기 활동으로 한자를 기억할 수 있도록 지도해 주세요.
- 다양한 문제를 풀며 반복 학습을 할 수 있게 해 주세요.

뜻부터 활용까지 알찬 한자어 학습

- 한자어와 관련된 그림을 보며 한자어의 의미를 떠올리도록 지도해 주세요.
- 한자어가 활용된 문장을 함께 읽으며 생활 속 어휘 실력을 키워 주세요.

기출 유형부터 창의력 UP 신유형 문제까지!

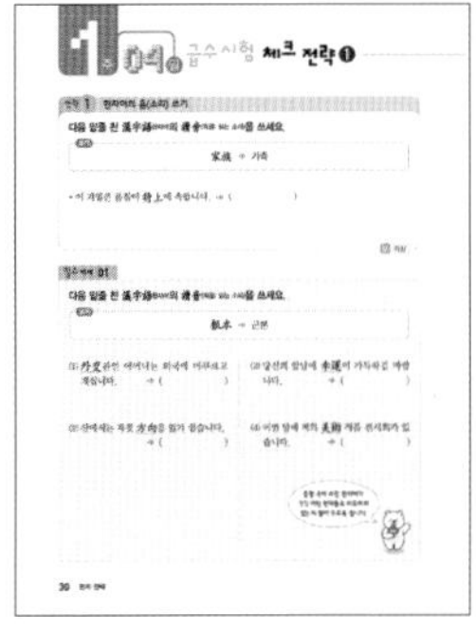

- 다양한 급수 시험 유형 문제를 통해 효율적으로 시험을 대비할 수 있도록 지도해 주세요.
- 만화, 창의·융합·코딩, 신유형·신경향·서술형 문제를 풀며 재미있게 공부하도록 이끌어 주세요.

Chunjae Makes Chunjae

▼

[한자 전략]

편집개발 하미리, 이정호, 김성호
디자인총괄 김희정
표지디자인 윤순미, 김주은
내지디자인 박희춘, 유보경
삽화 이경희, 신은영, 이영동, 정윤슬, 장현아
제작 황성진, 조규영

발행일 2023년 3월 1일 초판 2023년 3월 1일 1쇄
발행인 (주)천재교육
주소 서울시 금천구 가산로9길 54
신고번호 제2001-000018호
고객센터 1577-0902

※ 정답 분실 시에는 천재교육 교재 홈페이지에서 내려받으세요.

※ KC 마크는 이 제품이 공통안전기준에 적합하였음을 의미합니다.

※ 주의
책 모서리에 다칠 수 있으니 주의하시기 바랍니다.
부주의로 인한 사고의 경우 책임지지 않습니다.
8세 미만의 어린이는 부모님의 관리가 필요합니다.

5단계 B 6급 ②

전편

이 책의 **구성과 특징** — 2주 + 2주 완성

주 도입 **만화**

재미있는 만화를 보면서 한 주에 학습할 한자를 미리 만나 볼 수 있습니다.

급수 한자 **돌파 전략 ❶, ❷**

급수 한자 돌파 전략 ❶에서는 주제별로 뽑은 급수 한자의 모양·음(소리)·뜻을 학습합니다.

급수 한자 돌파 전략 ❷에서는 문제를 풀며 학습 내용을 확인합니다.

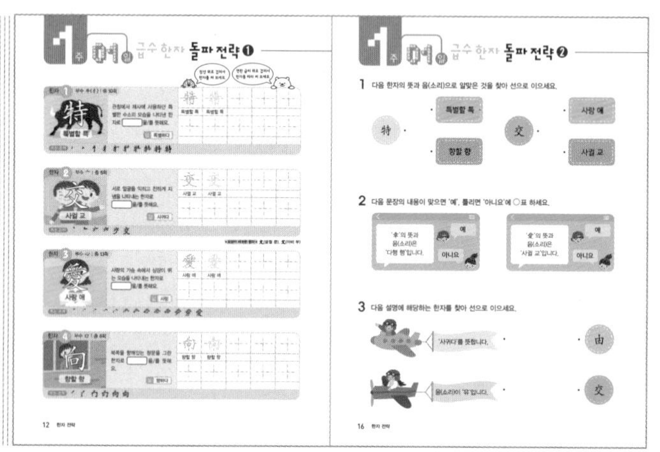

급수 한자어 **대표 전략 ❶, ❷**

급수 한자어 대표 전략 ❶에서는 1, 2일 차에서 학습한 한자가 포함된 대표 한자어를 학습합니다.

급수 한자어 대표 전략 ❷에서는 문제를 풀며 한자어의 뜻과 활용을 복습합니다.

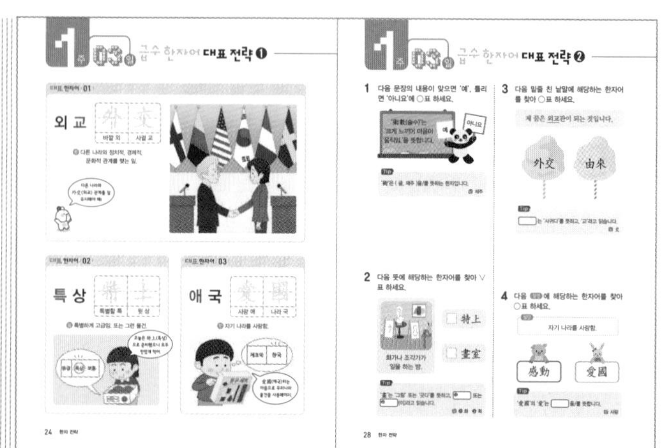

1주에 4일 구성+1일에 6쪽 구성

급수 시험 **체크 전략 ❶, ❷**

급수 시험 체크 전략 ❶은 시험에 꼭 나오는 유형을 모아 학습합니다.

급수 시험 체크 전략 ❷에서는 실전 문제를 풀어 보며 시험을 대비합니다.

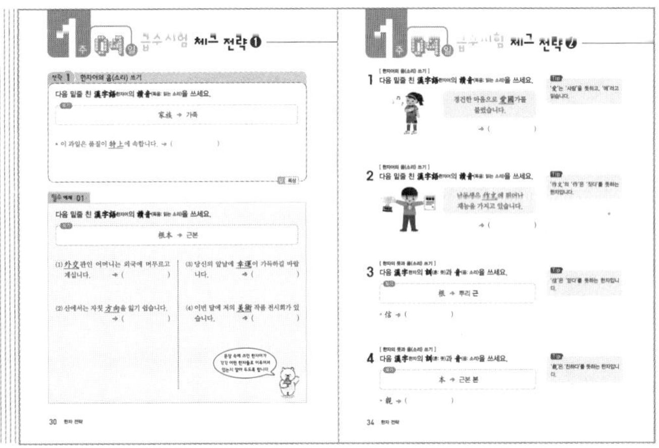

주 마무리

누구나 만점 전략

누구나 풀 수 있는 쉬운 문제를 풀며 학습 자신감을 높일 수 있습니다.

창의·융합·코딩 **전략 ❶, ❷**

융·복합적 사고력을 길러 주는 재미있는 문제를 만날 수 있습니다.

권 마무리

전·후편 마무리 **전략**

만화를 보며 학습을 재미있게 마무리할 수 있게 하였습니다.

신유형·신경향·서술형 **전략**

문제 해결력을 기를 수 있는 새로운 문제들을 단계별로 제시하였습니다.

적중 예상 **전략 1~2회**

총 2회로 실제 급수 시험을 준비할 수 있도록 구성하였습니다.

교과 학습 한자어 **전략**

교과 학습 시 자주 만나는 한자어와 5급 심화 한자를 함께 학습할 수 있도록 구성하였습니다.

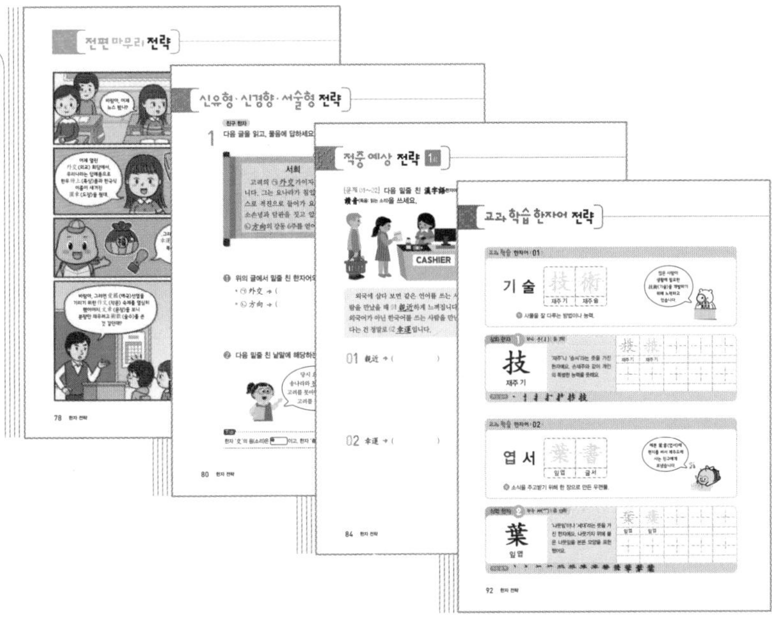

이 책의 차례

전편

친구 / 작품 한자 10쪽

01일 급수 한자 돌파 전략 ❶, ❷ .... 12~17쪽

02일 급수 한자 돌파 전략 ❶, ❷ .... 18~23쪽

03일 급수 한자어 대표 전략 ❶, ❷ .... 24~29쪽

04일 급수 시험 체크 전략 ❶, ❷ .... 30~35쪽

누구나 만점 전략 .... 36~37쪽

창의・융합・코딩 전략 ❶, ❷ .... 38~43쪽

과목 / 행동 한자 44쪽

01일 급수 한자 돌파 전략 ❶, ❷ .... 46~51쪽

02일 급수 한자 돌파 전략 ❶, ❷ .... 52~57쪽

03일 급수 한자어 대표 전략 ❶, ❷ .... 58~63쪽

04일 급수 시험 체크 전략 ❶, ❷ .... 64~69쪽

누구나 만점 전략 .... 70~71쪽

창의・융합・코딩 전략 ❶, ❷ .... 72~77쪽

전편 마무리 전략 .... 78~79쪽

신유형・신경향・서술형 전략 .... 80~83쪽

적중 예상 전략 1회, 2회 .... 84~91쪽

교과 학습 한자어 전략 .... 92~95쪽

후편

병원/생활 한자 8쪽

01일 급수 한자 돌파 전략 ❶, ❷ .... 10~15쪽

02일 급수 한자 돌파 전략 ❶, ❷ .... 16~21쪽

03일 급수 한자어 대표 전략 ❶, ❷ .... 22~27쪽

04일 급수 시험 체크 전략 ❶, ❷ .... 28~33쪽

누구나 만점 전략 .... 34~35쪽

창의•융합•코딩 전략 ❶, ❷ .... 36~41쪽

상태/행동 한자 42쪽

01일 급수 한자 돌파 전략 ❶, ❷ .... 44~49쪽

02일 급수 한자 돌파 전략 ❶, ❷ .... 50~55쪽

03일 급수 한자어 대표 전략 ❶, ❷ .... 56~61쪽

04일 급수 시험 체크 전략 ❶, ❷ .... 62~67쪽

누구나 만점 전략 .... 68~69쪽

창의•융합•코딩 전략 ❶, ❷ .... 70~75쪽

후편 마무리 전략 .... 76~77쪽

신유형·신경향·서술형 전략 .... 78~81쪽

적중 예상 전략 1회, 2회 .... 82~89쪽

교과 학습 한자어 전략 .... 90~93쪽

6급 배정 한자 총 300자

은 5단계 B 전편 학습 한자, 은 후편 학습 한자입니다.

ㄱ 家	歌	各	角	間	感	強	江
집 가	노래 가	각각 각	뿔 각	사이 간	느낄 감	강할 강	강 강
開	車	京	計	界	高	苦	古
열 개	수레 거|수레 차	서울 경	셀 계	지경 계	높을 고	쓸 고	예 고
功	公	空	工	共	科	果	光
공 공	공평할 공	빌 공	장인 공	한가지 공	과목 과	실과 과	빛 광
交	敎	校	球	區	九	口	國
사귈 교	가르칠 교	학교 교	공 구	구분할/지경 구	아홉 구	입 구	나라 국
郡	軍	根	近	今	金	急	級
고을 군	군사 군	뿌리 근	가까울 근	이제 금	쇠 금|성 김	급할 급	등급 급
旗	記	氣	ㄴ 男	南	內	女	年
기 기	기록할 기	기운 기	사내 남	남녘 남	안 내	여자 녀	해 년
農	ㄷ 多	短	答	堂	代	對	待
농사 농	많을 다	짧을 단	대답 답	집 당	대신할 대	대할 대	기다릴 대
大	圖	道	度	讀	冬	洞	東
큰 대	그림 도	길 도	법도 도|헤아릴 탁	읽을 독|구절 두	겨울 동	골 동|밝을 통	동녘 동
童	動	同	頭	等	登	ㄹ 樂	來
아이 동	움직일 동	한가지 동	머리 두	무리 등	오를 등	즐길 락|노래 악|좋아할 요	올 래
力	例	禮	路	老	綠	六	理
힘 력	법식 례	예도 례	길 로	늙을 로	푸를 록	여섯 륙	다스릴 리

里	李	利	林	立	ㅁ 萬	每	面
마을 리	오얏/성 리	이할 리	수풀 림	설 립	일만 만	매양 매	낯 면
命	明	名	母	目	木	文	聞
목숨 명	밝을 명	이름 명	어머니 모	눈 목	나무 목	글월 문	들을 문
門	問	物	米	美	民	ㅂ 朴	班
문 문	물을 문	물건 물	쌀 미	아름다울 미	백성 민	성 박	나눌 반
反	半	發	放	方	百	白	番
돌이킬/돌아올 반	반 반	필 발	놓을 방	모 방	일백 백	흰 백	차례 번
別	病	服	本	部	夫	父	北
다를/나눌 별	병 병	옷 복	근본 본	떼 부	지아비 부	아버지 부	북녘 북|달아날 배
分	不	ㅅ 四	社	事	死	使	算
나눌 분	아닐 불	넉 사	모일 사	일 사	죽을 사	하여금/부릴 사	셈 산
山	三	上	色	生	書	西	石
메 산	석 삼	윗 상	빛 색	날 생	글 서	서녘 서	돌 석
席	夕	先	線	雪	省	姓	成
자리 석	저녁 석	먼저 선	줄 선	눈 설	살필 성|덜 생	성 성	이룰 성
世	所	消	小	少	速	孫	樹
인간 세	바 소	사라질 소	작을 소	적을 소	빠를 속	손자 손	나무 수
手	數	水	術	習	勝	時	始
손 수	셈 수	물 수	재주 술	익힐 습	이길 승	때 시	비로소 시

6급 배정 한자 총 300자

市	食	式	植	神	身	信	新
저자 시	밥/먹을 식	법 식	심을 식	귀신 신	몸 신	믿을 신	새 신
失	室	心	十	ㅇ 安	愛	夜	野
잃을 실	집 실	마음 심	열 십	편안 안	사랑 애	밤 야	들 야
藥	弱	陽	洋	語	言	業	然
약 약	약할 약	볕 양	큰바다 양	말씀 어	말씀 언	업 업	그럴 연
永	英	午	五	溫	王	外	勇
길 영	꽃부리 영	낮 오	다섯 오	따뜻할 온	임금 왕	바깥 외	날랠 용
用	右	運	園	遠	月	油	由
쓸 용	오를/오른(쪽) 우	옮길 운	동산 원	멀 원	달 월	기름 유	말미암을 유
有	育	銀	飮	音	邑	意	衣
있을 유	기를 육	은 은	마실 음	소리 음	고을 읍	뜻 의	옷 의
醫	二	人	一	日	入	ㅈ 字	者
의원 의	두 이	사람 인	한 일	날 일	들 입	글자 자	사람 자
自	子	昨	作	章	長	場	在
스스로 자	아들 자	어제 작	지을 작	글 장	긴 장	마당 장	있을 재
才	電	戰	前	全	庭	正	定
재주 재	번개 전	싸움 전	앞 전	온전 전	뜰 정	바를 정	정할 정
弟	題	第	朝	祖	族	足	左
아우 제	제목 제	차례 제	아침 조	할아버지 조	겨레 족	발 족	왼 좌

晝	注	主	住	中	重	地	紙
낮 주	부을 주	임금/주인 주	살 주	가운데 중	무거울 중	땅 지	종이 지
直	集	ㅊ 窓	川	千	天	清	青
곧을 직	모을 집	창 창	내 천	일천 천	하늘 천	맑을 청	푸를 청
體	草	寸	村	秋	春	出	親
몸 체	풀 초	마디 촌	마을 촌	가을 추	봄 춘	날 출	친할 친
七	ㅌ 太	土	通	特	ㅍ 八	便	平
일곱 칠	클 태	흙 토	통할 통	특별할 특	여덟 팔	편할 편|똥오줌 변	평평할 평
表	風	ㅎ 下	夏	學	韓	漢	合
겉 표	바람 풍	아래 하	여름 하	배울 학	한국/나라 한	한수/한나라 한	합할 합
海	行	幸	向	現	形	兄	號
바다 해	다닐 행|항렬 항	다행 행	향할 향	나타날 현	모양 형	형 형	이름 호
畫	花	話	火	和	活	黃	會
그림 화|그을 획	꽃 화	말씀 화	불 화	화할 화	살 활	누를 황	모일 회
孝	後	訓	休				
효도 효	뒤 후	가르칠 훈	쉴 휴				

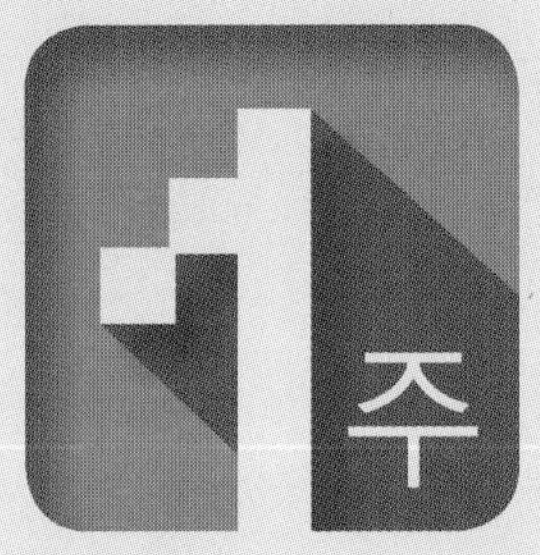

친구 / 작품 한자

오늘도 아름다운[美] 우리 영이! 춤도 잘 추고, 노래도 잘하고, 완전 만능 재주[術]꾼이라니까!

쳇! 그래봤자 영이는 네가 사랑[愛]하고 응원한다는 사실도 모를걸.

누가 알아? 너랑 가까운 곳에 더 특별[特]하고 믿음직스러운[信] 사람이 있을지?

흠

흠

……

헐

학습할 한자

❶ 特 특별할 **특** ❷ 交 사귈 **교** ❸ 愛 사랑 **애** ❹ 向 향할 **향** ❺ 由 말미암을 **유** ❻ 信 믿을 **신**
❼ 幸 다행 **행** ❽ 親 친할 **친** ❾ 美 아름다울 **미** ❿ 術 재주 **술** ⓫ 感 느낄 **감** ⓬ 作 지을 **작**
⓭ 文 글월 **문** ⓮ 章 글 **장** ⓯ 畫 그림 **화**|그을 **획** ⓰ 圖 그림 **도**

1주 04일 급수 한자 돌파 전략 ❶

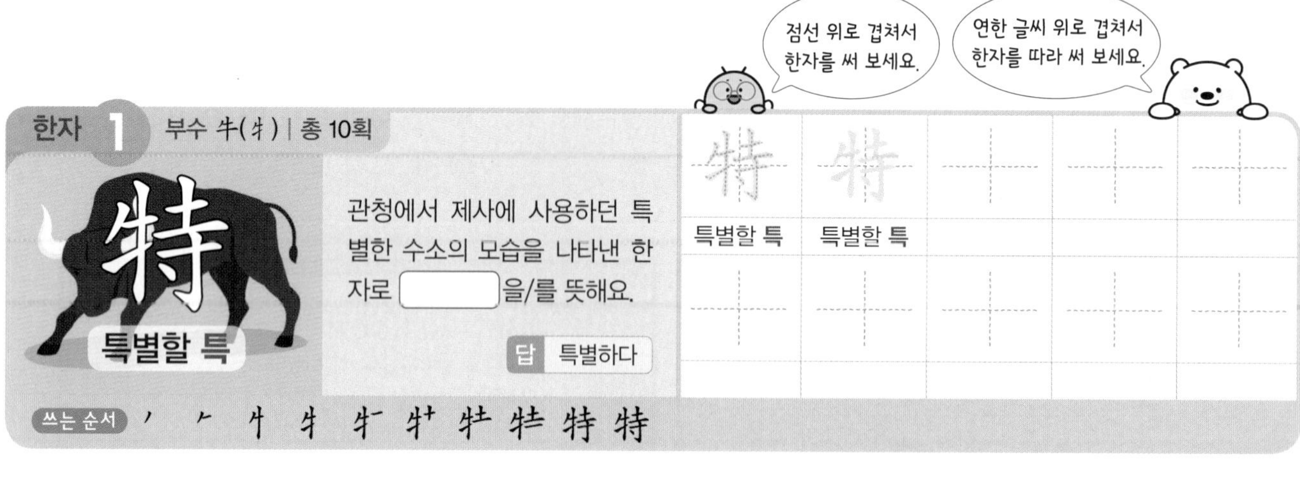

점선 위로 겹쳐서 한자를 써 보세요.

연한 글씨 위로 겹쳐서 한자를 따라 써 보세요.

한자 1 부수 牛(牜) | 총 10획

관청에서 제사에 사용하던 특별한 수소의 모습을 나타낸 한자로 [ ] 을/를 뜻해요.

답 특별하다

特 特
특별할 특 특별할 특

쓰는 순서 丿 𠂉 ⺧ 牛 牜 牪 特 特 特 特

한자 2 부수 亠 | 총 6획

서로 얼굴을 익히고 친하게 지냄을 나타내는 한자로 [ ] 을/를 뜻해요.

답 사귀다

交 交
사귈 교 사귈 교

쓰는 순서 丶 亠 亠 六 交 交

◦ 모양이 비슷한 한자 ◦ 文(글월 문), 父(아비 부)

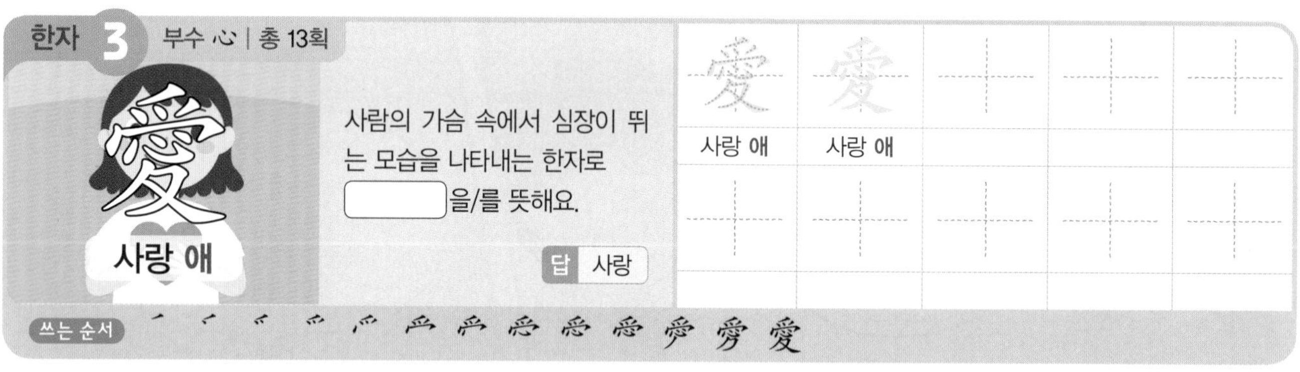

한자 3 부수 心 | 총 13획

사람의 가슴 속에서 심장이 뛰는 모습을 나타내는 한자로 [ ] 을/를 뜻해요.

답 사랑

愛 愛
사랑 애 사랑 애

쓰는 순서 ノ ⺈ ⺈ 爫 爫 爫 爫 爫 恶 恶 恶 愛 愛 愛

한자 4 부수 口 | 총 6획

북쪽을 향해 있는 창문을 그린 한자로 [ ] 을/를 뜻해요.

답 향하다

向 向
향할 향 향할 향

쓰는 순서 丿 丨 门 向 向 向

한자 기초 확인

▶정답 2쪽

1 다음 한자에 해당하는 뜻과 음(소리)을 보기에서 찾아 같은 색으로 칠하세요.

2 다음 한자의 음(소리)으로 알맞은 것을 찾아 선으로 이으세요.

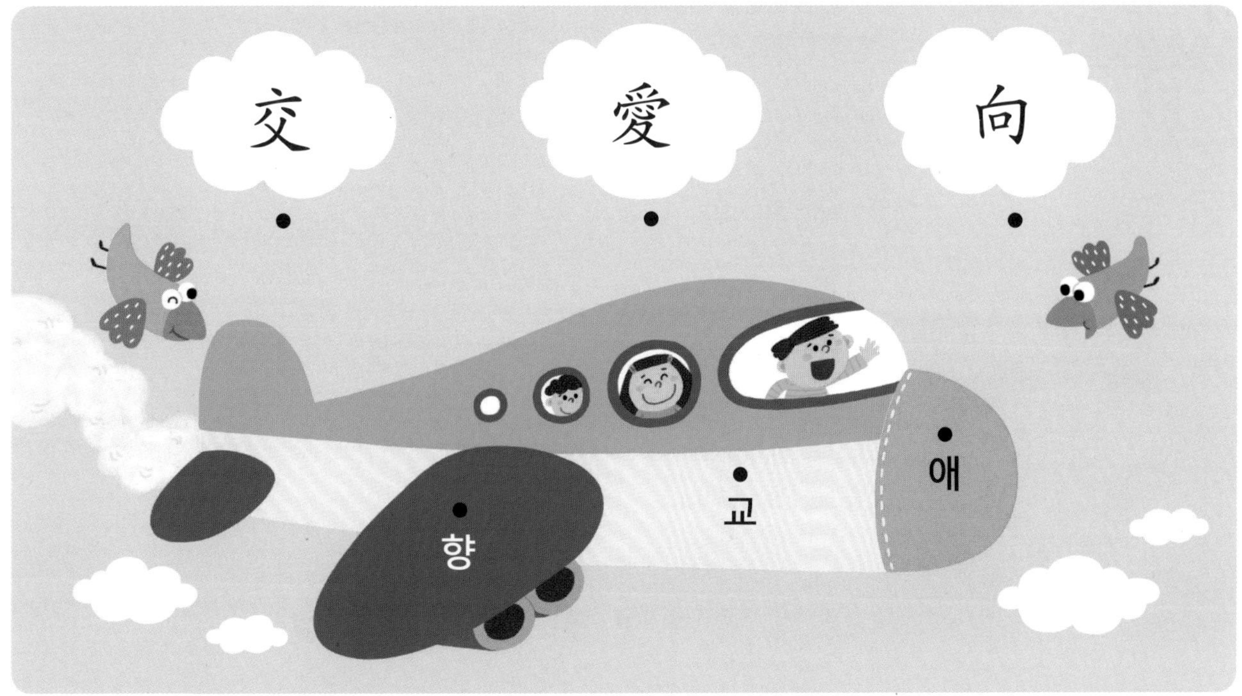

급수 한자 돌파 전략 ❶

점선 위로 겹쳐서 한자를 써 보세요.

연한 글씨 위로 겹쳐서 한자를 따라 써 보세요.

한자 5 부수 田 | 총 5획

由 말미암을 유

항아리를 표현한 한자로 후에 뜻이 변하여 [　　] 을/를 뜻하게 되었어요.

답 말미암다

由 由 말미암을 유 말미암을 유

쓰는 순서 丨 冂 日 由 由

한자 6 부수 人(亻) | 총 9획

信 믿을 신

사람의 말은 거짓이 없어야 한다는 의미에서 [　　] 을/를 뜻하게 되었어요.

답 믿다

信 信 믿을 신 믿을 신

쓰는 순서 丿 亻 亻 亻 仁 仨 信 信 信

한자 7 부수 干 | 총 8획

幸 다행 행

죄를 지은 사람을 잡는 도구를 나타낸 한자로 후에 [　　] (이)라는 뜻이 생겼어요.

답 다행

幸 幸 다행 행 다행 행

쓰는 순서 一 十 土 去 去 幸 幸 幸

한자 8 부수 見 | 총 16획

親 친할 친

눈앞에 보이는 아주 가까운 사람이라는 의미에서 [　　] 을/를 뜻하게 되었어요.

답 친하다

親 親 친할 친 친할 친

쓰는 순서 丶 亠 亠 立 立 立 辛 亲 亲 亲 親 親 親 親 親 親

▶정답 2쪽

3 다음 뜻과 음(소리)에 해당하는 한자를 찾아 ○표 하세요.

由

信

4 다음 한자의 음(소리)으로 알맞은 것을 찾아 그 번호를 쓰세요.

급수 한자 돌파 전략 ❷

1 다음 한자의 뜻과 음(소리)으로 알맞은 것을 찾아 선으로 이으세요.

2 다음 문장의 내용이 맞으면 '예', 틀리면 '아니요'에 ○표 하세요.

'幸'의 뜻과 음(소리)은 '다행 행'입니다.
예
아니요
'愛'의 뜻과 음(소리)은 '사귈 교'입니다.
예
아니요

3 다음 설명에 해당하는 한자를 찾아 선으로 이으세요.

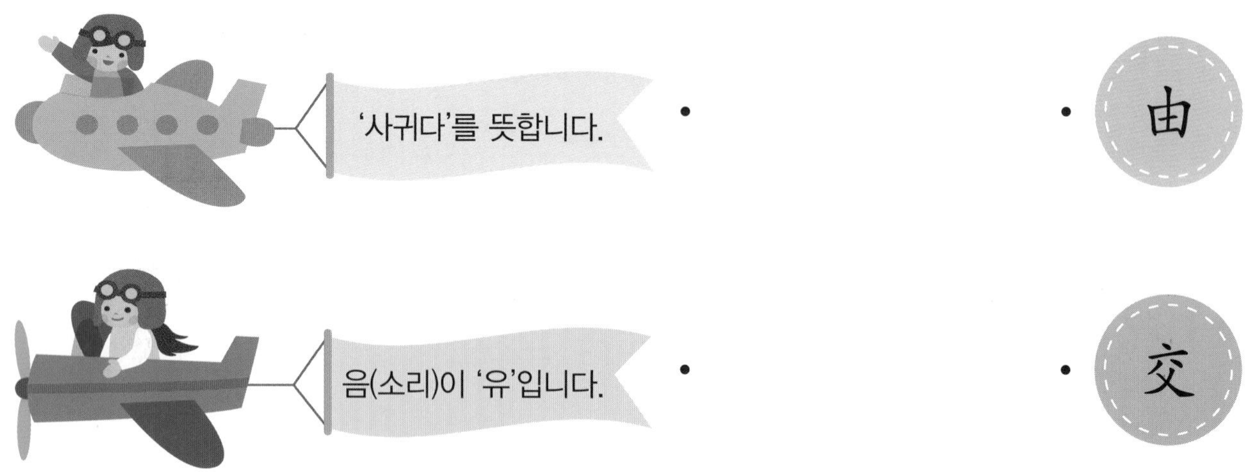

▶정답 2쪽

4 친구들이 들고 있는 한자의 뜻과 음(소리)을 보기 에서 찾아 그 번호를 쓰세요.

보기
① 말미암을 **유** ② 믿을 **신** ③ 향할 **향**

5 다음 밑줄 친 말에 해당하는 한자를 찾아 ○표 하세요.

재현이는 산타클로스가 있다고 <u>믿습니다</u>.
幸
信
特

6 다음 한자 카드에 들어갈 한자의 뜻과 음(소리)을 쓰세요.

급수 한자 돌파 전략 ❶

점선 위로 겹쳐서 한자를 써 보세요.

연한 글씨 위로 겹쳐서 한자를 따라 써 보세요.

한자 1 부수 羊 | 총 9획

크고 훌륭한 양의 뿔이나 아름다운 머리 장식을 한 사람의 모습에서 (   )(이)라는 뜻이 생겼어요.

답 아름답다

美 美

아름다울 미 아름다울 미

쓰는 순서 丶 丷 䒑 𦍌 𦍌 羊 羔 美 美

한자 2 부수 行 | 총 11획

손이 빠르게 움직이고 있는 모습에서 (   )(이)라는 뜻이 생겼어요.

답 재주

術 術

재주 술 재주 술

쓰는 순서 丿 彳 彳 彳 徘 徘 徘 徘 徘 徘 術

◦뜻이 비슷한 한자◦ 才(재주 재)

한자 3 부수 心 | 총 13획

오감을 통해 '모조리 느끼다'를 의미하는 한자로 (   )을/를 뜻해요.

답 느끼다

感 感

느낄 감 느낄 감

쓰는 순서 丿 厂 厂 厂 后 后 咸 咸 咸 咸 感 感 感

한자 4 부수 人(亻) | 총 7획

바느질하며 옷을 만드는 모습에서 (   ) 또는 '만들다'라는 뜻이 생겼어요.

답 짓다

作 作

지을 작 지을 작

쓰는 순서 丿 亻 亻 仁 竹 作 作

◦모양이 비슷한 한자◦ 昨(어제 작) ◦뜻이 비슷한 한자◦ 工(장인 공)

한자 기초 확인

▶정답 3쪽

1 다음 뜻과 음(소리)에 해당하는 한자를 찾아 선으로 이으세요.

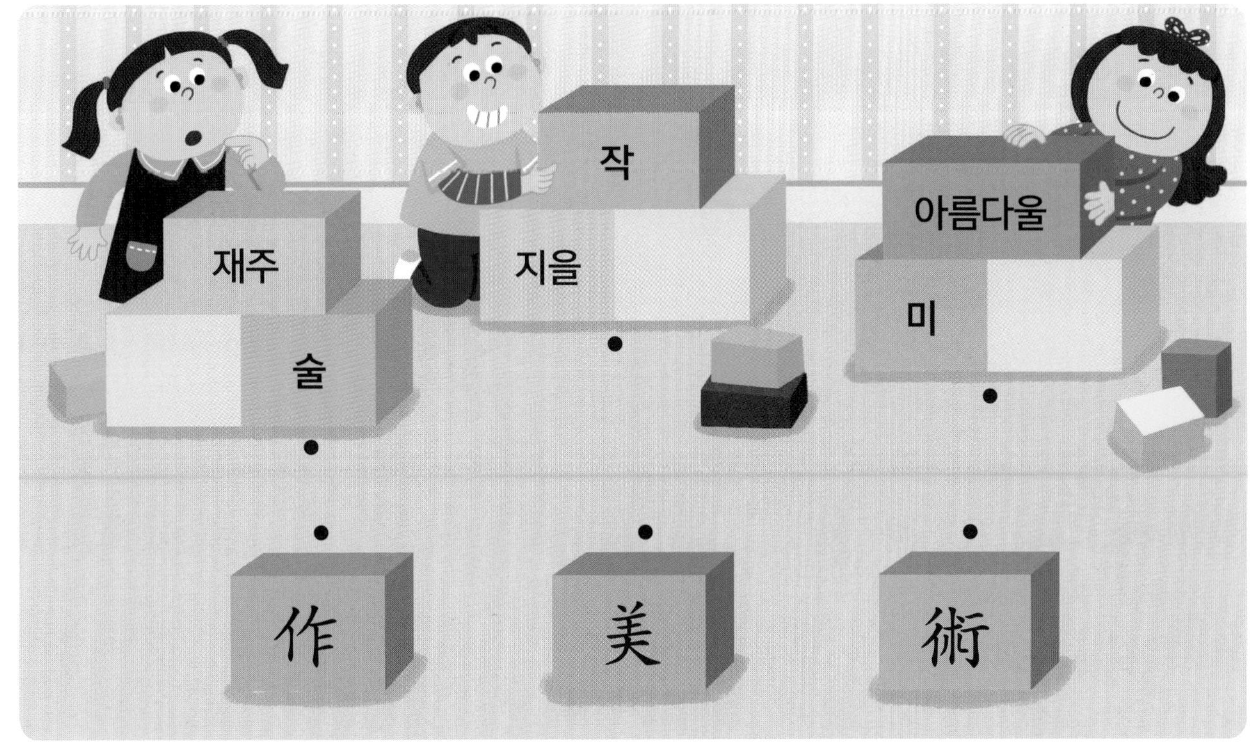

2 다음 뜻과 음(소리)에 해당하는 한자를 찾아 ∨표 하세요.

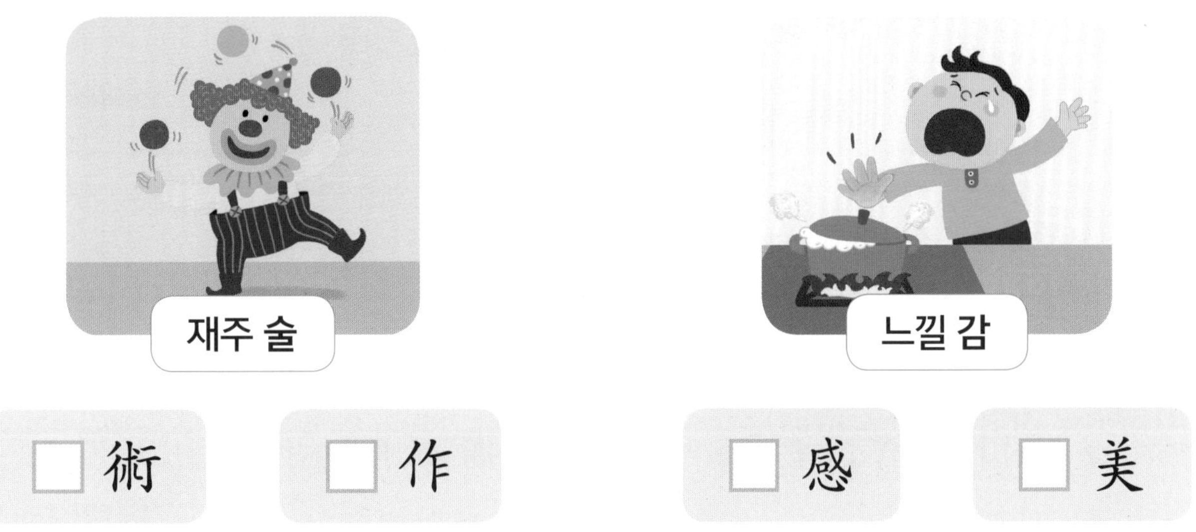

□ 術　□ 作　□ 感　□ 美

급수 한자 돌파 전략 ❶

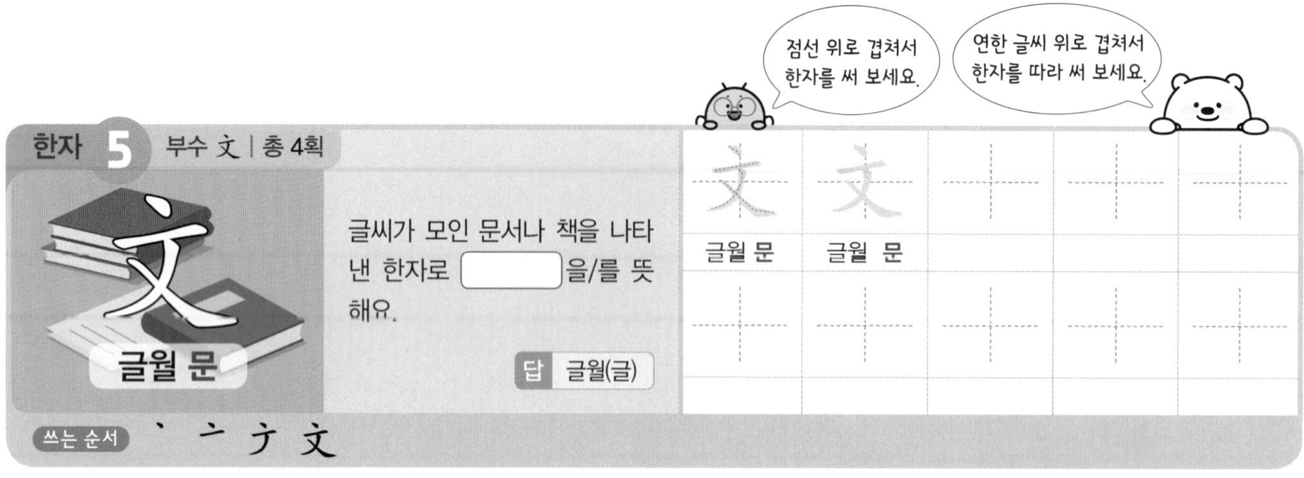
점선 위로 겹쳐서 한자를 써 보세요.
연한 글씨 위로 겹쳐서 한자를 따라 써 보세요.

한자 5 부수 文 | 총 4획

文 글월 문

글씨가 모인 문서나 책을 나타낸 한자로 ( )을/를 뜻해요.

답 글월(글)

文 글월 문 / 文 글월 문

쓰는 순서 丶 亠 ナ 文

◦뜻이 비슷한 한자◦ 書(글 서), 章(글 장)

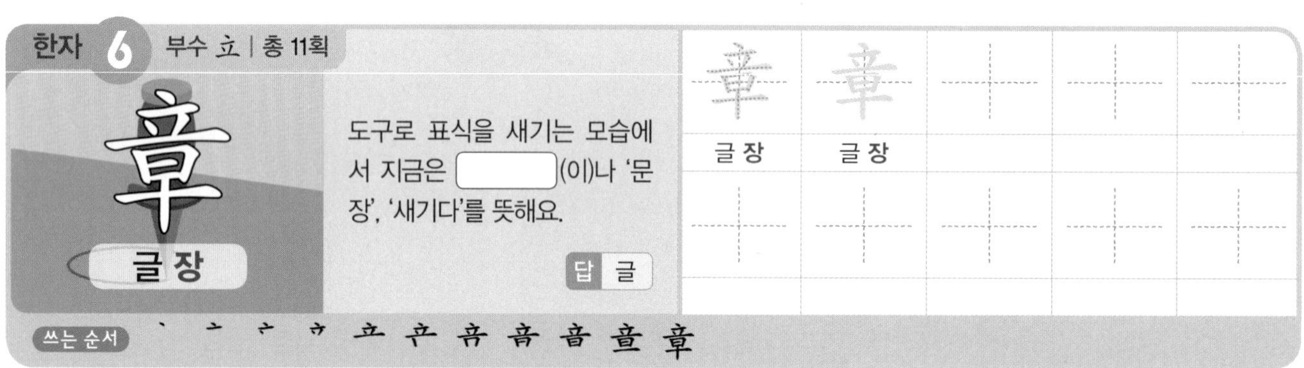

한자 6 부수 立 | 총 11획

章 글 장

도구로 표식을 새기는 모습에서 지금은 ( )(이)나 '문장', '새기다'를 뜻해요.

답 글

章 글 장 / 章 글 장

쓰는 순서 丶 亠 亠 立 立 产 音 音 音 音 章

◦뜻이 비슷한 한자◦ 書(글 서), 文(글월 문)

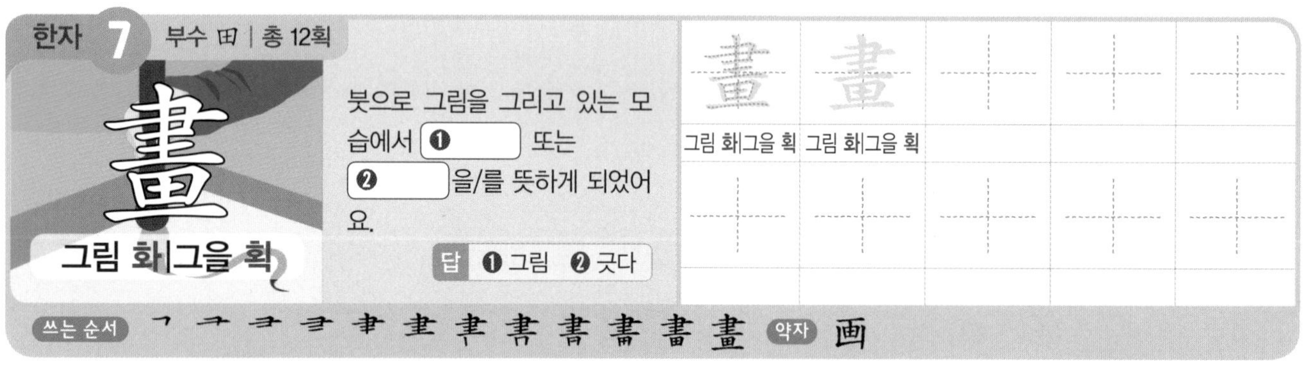

한자 7 부수 田 | 총 12획

畫 그림 화|그을 획

붓으로 그림을 그리고 있는 모습에서 ❶ ( ) 또는 ❷ ( )을/를 뜻하게 되었어요.

답 ❶ 그림 ❷ 긋다

畫 그림 화|그을 획 / 畫 그림 화|그을 획

쓰는 순서 ㇕ ⺕ ⺕ ⺕ 聿 聿 聿 書 書 書 書 畫 약자 画

◦뜻이 비슷한 한자◦ 圖(그림 도)

한자 8 부수 囗 | 총 14획

圖 그림 도

온 나라의 지역이 그려진 지도를 나타낸 한자로 ( )을/를 뜻해요.

답 그림

圖 그림 도 / 圖 그림 도

쓰는 순서 丨 冂 冂 冋 冋 冋 冎 圀 圀 圀 圖 圖 圖 圖 약자 図

◦뜻이 비슷한 한자◦ 畫(그림 화)

한자 기초 확인

▶정답 3쪽

3 다음 한자의 뜻과 음(소리)으로 알맞은 것을 모두 찾아 ○표 하세요.

4 다음 보기 의 순서대로 한자의 뜻과 음(소리)을 찾아 미로를 통과해 보세요.

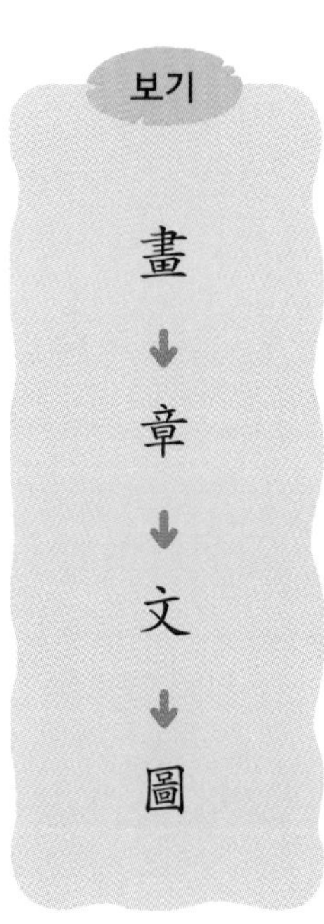

1 다음 한자의 뜻과 음(소리)으로 알맞은 것을 찾아 선으로 이으세요.

美 ·　　　　· 글 ·　　　　· 장

章 ·　　　　· 아름
답다 ·　　　　· 미

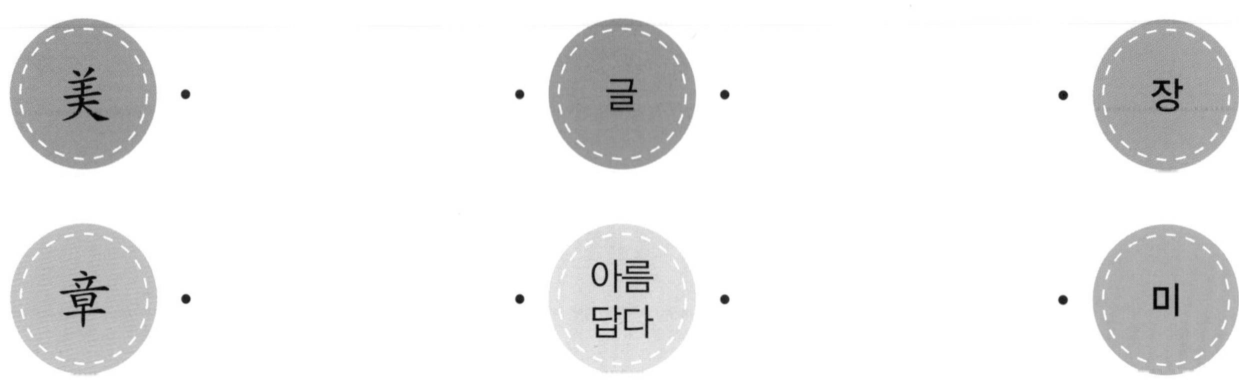

2 다음 밑줄 친 한자에 해당하는 뜻과 음(소리)을 쓰세요.

規정에 의거 위○○ 합니다.

이천
재인

2023년　　3월　　○일

신청인 ＿＿＿＿＿　이천재　(이천재인)

<u>文</u>서에 도장을 찍었습니다.

→ (   )

3 다음 밑줄 친 낱말에 해당하는 한자를 찾아 ○표 하세요.

근정전 그리기 대회

오늘은 <u>그림</u>을 열심히 그렸습니다.

圖　　感

4 다음 ☐ 안에 알맞은 한자의 뜻이나 음(소리)을 쓰세요.

5 다음 한자의 뜻과 음(소리)을 보기 에서 모두 찾아 그 번호를 쓰세요.

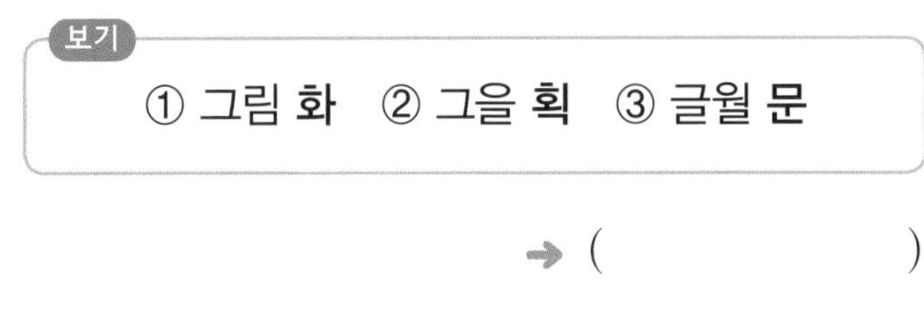

➜ (   )

6 다음 밑줄 친 말에 해당하는 한자를 찾아 ∨표 하세요.

봄을 재촉하는 비를 보며 시를 <u>짓습니다</u>.

☐ 作　　☐ 文

1주 03일 급수 한자어 대표 전략 ❶

대표 한자어 | 01 |

외 교

外	交
바깥 외	사귈 교

뜻 다른 나라와 정치적, 경제적, 문화적 관계를 맺는 일.

다른 나라와 外交(외교) 관계를 잘 유지해야 해!

대표 한자어 | 02 |

특 상

特	上
특별할 특	윗 상

뜻 특별하게 고급임. 또는 그런 물건.

오늘은 特上(특상)으로 준비했으니 모두 맛있게 먹어.
등급 특상· 보통

대표 한자어 | 03 |

애 국

愛	國
사랑 애	나라 국

뜻 자기 나라를 사랑함.

제조국 한국
문구 세트
愛國(애국)하는 마음으로 우리나라 물건을 사용해야지.

항상 널 응원해!

日
山
川

대표 한자어 04

유래 由來

말미암을 유 | 올 래

뜻 사물이나 일이 생겨남. 또는 그 사물이나 일이 생겨난 바.

'메 산'은 산의 모습,
'날 일'은 해의 모습, '내 천'은
시냇물의 모양에서
由來(유래)한 한자야.

N
E
S
W
나침반은 方向(방향)을 알려주는 도구야.

대표 한자어 05

방향 方向

모 방 | 향할 향

뜻 어떤 방위(方位)를 향한 쪽.

가수왕 선발 대회
너를 위해 幸運(행운)을 빌어 줄게.

대표 한자어 06

행운 幸運

다행 행 | 옮길 운

뜻 좋은 운수. 또는 행복한 운수.

대표 한자어 07

미술	美	術
	아름다울 미	재주 술

뜻 공간 및 시각의 미를 표현하는 예술.

술수	術	數
	재주 술	셈 수

뜻 어떤 일을 꾸미는 꾀나 방법.

이 美術(미술) 작품은 어떤 의미일까?
여우의 術數(술수)에 넘어간 호랑이 이야기를 그린 것 같아.

대표 한자어 08

친근	親	近
	친할 친	가까울 근

뜻 사귀어 지내는 사이가 아주 가까움.

언니가 親近(친근)한 말투로 말을 걸었어.

대표 한자어 09

감동	感	動
	느낄 감	움직일 동

뜻 크게 느끼어 마음이 움직임.

동생의 발레 무대에 무척 感動(감동) 받았어.

항상 널 응원해!

대표 한자어 10

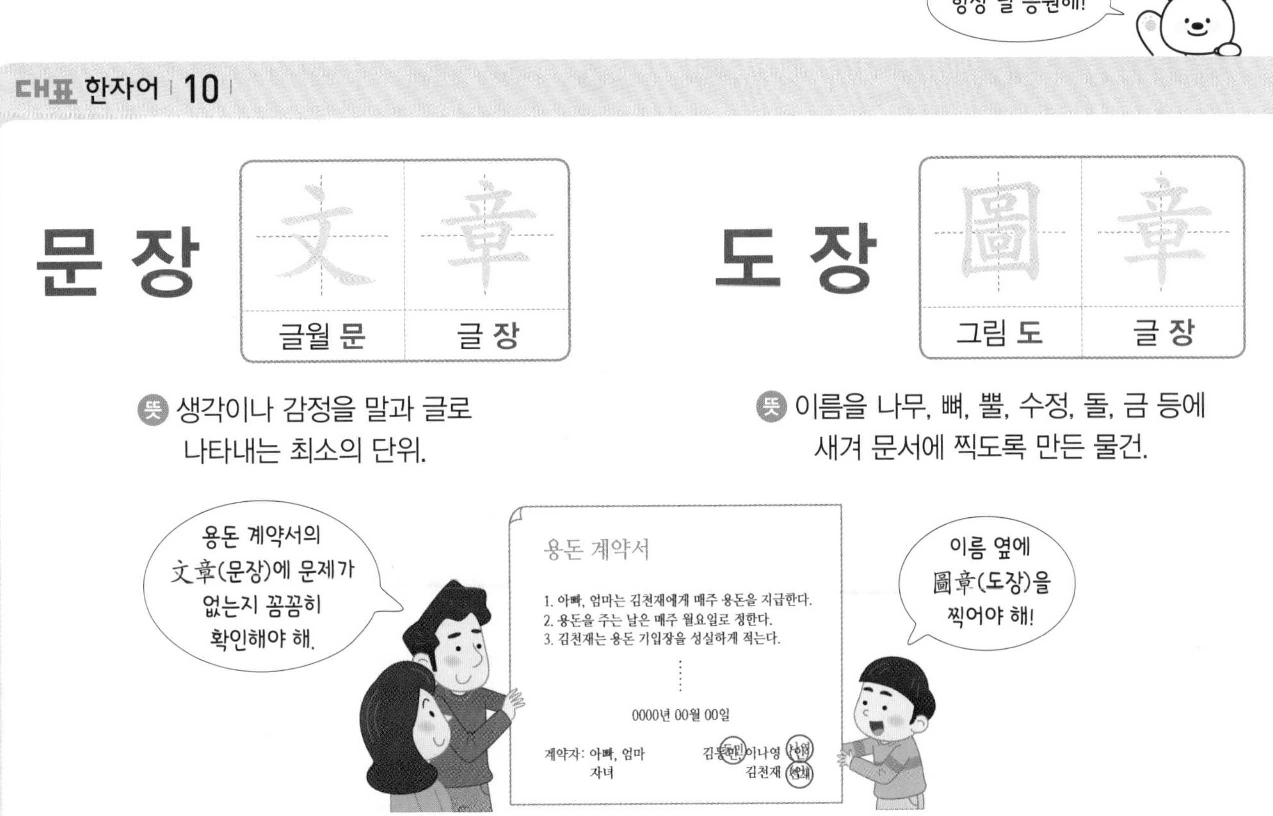

문장 文章

글월 문 | 글 장

뜻 생각이나 감정을 말과 글로 나타내는 최소의 단위.

도장 圖章

그림 도 | 글 장

뜻 이름을 나무, 뼈, 뿔, 수정, 돌, 금 등에 새겨 문서에 찍도록 만든 물건.

용돈 계약서의 文章(문장)에 문제가 없는지 꼼꼼히 확인해야 해.
용돈 계약서
1. 아빠, 엄마는 김천재에게 매주 용돈을 지급한다.
2. 용돈을 주는 날은 매주 월요일로 정한다.
3. 김천재는 용돈 기입장을 성실하게 적는다.
0000년 00월 00일
계약자: 아빠, 엄마 자녀
이나영
김천재
이름 옆에 圖章(도장)을 찍어야 해!

대표 한자어 11

작문 作文

지을 작 | 글월 문

뜻 글을 지음. 또는 지은 글.

作文(작문) 숙제가 많이 밀려서 큰일이야.

대표 한자어 12

화실 畫室

그림 화|그을 획 | 집 실

뜻 화가나 조각가가 일을 하는 방.

그 화가는 畫室(화실)에서 온종일 그림만 그리고 있어.

급수 한자어 대표 전략 ❷

1 다음 문장의 내용이 맞으면 '예', 틀리면 '아니요'에 ○표 하세요.

Tip

'術'은 (글, 재주)을/를 뜻하는 한자입니다.

답 재주

2 다음 뜻에 해당하는 한자어를 찾아 ∨표 하세요.

화가나 조각가가 일을 하는 방.

□ 特上

□ 畫室

Tip

'畫'는 '그림' 또는 '긋다'를 뜻하고, ❶ [ ] 또는 ❷ [ ](이)라고 읽습니다.

답 ❶ 화 ❷ 획

3 다음 밑줄 친 낱말에 해당하는 한자어를 찾아 ○표 하세요.

제 꿈은 <u>외교관</u>이 되는 것입니다.

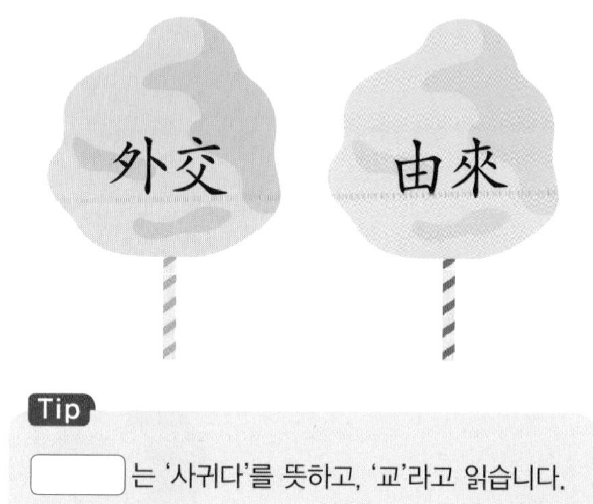

Tip

[ ]는 '사귀다'를 뜻하고, '교'라고 읽습니다.

답 交

4 다음 설명 에 해당하는 한자어를 찾아 ○표 하세요.

설명

자기 나라를 사랑함.

Tip

'愛國'의 '愛'는 [ ]을/를 뜻합니다.

답 사랑

▶정답 4쪽

5 다음 뜻에 해당하는 한자어를 찾아 선으로 이으세요.

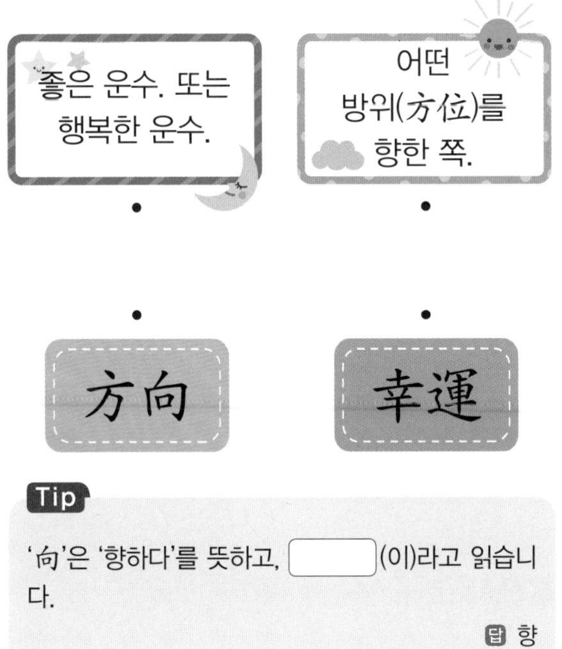

Tip

'向'은 '향하다'를 뜻하고, (   )(이)라고 읽습니다.

답 향

6 '作文(작문)'의 뜻을 바르게 설명한 것에 ○표 하세요.

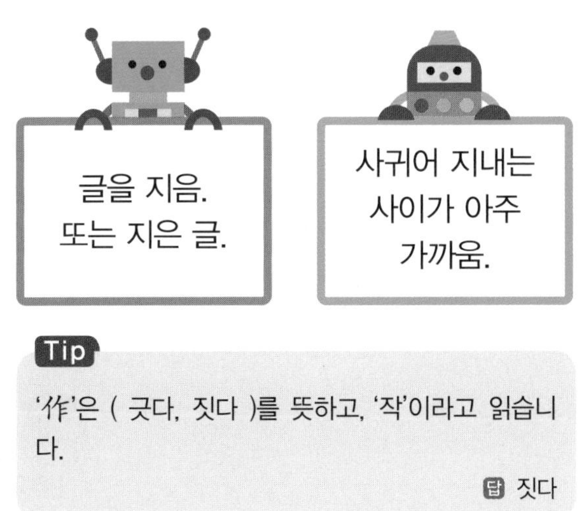

글을 지음. 또는 지은 글.
사귀어 지내는 사이가 아주 가까움.

Tip

'作'은 (긋다, 짓다)를 뜻하고, '작'이라고 읽습니다.

답 짓다

7 다음 낱말 퍼즐을 푸세요.

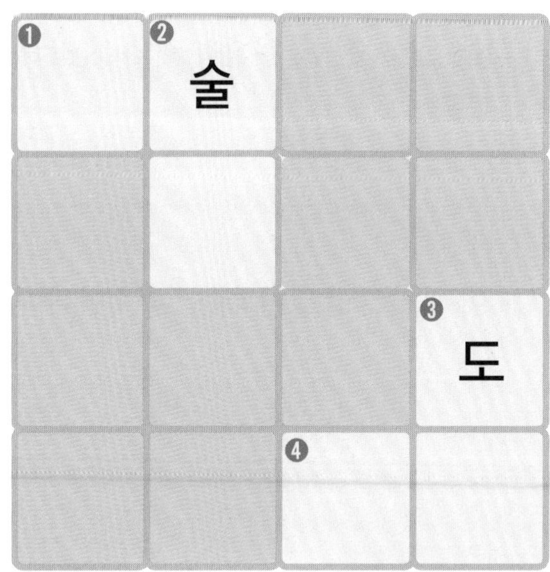

가로 열쇠

❶ 공간 및 시각의 미를 표현하는 예술.

❹ 생각이나 감정을 말과 글로 나타내는 최소의 단위.

세로 열쇠

❷ 어떤 일을 꾸미는 꾀나 방법.

❸ 이름을 나무, 뼈, 뿔, 수정, 돌, 금 등에 새겨 문서에 찍도록 만든 물건.

Tip

'생각이나 감정을 말과 글로 나타내는 최소의 단위.'를 뜻하는 한자어는 (文章, 親近)입니다.

답 文章

1주 04일 급수 시험 체크 전략 ❶

전략 1 한자어의 음(소리) 쓰기

다음 밑줄 친 漢字語한자어의 讀音(독음: 읽는 소리)을 쓰세요.

보기

家族 ➔ 가족

• 이 과일은 품질이 特上에 속합니다. ➔ (   )

답 특상

필수 예제 01

다음 밑줄 친 漢字語한자어의 讀音(독음: 읽는 소리)을 쓰세요.

보기

根本 ➔ 근본

(1) 外交관인 어머니는 외국에 머무르고 계십니다. ➔ (   )

(2) 산에서는 자칫 方向을 잃기 쉽습니다. ➔ (   )

(3) 당신의 앞날에 幸運이 가득하길 바랍니다. ➔ (   )

(4) 이번 달에 저의 美術 작품 전시회가 있습니다. ➔ (   )

문장 속에 쓰인 한자어가 각각 어떤 한자들로 이루어져 있는지 알아 두도록 합니다.

▶정답 4쪽

전략 2 한자의 뜻과 음(소리) 쓰기

다음 漢字한자의 訓(훈: 뜻)과 音(음: 소리)을 쓰세요.

보기
孫 ➔ 손자 **손**

• 愛 ➔ (   )

답 사랑 애

필수 예제 02

다음 漢字한자의 訓(훈: 뜻)과 音(음: 소리)을 쓰세요.

보기
永 ➔ 길 **영**

(1) 由 ➔ (   )

(2) 美 ➔ (   )

(3) 章 ➔ (   )

(4) 感 ➔ (   )

한자의 뜻과 음(소리)은
반드시 함께
알아 두어야 합니다.

전략 3 제시된 한자와 음(소리)은 같고 뜻이 다른 한자 찾기

다음에서 음(소리)은 같으나 뜻이 다른 漢字한자를 찾아 번호를 쓰세요.

• 交: ① 教 ② 愛 ③ 由 ④ 美 ➜ ( )

답 ①

필수 예제 03

다음에서 음(소리)은 같으나 뜻이 다른 漢字한자를 찾아 번호를 쓰세요.

(1) 作: ① 向 ② 感 ③ 昨 ④ 幸 ➜ ( )

(2) 章: ① 場 ② 信 ③ 親 ④ 圖 ➜ ( )

(3) 畫: ① 交 ② 感 ③ 話 ④ 向 ➜ ( )

(4) 圖: ① 美 ② 道 ③ 術 ④ 愛 ➜ ( )

한자의 뜻과 음(소리)을
정확하게 구분하여
알아 두어야 합니다.

▶정답 4쪽

전략 4 제시된 뜻에 맞는 한자어 찾기

다음 뜻에 맞는 漢字語한자어를 보기에서 찾아 그 번호를 쓰세요.

보기
① 幸運 ② 方向 ③ 特上 ④ 外交

• 어떤 방위(方位)를 향한 쪽. ➔ (   )

답 ②

필수 예제 04

다음 뜻에 맞는 漢字語한자어를 보기에서 찾아 그 번호를 쓰세요.

보기
① 親近 ② 由來 ③ 感動 ④ 畫室

(1) 크게 느끼어 마음이 움직임.
➔ (   )

(2) 사귀어 지내는 사이가 아주 가까움.
➔ (   )

(3) 사물이나 일이 생겨남. 또는 그 사물이나 일이 생겨난 바. ➔ (   )

(4) 화가나 조각가가 일을 하는 방.
➔ (   )

한자의 뜻이 생각나지 않을 때는 한자의 뜻을 조합하여 문제를 풀어 봅니다.

1주 04일 급수 시험 체크 전략 ❷

[한자어의 음(소리) 쓰기]

1 다음 밑줄 친 漢字語한자어의 讀音(독음: 읽는 소리)을 쓰세요.

경건한 마음으로 <u>愛國</u>가를 불렀습니다.

➔ (　　　　　　)

Tip
'愛'는 '사랑'을 뜻하고, '애'라고 읽습니다.

[한자어의 음(소리) 쓰기]

2 다음 밑줄 친 漢字語한자어의 讀音(독음: 읽는 소리)을 쓰세요.

남동생은 <u>作文</u>에 뛰어난 재능을 가지고 있습니다.

➔ (　　　　　　)

Tip
'作文'의 '作'은 '짓다'를 뜻하는 한자입니다.

[한자의 뜻과 음(소리) 쓰기]

3 다음 漢字한자의 訓(훈: 뜻)과 音(음: 소리)을 쓰세요.

보기
根 ➔ 뿌리 **근**

• 信 ➔ (　　　　　　)

Tip
'信'은 '믿다'를 뜻하는 한자입니다.

[한자의 뜻과 음(소리) 쓰기]

4 다음 漢字한자의 訓(훈: 뜻)과 音(음: 소리)을 쓰세요.

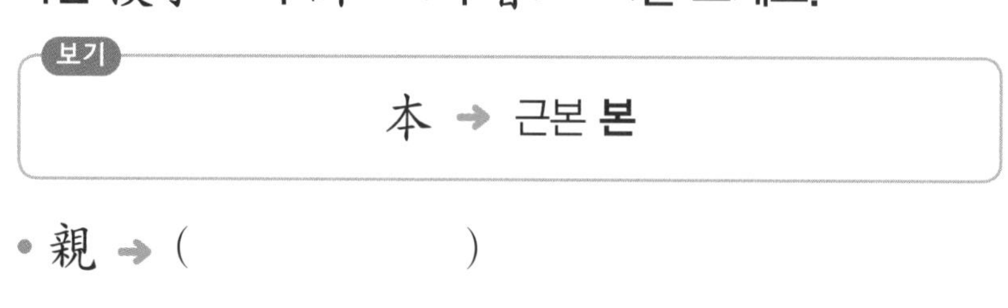

보기
本 ➔ 근본 **본**

• 親 ➔ (　　　　　　)

Tip
'親'은 '친하다'를 뜻하는 한자입니다.

▶정답 4쪽

[빈칸에 들어갈 한자 찾기]

5 다음 성어의 (　) 안에 알맞은 漢字한자를 보기 에서 찾아 그 번호를 쓰세요.

보기

① 由　② 親　③ 章　④ 感

- 自(　)自在: 거침없이 자기 마음대로 할 수 있음.
  ➜ (　　　　)

Tip
'由'는 '말미암다'를 뜻하고, '유'라고 읽습니다.

[빈칸에 들어갈 한자 찾기]

6 다음 성어의 (　) 안에 알맞은 漢字한자를 보기 에서 찾아 그 번호를 쓰세요.

보기

① 文　② 畫　③ 幸　④ 術

- 千萬多(　): 아주 다행함.　➜ (　　　　)

Tip
'多幸'의 '幸'은 '다행'을 뜻하는 한자입니다.

[제시된 한자와 뜻이 비슷한 한자 찾기]

7 다음 漢字한자와 뜻이 비슷한 漢字한자를 찾아 번호를 쓰세요.

- 章: ① 特　② 向　③ 圖　④ 書 ➜ (　　　　)

Tip
'章'은 '글'을 뜻하고, '장'이라고 읽습니다.

[제시된 뜻에 맞는 한자어 찾기]

8 다음 뜻에 맞는 漢字語한자어를 보기 에서 찾아 그 번호를 쓰세요.

보기

① 特上　② 親近　③ 圖章　④ 術數

- 이름을 나무, 뼈, 뿔, 수정, 돌, 금 등에 새겨 문서에 찍도록 만든 물건.　➜ (　　　　)

Tip
'圖'는 '그림'을 뜻하고, '도'라고 읽습니다.

누구나 만점 전략

맞은 개수 　개

01 다음 [ ] 안에 들어갈 한자에 ○표 하세요.

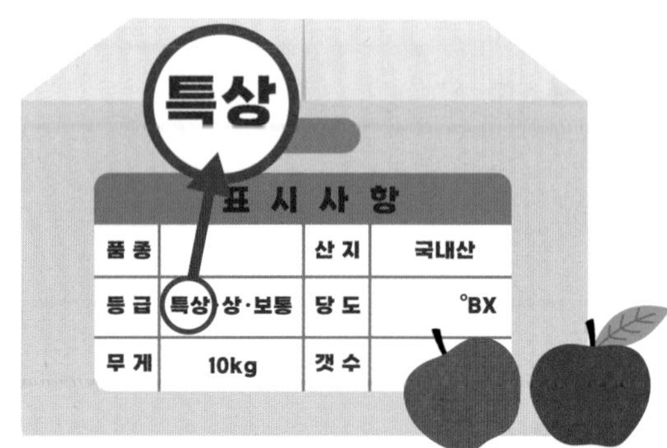

올해의 사과 품질은
[ ] 上 등급입니다.

感　　特

02 다음 한자 카드에 들어갈 한자를 쓰세요.

다행 행

03 다음 밑줄 친 한자어의 음(소리)을 쓰세요.

처음 보는 사람이 <u>親近</u>하게 말을 걸어왔습니다.

➔ (　　　　　)

04 다음 [ ] 안에 들어갈 한자를 보기 에서 찾아 그 번호를 쓰세요.

보기
① 信　② 圖　③ 交

• 外[ ]: 다른 나라와 정치적, 경제적, 문화적 관계를 맺는 일.

➔ (　　　　　)

05 다음 뜻과 음(소리)에 해당하는 한자를 보기 에서 찾아 그 번호를 쓰세요.

보기
① 愛　② 文　③ 美

• 사랑 애 ➔ (　　　　　)

▶정답 5쪽

06 다음 설명에 해당하는 한자어를 찾아 ○표 하세요.

사물이나 일이 생겨남. 또는 그 사물이나 일이 생겨난 바.

07 다음 한자의 뜻으로 알맞은 것을 보기 에서 모두 찾아 그 번호를 쓰세요.

① 글　② 긋다　③ 그림

• 畫 ➔ (　　　　　)

08 다음 뜻에 해당하는 한자어를 보기 에서 찾아 그 번호를 쓰세요.

① 文章　② 術數　③ 幸運

• 어떤 일을 꾸미는 꾀나 방법.

➔ (　　　　　)

09 다음 밑줄 친 낱말에 해당하는 한자어를 보기 에서 찾아 그 번호를 쓰세요.

보기

① 畫室　② 感動　③ 作文

• 그가 제출한 작문의 내용은 짝과 비슷했습니다. ➔ (　　　　　)

10 다음 보기 와 같이 한자의 뜻과 음(소리)을 쓰세요.

보기

朴 ➔ 성 **박**

• 圖 ➔ (　　　　　)

1주 창의·융합·코딩 전략 ❶

창의 융합

1 위 대화를 읽고, ☐ 안에 들어갈 낱말을 한글로 쓰세요.

삶의 ☐☐을 스스로 결정하는 자율성은 중요합니다.

➔ (　　　　　　　　)

창의 융합

2 위 대화를 읽고, 세한도에는 작가의 그림과 글 외에 무엇이 덧붙여져 있는지를 찾아 ○표 하세요.

여러 사람의 감상을 쓴 (文章, 圖章)이 덧붙여져 있습니다.

1주 창의·융합·코딩 전략 ❷

코딩

1 고양이는 이동 방향 대로 한 칸씩 이동할 수 있습니다. 고양이가 털실을 얻는 데 필요한 명령어 의 음(소리)을 쓰세요.

이동 방향

명령어

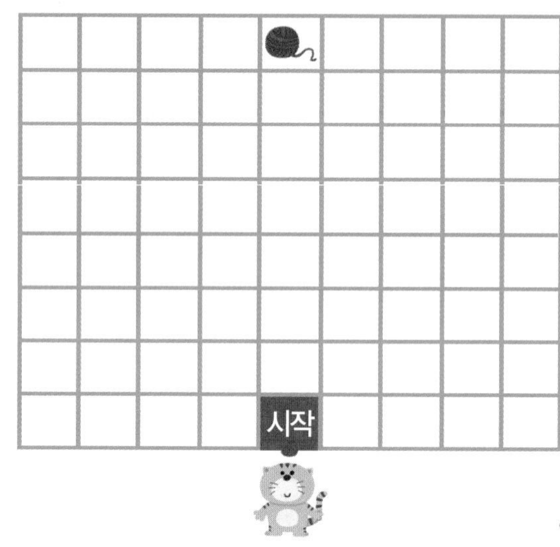

• 한자의 음(소리)

→ (　　　　　　)

창의 융합

2 다음 조건 을 모두 만족시키는 것을 그림에서 찾아 ○표 하세요.

조건

▶정답 5쪽

3 다음  에 따라 이동하여 한자어를 완성해 보세요.

규칙

1. 시작 위치에서 시계 방향으로 지시된 숫자만큼 이동합니다.
2. 도착한 지점의 한자를 씁니다.
3. 위의 과정을 1번 더 반복하고 끝냅니다.

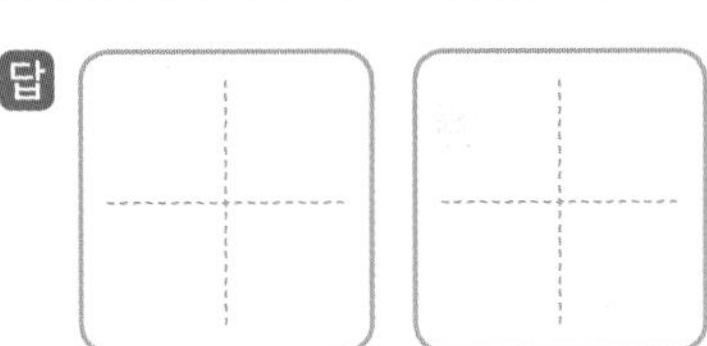

4 다음 글을 읽고, 밑줄 친 말에 해당하는 한자를 찾아 그 번호를 쓰세요.

➔ (   )

문방사우란 문인들이 서재에서 사용하는 붓, 먹, 종이, 벼루의 네 가지 도구를 뜻합니다. 문방사우를 사용하여 문인들은 그림을 그리기도 하고 서예를 하기도 합니다. 서예에는 쓰는 사람만의 <u>특별한</u> 글씨체가 드러납니다.

① 文   ② 章   ③ 特   ④ 感

5 다음 친구 간의 대화 예절 을 읽고, □ 안에 들어갈 한자를 보기 에서 찾아 그 번호를 쓰세요.

보기

① 親　② 感　③ 向

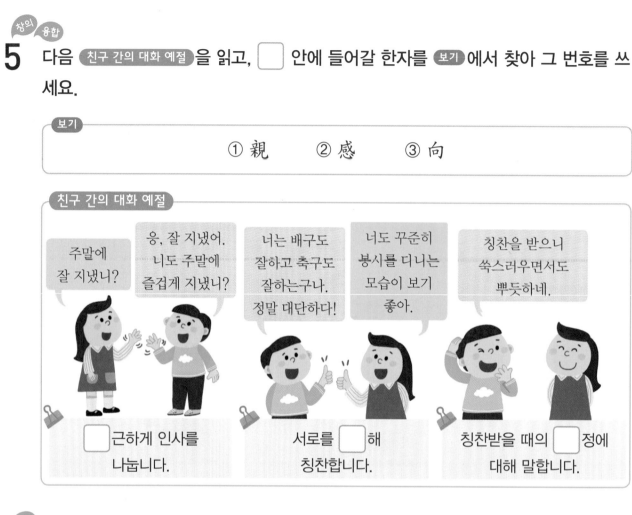

친구 간의 대화 예절

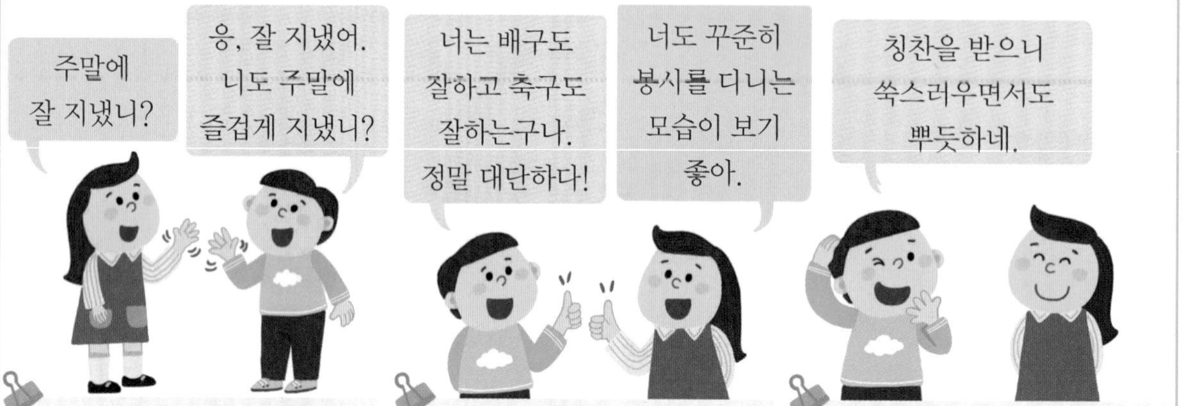

주말에 잘 지냈니?

응, 잘 지냈어. 너도 주말에 즐겁게 지냈니?

□근하게 인사를 나눕니다.

너는 배구도 잘하고 축구도 잘하는구나. 정말 대단하다!

너도 꾸준히 봉사를 다니는 모습이 보기 좋아.

서로를 □해 칭찬합니다.

칭찬을 받으니 쑥스러우면서도 뿌듯하네.

칭찬받을 때의 □정에 대해 말합니다.

6 다음 해바라기가 자라는 순서대로 □ 안에 숫자를 쓰고, 세 번째 순서에 해당하는 한자의 뜻과 음(소리)을 쓰세요.

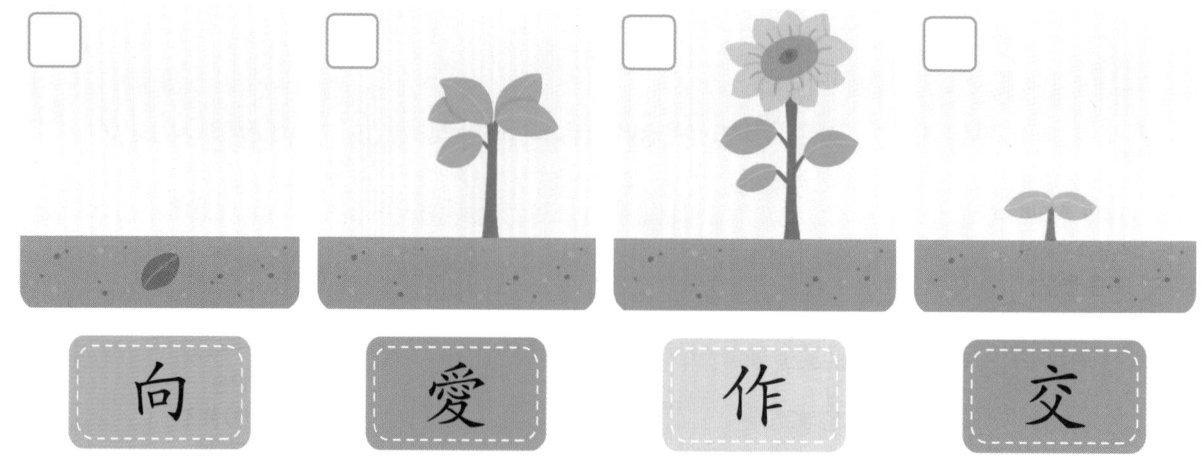

• 한자의 뜻과 음(소리) → (　　　　　　)

▶정답 5쪽

코딩

7 다음 예시 대로 블록 을 쌓았을 때 가져온 블록의 순서대로 한자의 음(소리)을 쓰세요.

• 한자의 음(소리) 순서

(　　) → (　　) → (　　) → (　　)

코딩

8 다음 질문의 답을 순서대로 연결하여 꿀벌의 이동 경로를 표시하세요.

1. 한자 '幸'의 음(소리)은 무엇인가요?
2. '긋다'를 뜻하는 한자는 무엇인가요?
3. 한자 '由'의 뜻은 무엇인가요?
4. '아름답다'를 뜻하는 한자는 무엇인가요?
5. 한자어 '圖章'의 음(소리)은 무엇인가요?

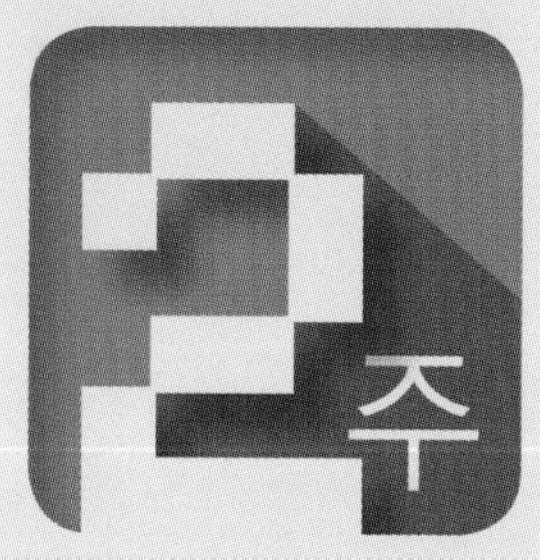
2주

과목 / 행동 한자

OO 과학관
11:30

여러분! 어제 우리가
다 같이 정한[定] 견학 규칙을
다시 한번 알려 줄게요.
OO 과학관

첫째, 순서를
기다릴 때는
한 줄로 서서 조용히
기다리기[待]!

둘째, 해설사 선생님이
가르쳐[訓] 주시는 말씀[言]을
잘 듣고 중요한 부분은
글[書]로 적어 두기!

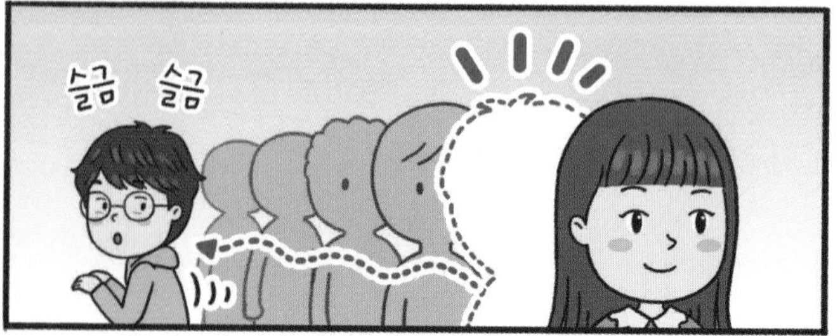
슬금 슬금

학습할 한자

❶ 訓 가르칠 **훈** ❷ 言 말씀 **언** ❸ 語 말씀 **어** ❹ 英 꽃부리 **영** ❺ 習 익힐 **습** ❻ 例 법식 **례**
❼ 式 법 **식** ❽ 書 글 **서** ❾ 待 기다릴 **대** ❿ 定 정할 **정** ⓫ 使 하여금/부릴 **사**
⓬ 開 열 **개** ⓭ 會 모일 **회** ⓮ 消 사라질 **소** ⓯ 成 이룰 **성** ⓰ 失 잃을 **실**

점선 위로 겹쳐서 한자를 써 보세요.

연한 글씨 위로 겹쳐서 한자를 따라 써 보세요.

한자 1 부수 言 | 총 10획

訓 가르칠 훈

이치에 맞는 말로 다른 사람을 이끌어 따르게 하는 모습을 표현한 한자로 (　　　)을/를 뜻해요.

답 가르치다

가르칠 훈 가르칠 훈

쓰는 순서 丶 亠 亖 言 言 言 言 訁 訓 訓

뜻이 비슷한 한자 敎(가르칠 교) 뜻이 반대인 한자 學(배울 학)

한자 2 부수 言 | 총 7획

言 말씀 언

입에서 소리가 퍼져나가는 모습에서 (　　　)(이)라는 뜻이 생겼어요.

답 말씀

말씀 언 말씀 언

쓰는 순서 丶 亠 亠 亖 言 言 言

뜻이 비슷한 한자 話(말씀 화), 語(말씀 어)

한자 3 부수 言 | 총 14획

語 말씀 어

사람이 이야기하는 모습을 나타낸 한자로 (　　　)을/를 뜻해요.

답 말씀

말씀 어 말씀 어

쓰는 순서 丶 亠 亠 亖 言 言 言 訂 訂 訝 語 語 語 語

뜻이 비슷한 한자 話(말씀 화), 言(말씀 언)

한자 4 부수 艸(艹) | 총 9획

英 꽃부리 영

꽃이 피어나 아름다운 모습을 나타낸 한자로 (　　　)을/를 뜻해요.

답 꽃부리(꽃잎 전체)

꽃부리 영 꽃부리 영

쓰는 순서 一 十 艹 艹 艹 苎 苎 英 英

한자 기초 확인

▶정답 6쪽

1 그림 속 한자에 해당하는 뜻과 음(소리)을 보기 에서 찾아 같은 모양으로 모두 표시하세요.

2 다음 한자의 뜻과 음(소리)으로 알맞은 것을 찾아 선으로 이으세요.

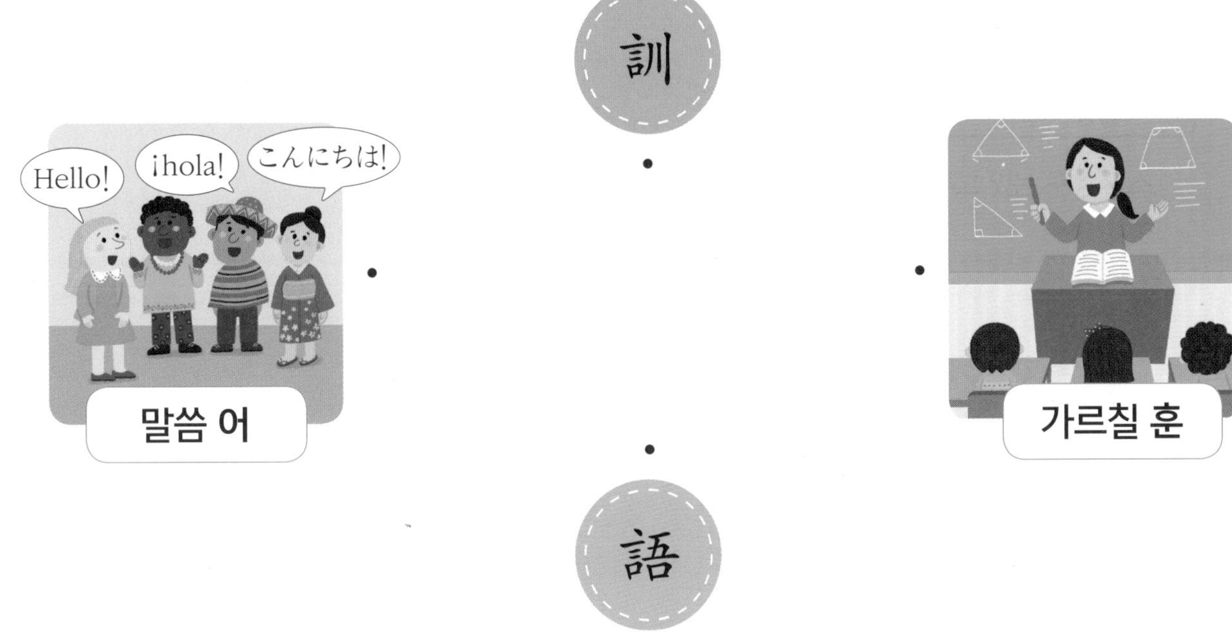

2주 04일 급수 한자 돌파 전략 ❶

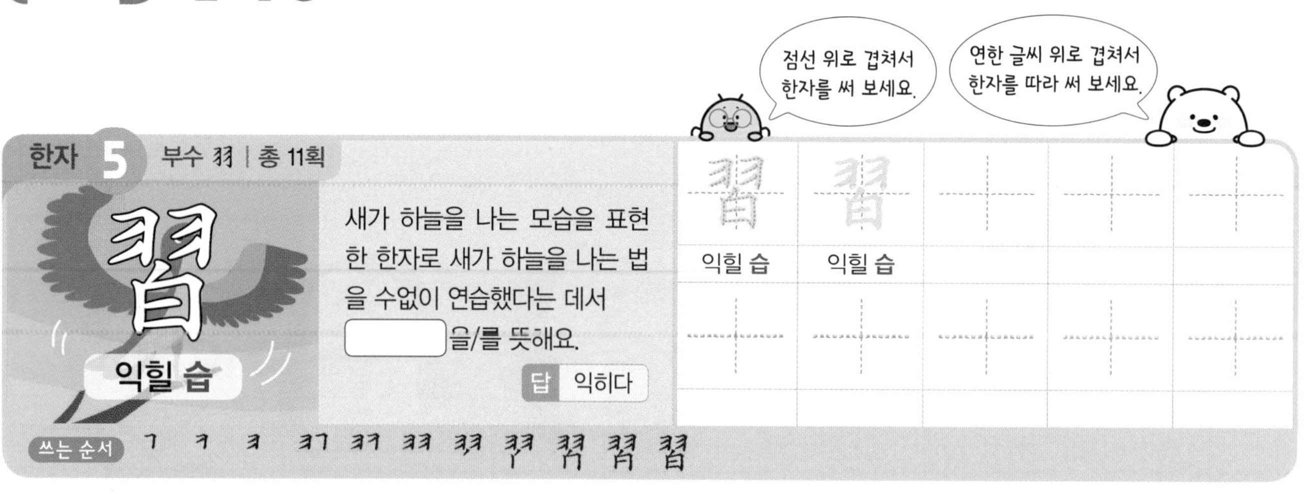

점선 위로 겹쳐서 한자를 써 보세요.
연한 글씨 위로 겹쳐서 한자를 따라 써 보세요.

한자 5 부수 羽 | 총 11획

習 익힐 습

새가 하늘을 나는 모습을 표현한 한자로 새가 하늘을 나는 법을 수없이 연습했다는 데서 ☐ 을/를 뜻해요.

답 익히다

習 익힐 습 / 習 익힐 습

쓰는 순서 ㄱ ㅋ ㅋ ㅋㄱ ㅋㅋ ㅋㅋ 羽 羽 羽 習 習

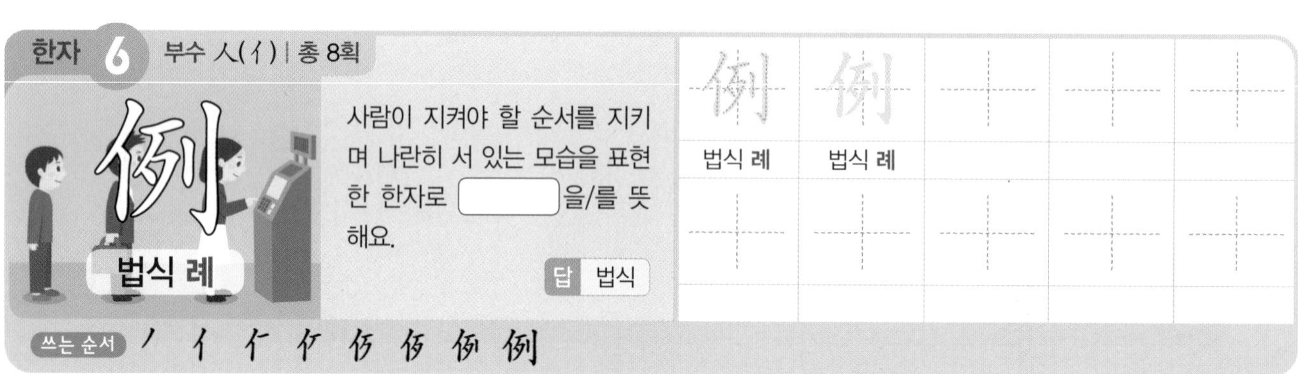

한자 6 부수 人(亻) | 총 8획

例 법식 례

사람이 지켜야 할 순서를 지키며 나란히 서 있는 모습을 표현한 한자로 ☐ 을/를 뜻해요.

답 법식

例 법식 례 / 例 법식 례

쓰는 순서 丿 亻 亻 仂 仮 伢 佰 例

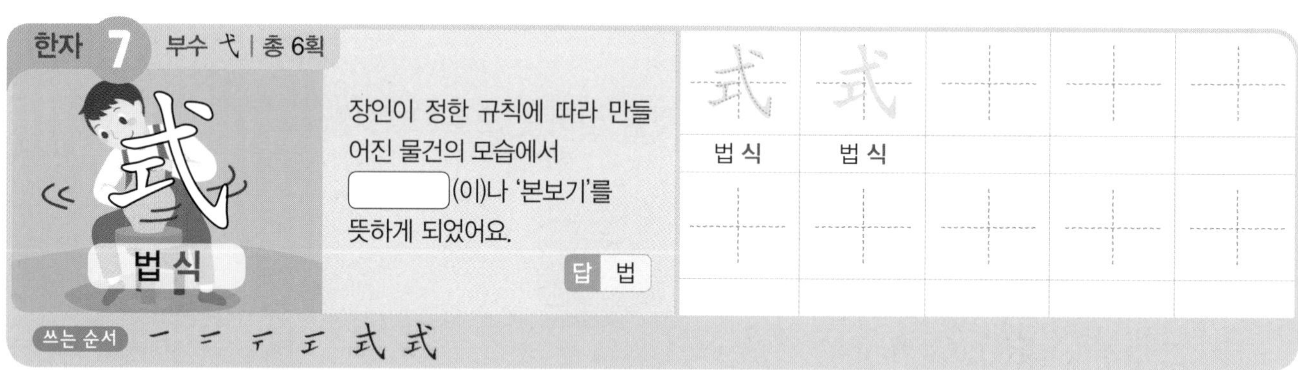

한자 7 부수 弋 | 총 6획

式 법 식

장인이 정한 규칙에 따라 만들어진 물건의 모습에서 ☐ (이)나 '본보기'를 뜻하게 되었어요.

답 법

式 법 식 / 式 법 식

쓰는 순서 一 二 亍 王 式 式

한자 8 부수 曰 | 총 10획

書 글 서

붓으로 글을 적는 모습을 나타낸 한자로 ☐ 을/를 뜻해요.

답 글

書 글 서 / 書 글 서

쓰는 순서 ㄱ ㅋ ㅋ ㅋ 聿 聿 聿 書 書 書

◦ 모양이 비슷한 한자 ◦ 晝(낮 주) 뜻이 비슷한 한자 文(글월 문), 章(글 장)

▶정답 6쪽

3 가려진 한자의 짝을 찾은 후, 완성된 한자의 뜻과 음(소리)을 찾아 선으로 이으세요.

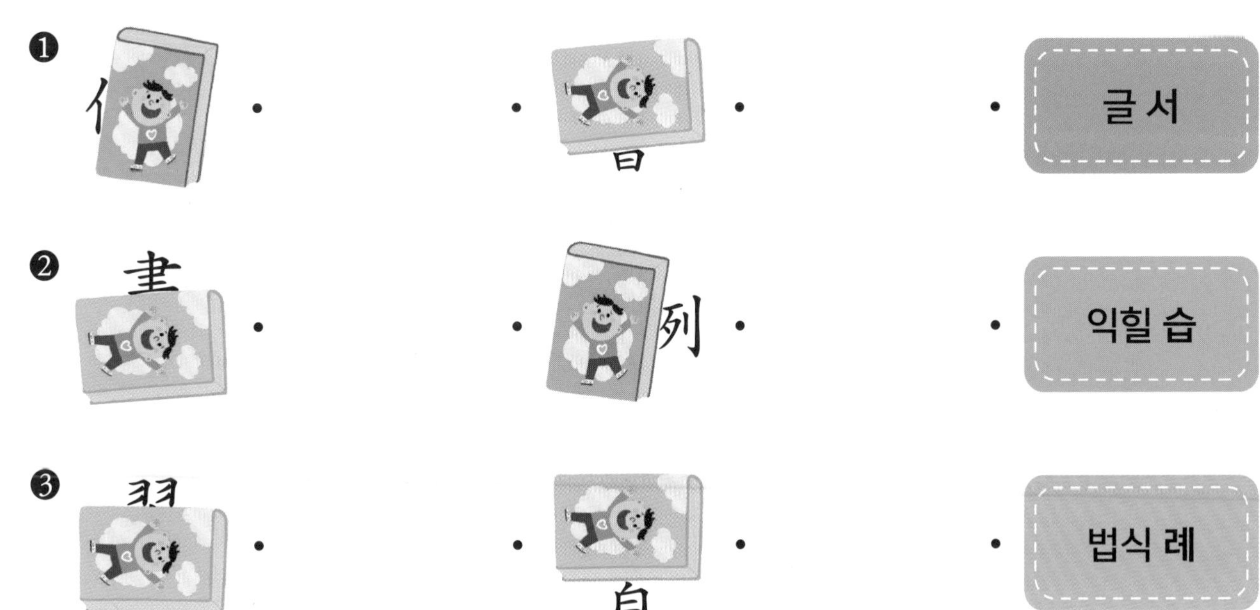

4 다음 음(소리)이 바르게 연결된 한자에 모두 ○표 하세요.

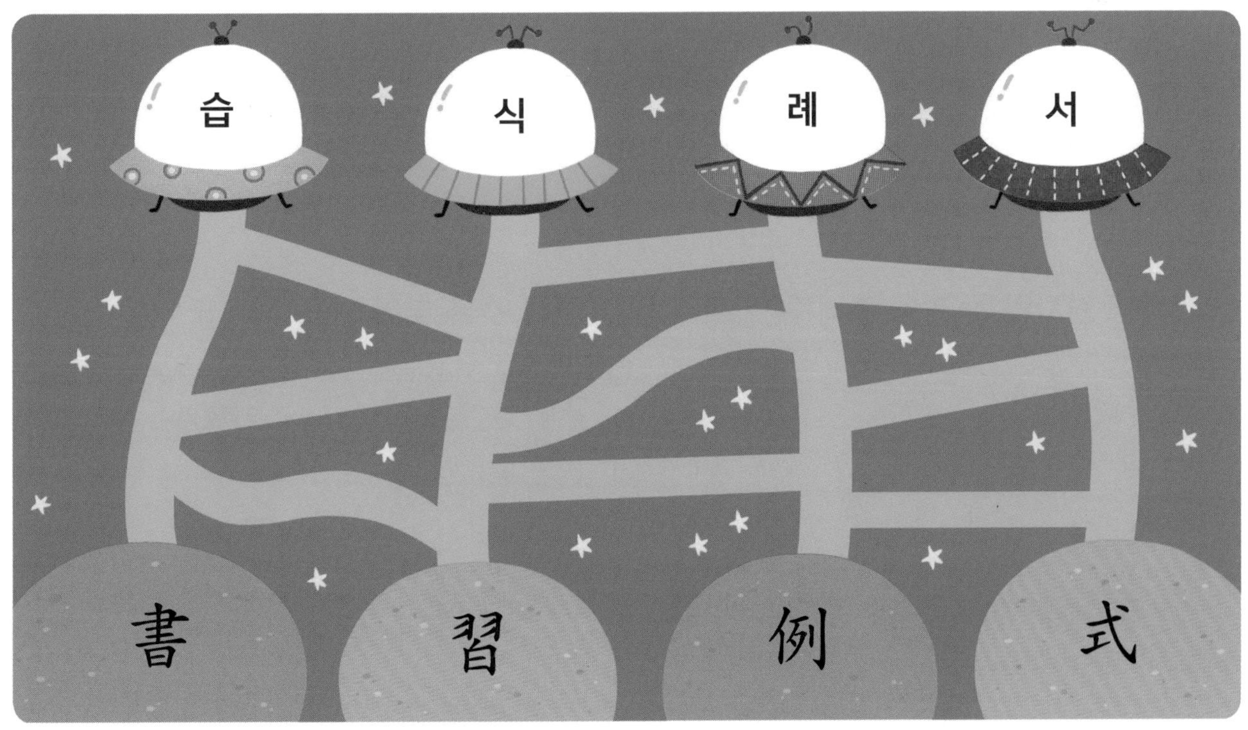

1 다음 한자의 뜻과 음(소리)으로 알맞은 것을 찾아 선으로 이으세요.

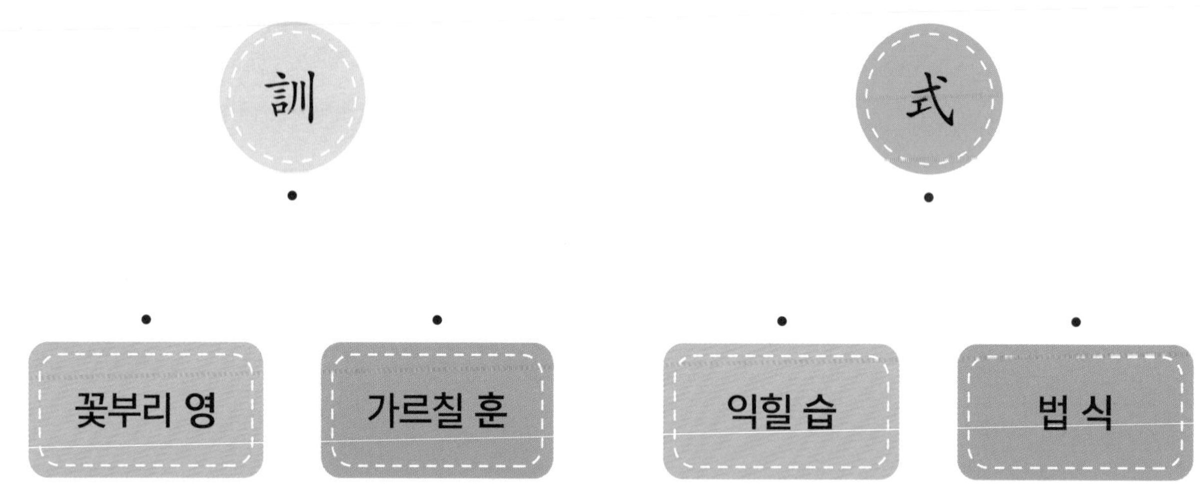

2 다음 문장의 내용이 맞으면 '예', 틀리면 '아니요'에 ○표 하세요.

3 다음 한자의 뜻과 음(소리)이 바르게 짝 지어진 것을 찾아 ∨표 하세요.

▶정답 6쪽

4 다음 밑줄 친 한자에 해당하는 음(소리)을 찾아 ○표 하세요.

그는 외국어 학<u>習</u>하는 것을 좋아합니다.

5 다음 밑줄 친 낱말에 해당하는 한자를 보기 에서 찾아 그 번호를 쓰세요.

보기

① 語 ② 英

• 무슨 <u>말씀</u>이신지 잘 모르겠습니다.

➜ ( )

6 다음 한자 카드에 들어갈 한자나 한자의 뜻과 음(소리)을 쓰세요.

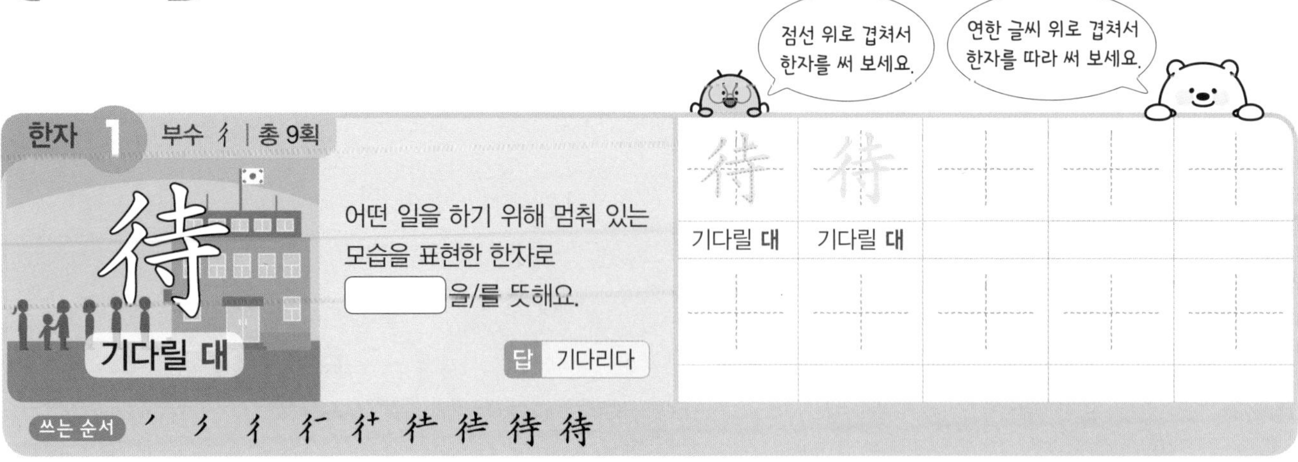

◦모양이 비슷한 한자◦ 時(때 시)

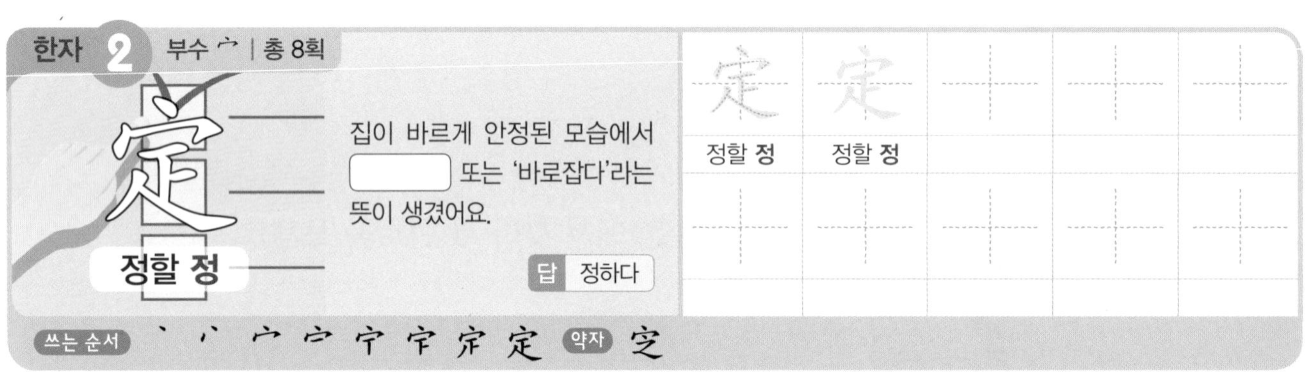

한자 2 부수 宀 | 총 8획
定
정할 정
집이 바르게 안정된 모습에서 (　　) 또는 '바로잡다'라는 뜻이 생겼어요.
답 정하다
定 定
정할 정 정할 정
쓰는 순서 丶 丶 宀 宀 宁 宇 定 定 약자 㝎

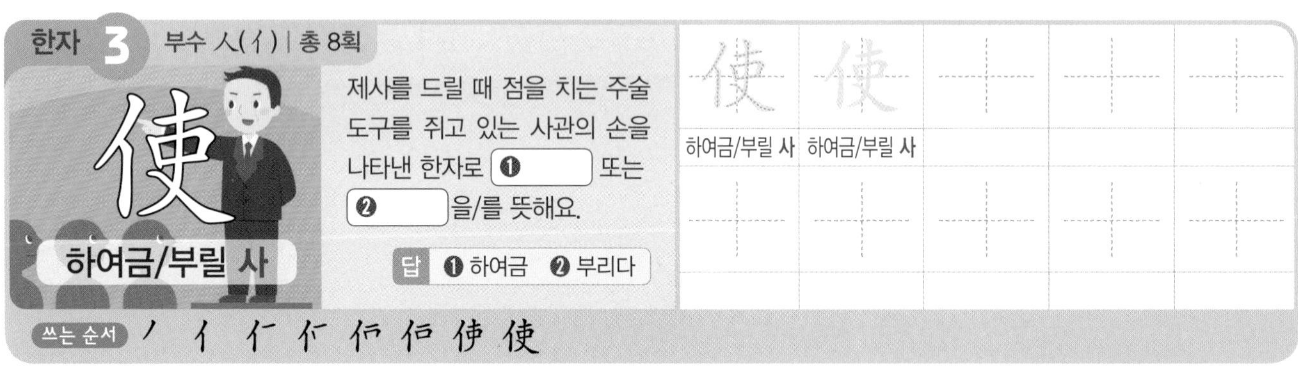

◦모양이 비슷한 한자◦ 便(편할 편)

한자 4 부수 門 | 총 12획

開

열 개

양손으로 빗장을 푸는 모습에서 (　　) (이)라는 뜻이 생겼어요.

답 열다

開	開				
열 개	열 개				

쓰는 순서 丨 ｢ ｢ 門 門 門 門 門 門 閂 開 開

◦모양이 비슷한 한자◦ 問(물을 문)

한자 기초 확인

▶정답 7쪽

1 아이들이 말하는 뜻과 음(소리)에 해당하는 한자를 찾아 ○표 하세요.

2 한자의 뜻과 음(소리)에 맞게 바통을 이어받을 친구들을 찾아 선으로 이으세요.

점선 위로 겹쳐서 한자를 써 보세요.

연한 글씨 위로 겹쳐서 한자를 따라 써 보세요.

한자 5 부수 曰 | 총 13획

음식이 한데 담긴 그릇의 모습에서 [ ](이)라는 뜻이 생겼어요.

답 모이다

會	會			
모일 회	모일 회			

쓰는 순서 丿 人 𠆢 亼 合 合 命 侖 侖 侖 侖 侖 會 **약자** 会

◦ 뜻이 비슷한 한자 ◦ 社(모일 사)

한자 6 부수 水(氵) | 총 10획

물이 작게 부서져 수증기로 변하여 없어진다는 데서 [ ]을/를 뜻해요.

답 사라지다

消	消			
사라질 소	사라질 소			

쓰는 순서 丶 冫 氵 氵 氵 氵 氵 消 消 消

한자 7 부수 戈 | 총 7획

반달 모양의 날이 달린 창으로 다른 나라를 평정했다는 의미에서 [ ](이)라는 뜻이 생겼어요.

답 이루다

成	成			
이룰 성	이룰 성			

쓰는 순서 丿 厂 万 万 成 成 成

한자 8 부수 大 | 총 5획

손에서 무언가가 떨어지는 모습을 표현한 한자로 [ ]을/를 뜻해요.

답 잃다

失	失			
잃을 실	잃을 실			

쓰는 순서 丿 𠂉 仁 生 失

◦ 모양이 비슷한 한자 ◦ 夫(지아비 부)

▶정답 7쪽

3 옷에 적힌 한자와 결승점의 뜻과 음(소리)이 맞는 아이를 모두 찾아 ○표 하세요.

4 다음 뜻에 해당하는 한자를 보기에서 찾아 그 번호를 연 안에 쓰세요.

보기

① 失

② 會

③ 消

1 다음 한자의 뜻과 음(소리)으로 알맞은 것을 찾아 선으로 이으세요.

2 다음 한자에 해당하는 뜻과 음(소리)을 찾아 ○표 하세요.

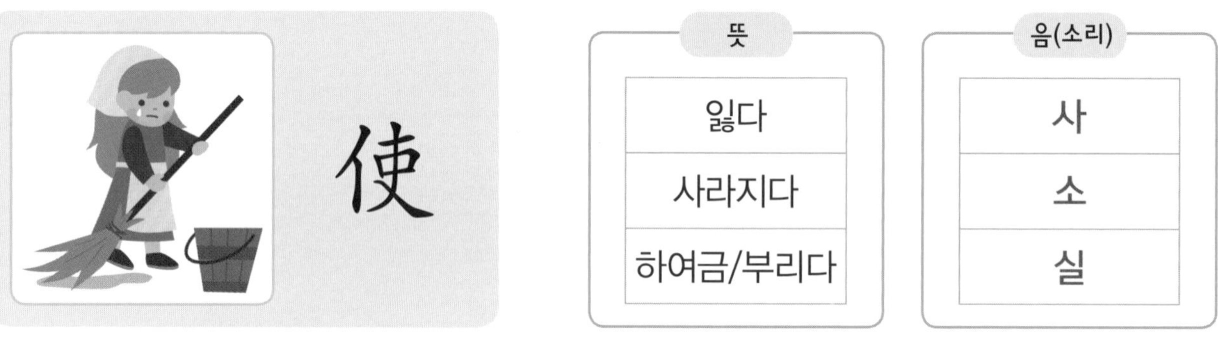

使
뜻
잃다
사라지다
하여금/부리다
음(소리)
사
소
실

3 다음 한자에 해당하는 뜻과 음(소리)을 쓰세요.

을/를
뜻하고,
(이)라고 읽습니다.
定

을/를
뜻하고,
(이)라고 읽습니다.
消

▶정답 7쪽

4 다음 뜻과 음(소리)에 해당하는 한자를 보기에서 찾아 그 번호를 쓰세요.

보기
① 使　② 待　③ 成　④ 開

(1) 기다릴 대 ➔ (　　　　)

(2) 이룰 성 ➔ (　　　　)

5 다음 한자에 해당하는 뜻을 찾아 ∨표 하세요.

6 다음 밑줄 친 한자에 해당하는 음(소리)을 찾아 ○표 하세요.

3월
2
긴 겨울방학이 끝나고
드디어 3월에 開학입니다.
대
개

급수 한자어 대표 전략 ❶

대표 한자어 01

언어 言語 (말씀 언 / 말씀 어)

뜻 생각, 느낌 등을 나타내거나 전달하는 데에 쓰는 음성, 문자 등의 수단.

영어 英語 (꽃부리 영 / 말씀 어)

뜻 미국, 영국 등 세계 여러 나라에서 사용하는 말.

나영이는 요즘 어떤 言語(언어)를 공부하고 있니?
요즘에는 英語(영어)를 배우고 있어!
English

대표 한자어 02

교훈 敎訓 (가르칠 교 / 가르칠 훈)

뜻 행동이나 생활에 지침이 될 만한 것을 가르침. 또는 그런 가르침.

실패를 敎訓(교훈)으로 삼아 성공할 거야!

대표 한자어 03

풍습 風習 (바람 풍 / 익힐 습)

뜻 풍속과 습관을 아울러 이르는 말.

대표 한자어 | 04 |

전 례
前 例
앞 전
법식 례
뜻 이전부터 있었던 사례.
前例(전례) 없는 가뭄 때문에 호수가 바닥을 드러냈어.

대표 한자어 | 05 |

형 식
形 式
모양 형
법 식
뜻 사물이 외부로 나타나 보이는 모양.
보내는 사람
편지를 부칠 때는 주소를 形式(형식)에 맞춰 써야 해.
받는 사람

대표 한자어 | 06 |

서 체
書 體
글 서
몸 체
뜻 글씨를 써 놓은 모양.
書體(서체)만 보고도 누가 썼는지 알 수 있어.
바람이 불어오는 곳
청명한 가을 아침

대표 한자어 07

소실 消失

사라질 소 / 잃을 실

뜻 사라져 없어짐. 또는 그렇게 잃어버림.

실언 失言

잃을 실 / 말씀 언

뜻 실수로 잘못 말함. 또는 그렇게 한 말.

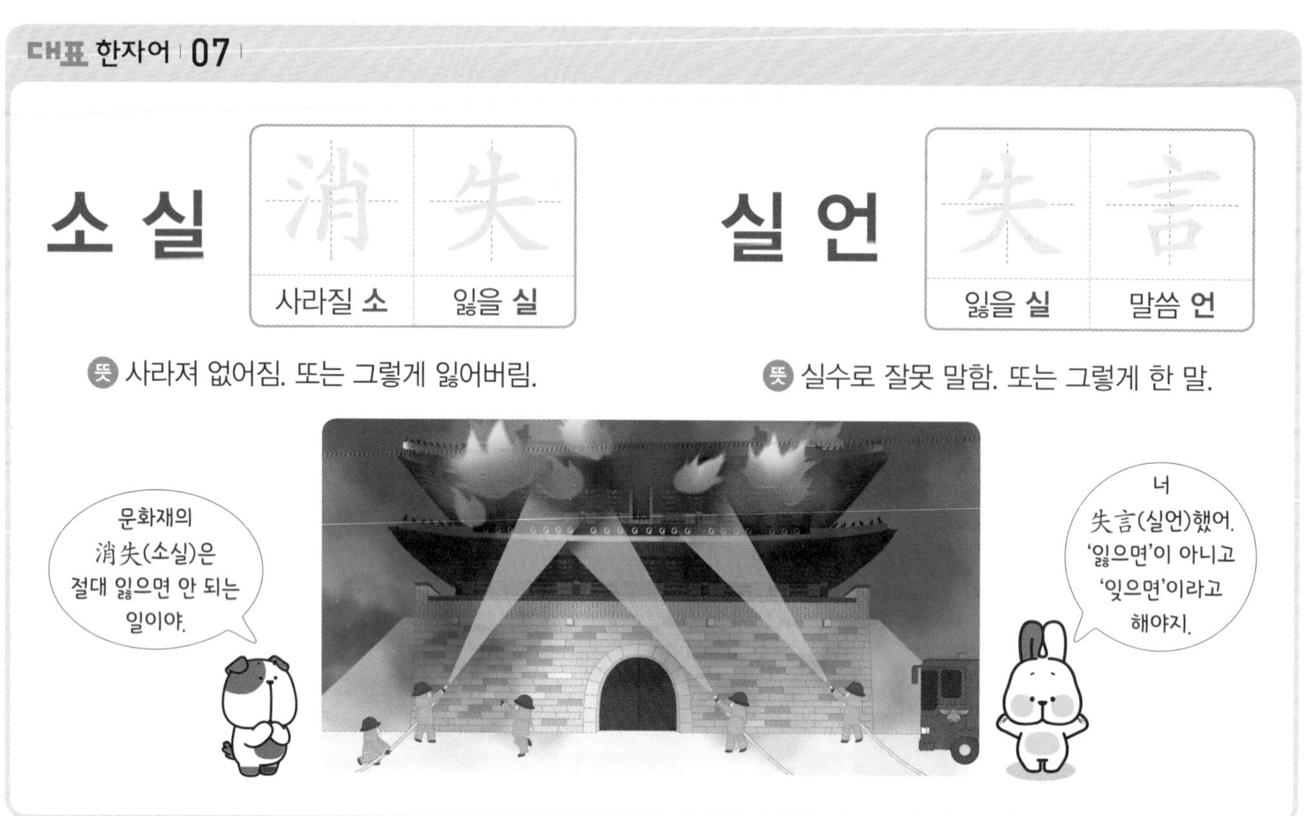

대표 한자어 08

하대 下待

아래 하 / 기다릴 대

뜻 상대편을 낮게 대우함.

대표 한자어 09

소정 所定

바 소 / 정할 정

뜻 미리 정하여 있는 것.

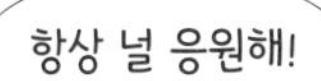
항상 널 응원해!

대표 한자어 | 10 |

천 사

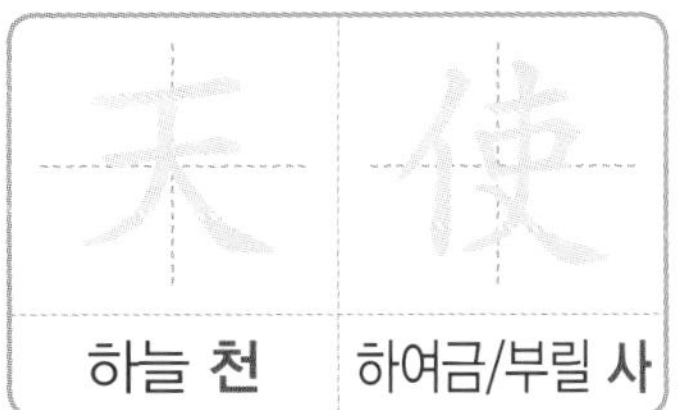
天 使
하늘 천
하여금/부릴 사

뜻 신과 인간의 중간에서 신의 뜻을 인간에게 전하는 존재.

하늘에서
天使(천사)가 내려오는
꿈을 꾸고 있네.

대표 한자어 | 11 |

개 회

開	會
열 개	모일 회

뜻 회의나 모임 등을 시작하는 것.

체육대회
開會(개회)식이
시작됐어.

축 체육대회

대표 한자어 | 12 |

성 분

成	分
이룰 성	나눌 분

뜻 물질의 바탕을 이루고 있는 구성 요소.

우유에는
칼슘 成分(성분)이
풍부하게 들어 있어.
우유
영양 정보
칼슘: 200mg

1 다음 문장의 내용이 맞으면 '예', 틀리면 '아니요'에 ○표 하세요.

'風習(풍습)'은 '풍속과 습관을 아울러 이르는 말.'입니다.
예
아니요

Tip
'習'은 (가르치다, 익히다)를 뜻하는 한자입니다.
답 익히다

2 다음 뜻에 해당하는 한자어를 찾아 V표 하세요.

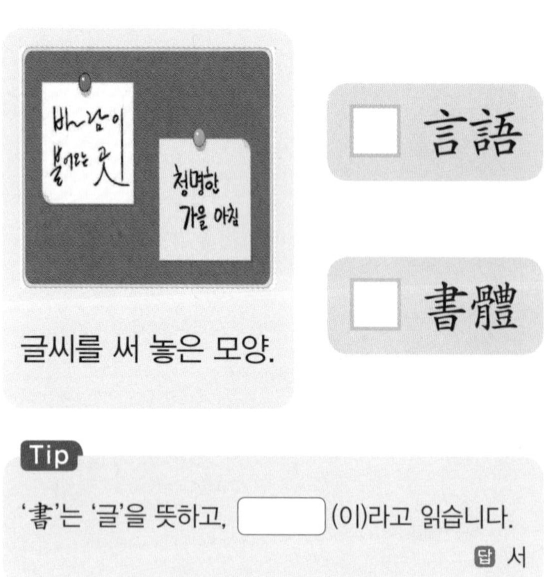

Tip
'書'는 '글'을 뜻하고, ☐(이)라고 읽습니다.
답 서

3 다음 뜻에 해당하는 한자어를 찾아 선으로 이으세요.

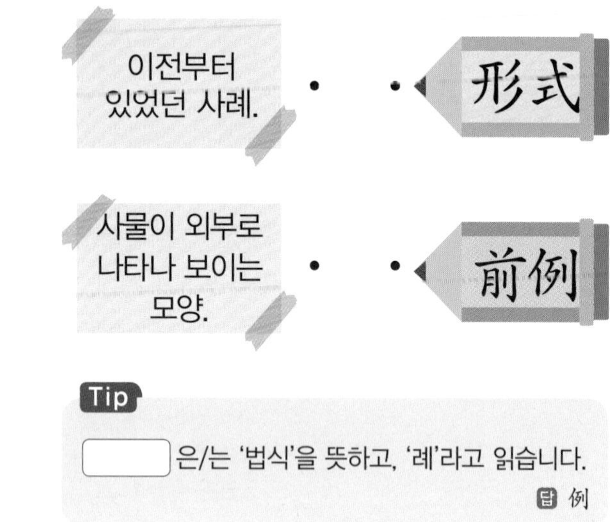

Tip
☐은/는 '법식'을 뜻하고, '례'라고 읽습니다.
답 例

4 다음 ☐ 안에 들어갈 한자어를 찾아 ○표 하세요.

놀부는 흥부를 ☐☐하였습니다.

Tip
'待'는 ☐을/를 뜻하고, '대'라고 읽습니다.
답 기다리다

5 다음 뜻에 해당하는 한자어를 찾아 ○표 하세요.

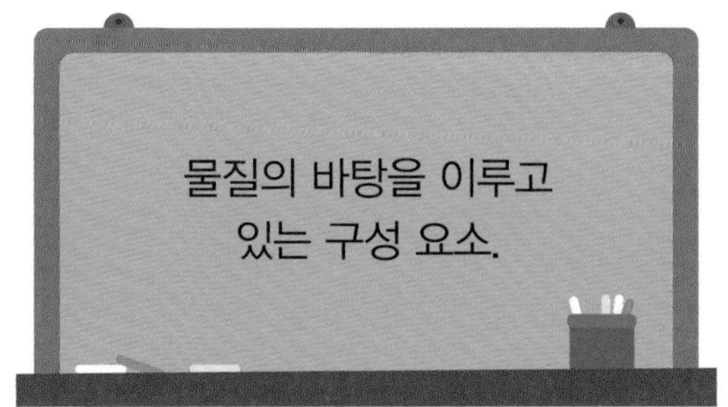

Tip

'成分'의 '成'은 [ ] 을/를 뜻하는 한자입니다.

답 이루다

6 다음 [ ] 안에 들어갈 한자를 찾아 ∨표 하세요.

이번
開[ ]식에
참석해 주셔서
감사합니다.

□ 會

□ 式

Tip

[ ] 을/를 뜻하는 한자는 '會'이고, '회'라고 읽습니다.

답 모이다

7 다음 퍼즐에서 한자어를 찾아 ○표 하고, 빈칸에 한글로 쓰세요.

訓	會	所	式
使	消	定	會
成	失	言	英
待	訓	語	習

한자어

- [ ][ ]: 생각, 느낌 등을 나타내거나 전달하는 데에 쓰는 음성, 문자 등의 수단.
- [ ][ ]: 실수로 잘못 말함. 또는 그렇게 한 말.
- [ ][ ]: 사라져 없어짐. 또는 그렇게 잃어버림.
- [ ][ ]: 미리 정하여 있는 것.

Tip

'미리 정하여 있는 것.'을 뜻하는 한자어는 (英語, 所定)입니다.

답 所定

전략 1 한자어의 음(소리) 쓰기

다음 밑줄 친 漢字語한자어의 讀音(독음: 읽는 소리)을 쓰세요.

보기

特上 ➔ 특상

• 그는 꾸준히 <u>英語</u> 공부를 하고 있습니다. ➔ (　　　　　　)

답 영어

필수 예제 01

다음 밑줄 친 漢字語한자어의 讀音(독음: 읽는 소리)을 쓰세요.

보기

美術 ➔ 미술

(1) 나쁜 결과가 <u>前例</u>가 되어서는 안 됩니다. ➔ (　　　　　　)

(2) 그 누구도 남을 <u>下待</u>해서는 안 됩니다. ➔ (　　　　　　)

(3) 아기가 <u>天使</u>처럼 자고 있습니다. ➔ (　　　　　　)

(4) <u>失言</u>하지 않도록 주의해야 합니다. ➔ (　　　　　　)

문장을 읽으며 한자어의 음(소리)이 무엇일지 생각해 봅니다.

▶정답 8쪽

전략 2 한자의 뜻과 음(소리) 쓰기

다음 漢字한자의 訓(훈: 뜻)과 音(음: 소리)을 쓰세요.

보기

交 ➔ 사귈 교

• 式 ➔ (   )

답 법 식

필수 예제 02

다음 漢字한자의 訓(훈: 뜻)과 音(음: 소리)을 쓰세요.

보기

術 ➔ 재주 술

(1) 消 ➔ (   )

(2) 言 ➔ (   )

(3) 書 ➔ (   )

(4) 開 ➔ (   )

한자의 뜻과 음(소리)은
반드시 함께
알아 두어야 합니다.

전략 3 제시된 한자와 뜻이 비슷한 한자 찾기

다음 漢字한자와 뜻이 비슷한 漢字한자를 찾아 번호를 쓰세요.

• 訓: ① 失 ② 敎 ③ 成 ④ 消 → (   )

답 ②

필수 예제 03

다음 漢字한자와 뜻이 비슷한 漢字한자를 찾아 번호를 쓰세요.

(1) 語: ① 開 ② 使 ③ 話 ④ 會 → (   )

(2) 言: ① 語 ② 待 ③ 書 ④ 使 → (   )

(3) 書: ① 例 ② 英 ③ 章 ④ 言 → (   )

(4) 會: ① 社 ② 成 ③ 失 ④ 待 → (   )

뜻이 비슷한 한자를 잘 알아 두어야 합니다.

▶정답 8쪽

전략 4 제시된 뜻에 맞는 한자어 찾기

다음 뜻에 맞는 漢字語한자어를 보기에서 찾아 그 번호를 쓰세요.

보기
① 失言 ② 教訓 ③ 英語 ④ 風習

• 실수로 잘못 말함. 또는 그렇게 한 말. ➔ (　　　　)

답 ①

필수 예제 04

다음 뜻에 맞는 漢字語한자어를 보기에서 찾아 그 번호를 쓰세요.

① 成分 ② 開會 ③ 所定 ④ 形式

(1) 사물이 외부로 나타나 보이는 모양.
➔ (　　　　)

(2) 미리 정하여 있는 것.
➔ (　　　　)

(3) 회의나 모임 등을 시작하는 것.
➔ (　　　　)

(4) 물질의 바탕을 이루고 있는 구성 요소.
➔ (　　　　)

한자어가 생각나지 않을 때는 한자의 뜻을 조합하여 문제를 풀어 봅니다.

2주 04일 급수시험 체크 전략 ❷

[한자어의 음(소리) 쓰기]

1 다음 밑줄 친 漢字語한자어의 讀音(독음: 읽는 소리)을 쓰세요.

전래동화는 우리에게 <u>教訓</u>을 줍니다.

→ (　　　　　　)

Tip
'訓'은 '가르치다'를 뜻하고, '훈'이라고 읽습니다.

[한자어의 음(소리) 쓰기]

2 다음 밑줄 친 漢字語한자어의 讀音(독음: 읽는 소리)을 쓰세요.

그 사과에서 농약 <u>成分</u>이 나왔습니다.

→ (　　　　　　)

Tip
'이루다'를 뜻하는 한자는 '成'이고, '성'이라고 읽습니다.

[한자의 뜻과 음(소리) 쓰기]

3 다음 漢字한자의 訓(훈: 뜻)과 音(음: 소리)을 쓰세요.

보기
感 → 느낄 **감**

• 定 → (　　　　　　)

Tip
'定'은 '정하다'를 뜻하는 한자입니다.

[한자의 뜻과 음(소리) 쓰기]

4 다음 漢字한자의 訓(훈: 뜻)과 音(음: 소리)을 쓰세요.

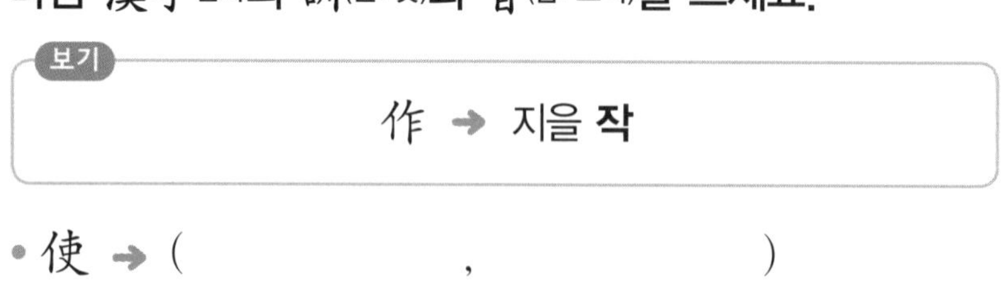
보기
作 → 지을 **작**

• 使 → (　　　　　　,　　　　　　)

Tip
'使'는 '하여금' 또는 '부리다'를 뜻하는 한자입니다.

▶정답 8쪽

[제시된 뜻에 맞는 한자어 찾기]

5 다음 뜻에 맞는 漢字語한자어를 보기 에서 찾아 그 번호를 쓰세요.

보기

① 言語　② 開會　③ 前例　④ 失言

• 이전부터 있었던 사례. → (　　　　)

Tip

'前例'의 '例'는 '법식'을 뜻하는 한자입니다.

[제시된 한자와 음(소리)은 같고 뜻이 다른 한자 찾기]

6 다음에서 음(소리)은 같으나 뜻이 다른 漢字한자를 찾아 번호를 쓰세요.

• 待: ① 使　② 消　③ 學　④ 大 → (　　　　)

Tip

'待'는 '기다리다'를 뜻하고, '대'라고 읽습니다.

[제시된 한자와 뜻이 비슷한 한자 찾기]

7 다음 漢字한자와 뜻이 비슷한 漢字한자를 찾아 번호를 쓰세요.

• 言: ① 話　② 英　③ 定　④ 開 → (　　　　)

Tip

'말씀'을 뜻하는 한자는 '言'이고, '언'이라고 읽습니다.

[제시된 한자와 음(소리)은 같고 뜻이 다른 한자 찾기]

8 다음에서 음(소리)은 같으나 뜻이 다른 漢字한자를 찾아 번호를 쓰세요.

• 消: ① 習　② 失　③ 成　④ 所 → (　　　　)

Tip

'消'는 '사라지다'를 뜻하고, '소'라고 읽습니다.

누구나 만점 전략

01 다음 ☐ 안에 들어갈 한자에 ○표 하세요.

言☐는 자주 접하면서 배우는 것이 좋습니다.

語　　英

02 다음 한자 카드에 들어갈 한자를 쓰세요.

03 다음 밑줄 친 한자어의 음(소리)을 쓰세요.

이번 이야기를 통해, 나쁜 일을 하면 벌을 받는다는 <u>敎訓</u>을 얻게 되었습니다.

→ (　　　　　)

04 다음 ☐ 안에 들어갈 한자를 보기에서 찾아 그 번호를 쓰세요.

보기: ① 例　② 書　③ 定

• 所☐: 미리 정하여 있는 것.

→ (　　　　　)

05 다음 뜻과 음(소리)에 해당하는 한자를 보기에서 찾아 그 번호를 쓰세요.

보기: ① 式　② 開　③ 使

• 법 식 → (　　　　　)

▶정답 8쪽

06 다음 설명 에 해당하는 한자어를 찾아 ○표 하세요.

사라져 없어짐. 또는 그렇게 잃어버림.

07 다음 한자의 뜻으로 알맞은 것을 보기 에서 모두 찾아 그 번호를 쓰세요.

① 하여금　② 열다　③ 부리다

• 使 → (　　　　　　)

08 다음 뜻에 해당하는 한자어를 보기 에서 찾아 그 번호를 쓰세요.

① 成分　② 形式　③ 書體

• 글씨를 써 놓은 모양.

→ (　　　　　　)

09 다음 밑줄 친 낱말에 해당하는 한자어를 보기 에서 찾아 그 번호를 쓰세요.

보기

① 風習　② 前例　③ 英語

• 단오절에는 창포 물에 머리를 감는 풍습이 있습니다.

→ (　　　　　　)

10 다음 보기 와 같이 한자의 뜻과 음(소리)을 쓰세요.

보기

由 → 말미암을 **유**

• 失 → (　　　　　　)

창의·융합·코딩 전략 ❶

창의 융합

1 위 대화를 읽고, 성문법은 문자로 적어 문서의 무엇을 갖춘 법인지 해당하는 한자어를 보기 에서 찾아 한자로 쓰세요.

보기

形式　　教訓

답

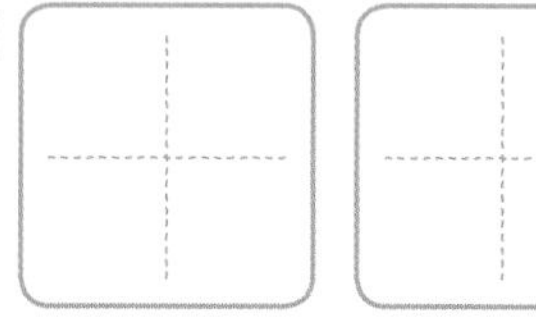

창의 융합

2 위 대화를 읽고, 만화에서 나오지 않은 한자어의 음(소리)을 찾아 ○표 하세요.

언어 영어 천사 전례

창의·융합·코딩 전략 ❷

코딩

1 사과와 수박의 좌표 를 쓰고, 사과에서 수박까지 상하좌우 한 칸씩만 가장 적은 칸 수로 이동하려 할 때 지나가는 한자로 만들어지는 한자어를 쓰세요.

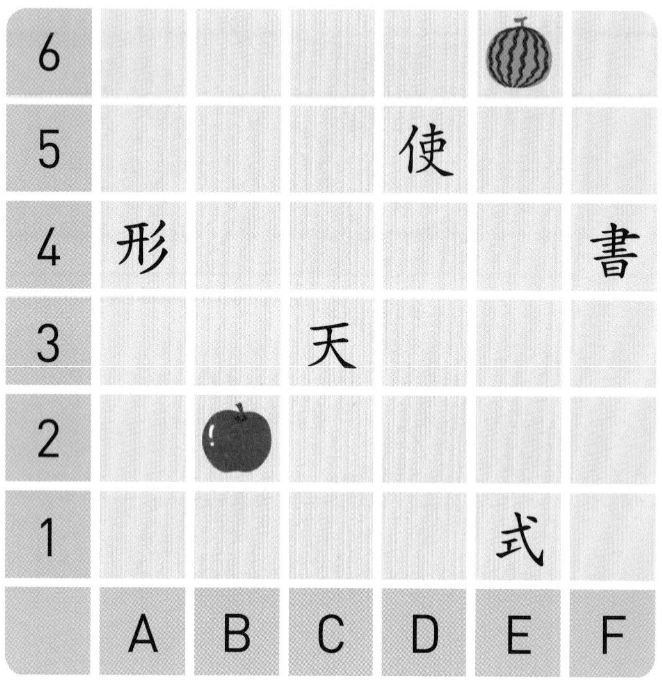

6					(수박)	
5				使		
4	形					書
3			天			
2		(사과)				
1					式	
	A	B	C	D	E	F

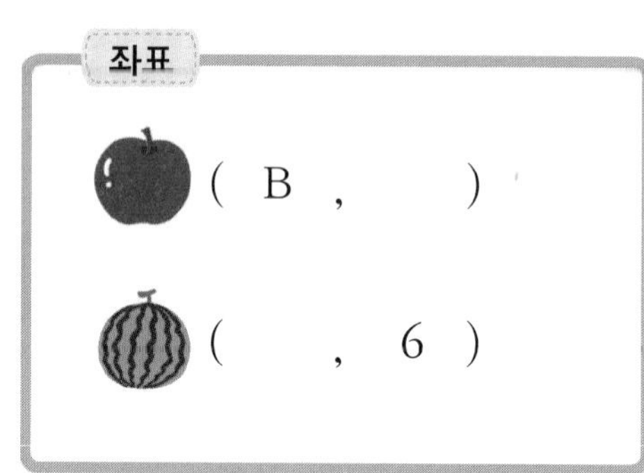

좌표

(사과) (B ,)

(수박) (, 6)

답 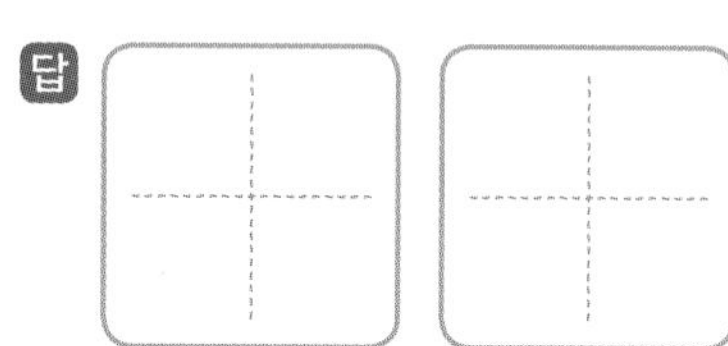

창의 융합

2 다음 조건 을 모두 만족시키는 것을 그림에서 찾아 ○표 하세요.

조건

英語 語

▶정답 9쪽

코딩

3 다음 순서도 에 따라 강아지가 친구의 집을 찾아가려고 합니다. 강아지가 도착한 곳의 한자에 해당하는 음(소리)을 쓰세요.

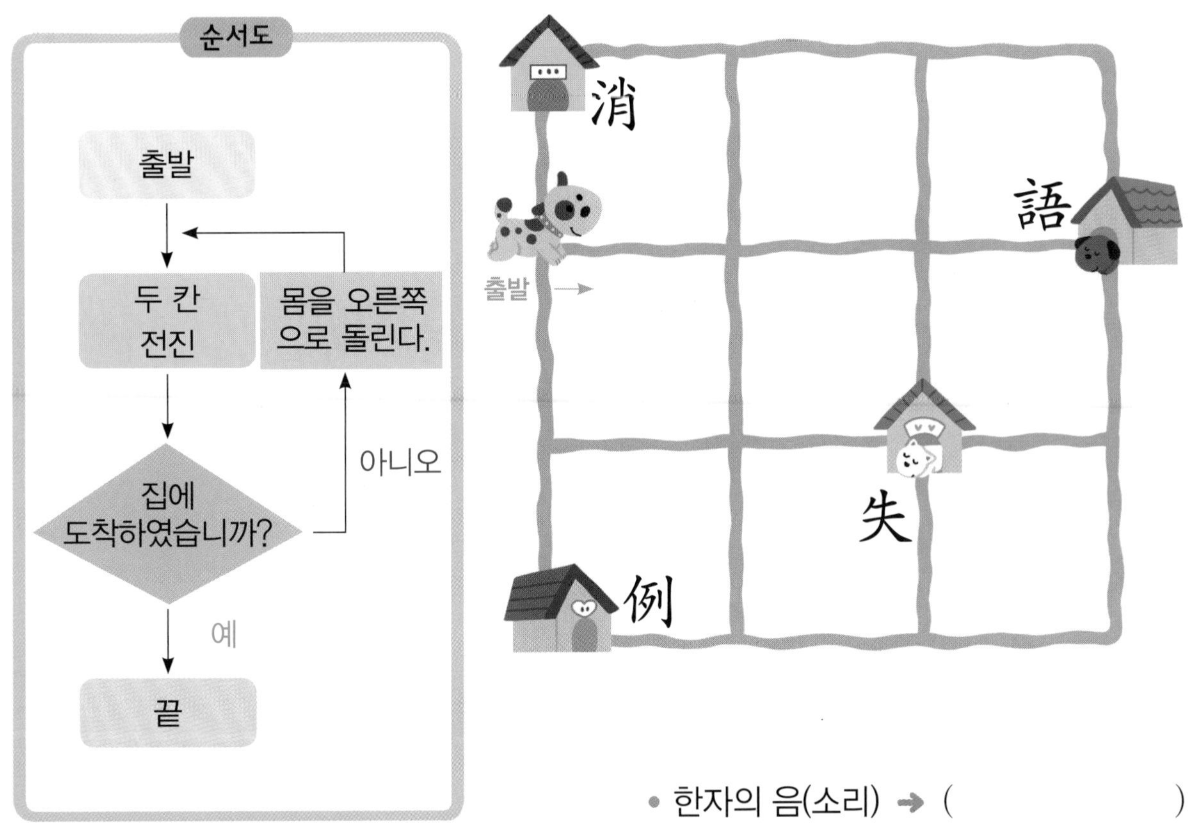

• 한자의 음(소리) ➜ (   )

4 다음 글을 읽고, (   ) 안에 공통으로 들어갈 한자어를 찾아 그 번호를 쓰세요.

➜ (   )

올바른 식품 선택을 위해서는 식품의 영양 (   )을/를 확인해야 합니다. 이 표시는 식품 안에 어떤 (   )이/가 얼마나 들었는지를 나타냅니다. 탄수화물, 단백질, 지방 등이 음식을 구성하는 (   )의 대표적인 예입니다.

① 書體　　② 前例　　③ 成分　　④ 風習

창의 융합

5 다음 그림에서 알파벳 소문자를 따라갔을 때, 도착한 곳에 있는 한자의 음(소리)을 쓰세요.

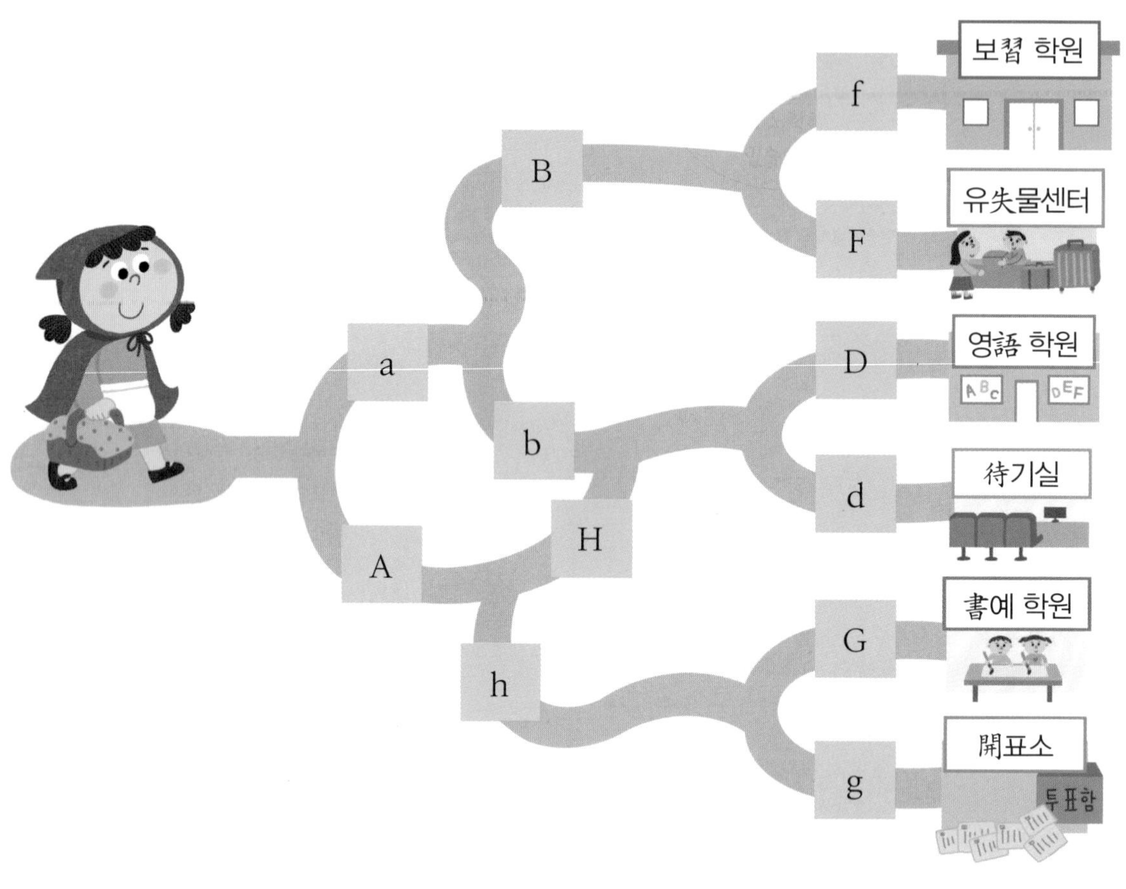

• 한자의 음(소리) → (　　　　　　)

6 다음 블록을 위에서 바라본 모양대로 칸을 색칠하고, 색칠하지 않은 블록의 한자를 조합한 한자어를 쓰세요.

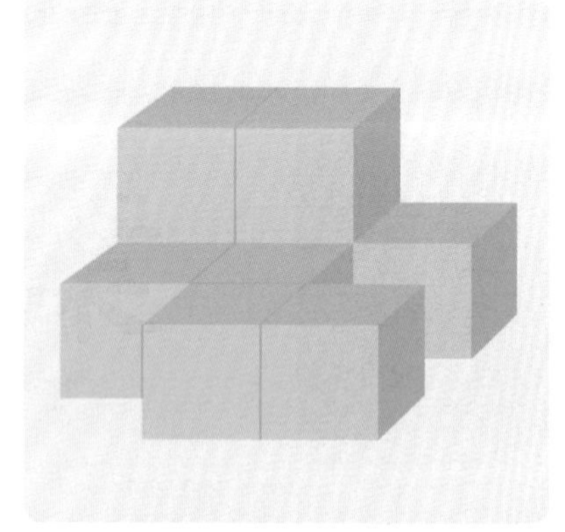

英	式	言
定	使	開
會	書	失

뜻 회의나 모임을 시작하는 것.

답

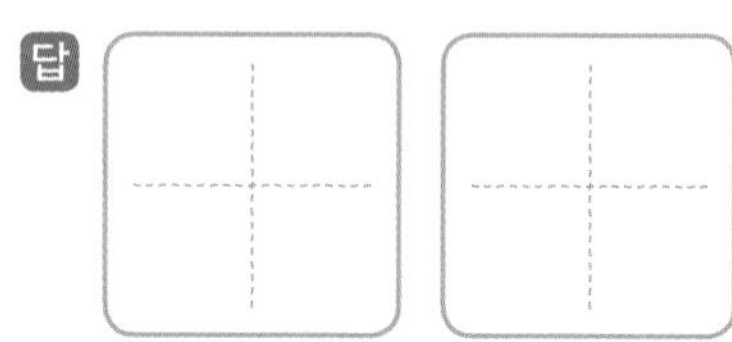

▶정답 9쪽

코딩

7 일정한 패턴에 따라 명령어 가 나열될 때, 문제 에서 마지막에 나올 명령어 의 뜻과 음(소리)에 해당하는 한자를 쓰세요.

답

코딩

8 다음 질문의 답이 쓰여 있는 물건을 고른 후, 고른 물건 가격의 합계를 구해 보세요.

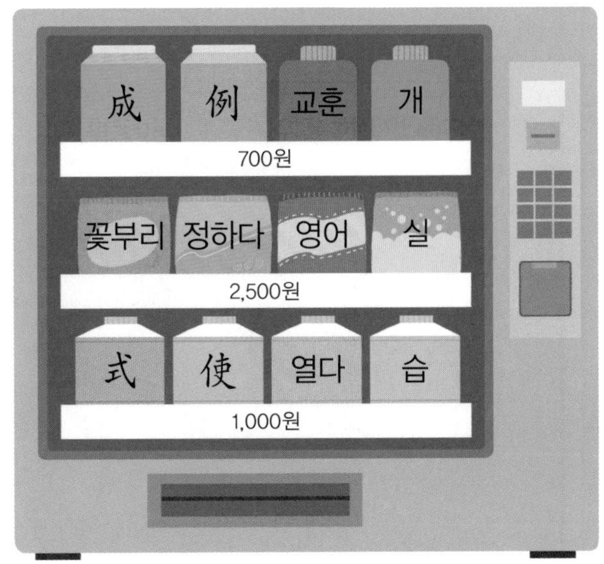

1. 한자 '失'의 음(소리)은 무엇인가요?
2. '이루다'를 뜻하는 한자는 무엇인가요?
3. 한자 '英'의 뜻은 무엇인가요?
4. '법 식'에 해당하는 한자는 무엇인가요?
5. 한자어 '教訓'의 음(소리)은 무엇인가요?

• 합계 → (　　　　　　원)

전편 마무리 전략

바람아, 어제 뉴스 봤니?
아니, 왜? 나 어제 밀린 作文(작문) 숙제를 밤 늦게까지 하느라 텔레비전을 못 봤어.

어제 열린 外交(외교) 회담에서, 우리나라는 답례품으로 한우 特上(특상)품과 한국식 이름이 새겨진 圖章(도장)을 줬대.

명품 한우
특상

우아! 정말 感動(감동)했을 것 같아. 이런 섬세한 外交(외교) 선물에 愛國(애국)심이 차오른다!

福
그리고 圖章(도장)은 幸運(행운)을 상징하는 복주머니에 담아서 줬다고 해.

바람아, 그러면 愛國(애국)선열을 기리기 위한 作文(작문) 숙제를 열심히 했어야지. 文章(문장)을 보니 분량만 채우려고 術數(술수)를 쓴 것 같던데?

그리고 이제 곧 英語(영어) 시간이니 교과서 준비를 해주렴.
네, 선생님. 저의 멋진 英語(영어) 실력을 보여 드릴게요.

만화를 보고, 지금까지 배운 한자를 기억해 보세요.

1주 | 친구/작품 한자

特 交 愛 向 由 信 幸 親 美 術 感 作 文 章 畫 圖

2주 | 과목/행동 한자

訓 言 語 英 習 例 式 書 待 定 使 開 會 消 成 失

신유형·신경향·서술형 전략

친구 한자

1 다음 글을 읽고, 물음에 답하세요.

서희

고려의 ㉠ 外交가이자 정치가입니다. 그는 요나라가 침입해오자 스스로 적진으로 들어가 요나라 장수 소손녕과 담판을 짓고 압록강 남쪽 ㉡ 方向의 강동 6주를 얻어냈습니다.

❶ 위의 글에서 밑줄 친 한자어의 음(소리)을 쓰세요.

- ㉠ 外交 → (   )
- ㉡ 方向 → (   )

❷ 다음 밑줄 친 낱말에 해당하는 한자에 ○표 하세요.

당시 요나라는 송나라와 친하게 지내는 고려를 못마땅하게 여겨서 고려를 침입했어.

Tip

한자 '交'의 음(소리)은 ❶ [   ] 이고, 한자 '親'의 뜻은 ❷ [   ] 입니다.

답 ❶ 교 ❷ 친하다

▶정답 9쪽

작품 한자

2 다음 두 학생의 대화를 읽고, 물음에 답하세요.

❶ 두 학생의 대화에서 밑줄 친 한자어의 음(소리)을 쓰세요.

- ㉠ 美術 → (　　　　　　)
- ㉡ 文章 → (　　　　　　)

❷ 두 학생이 말한 미술 감상 표현 방법에 해당하지 않는 것에 ∨표 하세요.

Tip

'작품에 표현된 작가의 생각과 감정, 그리고 아름다움을 느끼고 경험하는 모든 활동'을 [　　　](이)라고 합니다.

답 감상

행동 한자

3 다음 쿠키 구매 후기를 보고, 물음에 답하세요.

COOKIE
다른 사람들의 후기를 꼼꼼히 읽어 보자.
이번엔 꼭 사고 말겠어!

○○ 쿠키 구매 成공 후기

〈가게 정보〉

- 開점 시간: 오전 9시
- 폐점 시간: 오후 5시
- 예상 待기 시간: 1시간
- 한定된 수량이 消진되면, 판매 종료

❶ 위의 쿠키 구매 후기 속 한자의 음(소리)을 쓰세요.

- 成 ➔ (　　　　　　)
- 待 ➔ (　　　　　　)
- 消 ➔ (　　　　　　)
- 定 ➔ (　　　　　　)

❷ 한자 '開'의 알맞은 뜻과 음(소리)을 쓰고, 가게는 몇 시에 문을 여는지 쓰세요.

- 開 ➔ (　　　　　　)
- 가게가 문을 여는 시간 ➔ (　　　　　　)

Tip

한자 '成'의 뜻은 ❶ (　　) 이고, 한자 '消'의 뜻은 ❷ (　　) 입니다.

답 ❶ 이루다 ❷ 사라지다

▶정답 9쪽

작품/과목 한자

4 다음 지도를 보고, 물음에 답하세요.

❶ 위의 지도 속 한자어의 음(소리)을 쓰세요.

• 英語 → (　　　　　　　)　　　• 畵室 → (　　　　　　　)

❷ 다음 설명 을 읽고, 실제 거리를 구하세요.

설명
1. 지도의 한 칸은 1 cm입니다.
2. 축척이 1 : 200,000이라면 지도의 1 cm가 실제로 2 km라는 뜻입니다.

• 영어 학원에서 도서실까지의 실제 거리는 (　　　　　　) km입니다.
• 미술 학원에서 영어 학원까지의 실제 거리는 (　　　　　　) km입니다.

Tip
'미국, 영국 등 세계 여러 나라에서 사용하는 말.'을 [　　　](이)라고 해요

답 영어

적중 예상 전략 1회

[문제 01~02] 다음 밑줄 친 漢字語한자어의 讀音(독음: 읽는 소리)을 쓰세요.

외국에 살다 보면 같은 언어를 쓰는 사람을 만났을 때 01 親近하게 느껴집니다. 외국어가 아닌 한국어를 쓰는 사람을 만난다는 건 정말로 02 幸運입니다.

01 親近 → (　　　　　)

02 幸運 → (　　　　　)

[문제 03~04] 다음 漢字한자의 訓(훈: 뜻)과 音(음: 소리)을 쓰세요.

03

→ (　　　　　)

04

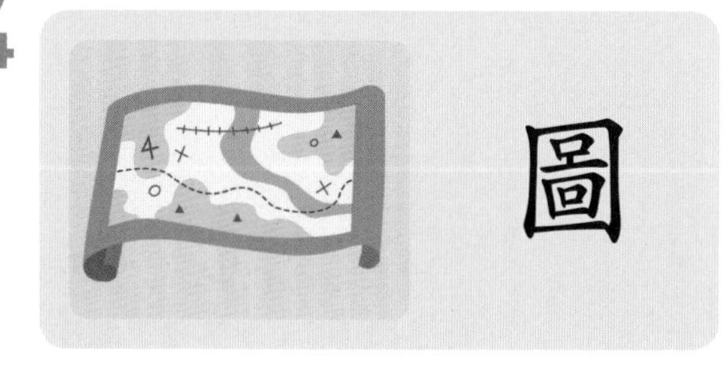

→ (　　　　　)

▶정답 10쪽

[문제 05~06] 다음 漢字한자와 뜻이 같거나 비슷한 漢字한자를 골라 그 번호를 쓰세요.

05 術: ① 特 ② 愛 ③ 才 ④ 圖

➜ (   )

06 章: ① 交 ② 文 ③ 由 ④ 晝

➜ (   )

[문제 07~08] 다음 중 소리는 같으나 뜻이 다른 漢字한자를 골라 그 번호를 쓰세요.

07 幸: ① 行 ② 親 ③ 愛 ④ 交

➜ (   )

08 文: ① 特 ② 向 ③ 感 ④ 門

➜ (   )

[문제 09~10] 다음 성어의 (   ) 안에 알맞은 漢字한자를 보기 에서 찾아 그 번호를 쓰세요.

보기
① 術 ② 文
③ 作 ④ 圖

09 各自(   )生 : 제 각기 살아나갈 방법을 꾀함.
➜ (   )

10 (   )心三日 : 단단히 먹은 마음이 사흘을 가지 못한다는 뜻으로, 결심이 굳지 못함을 이르는 말.
➜ (   )

[문제 11~12] 다음 뜻에 맞는 漢字語한자어를 보기 에서 찾아 그 번호를 쓰세요.

보기
① 愛國 ② 作文
③ 術數 ④ 由來

11 사물이나 일이 생겨남. 또는 그 사물이나 일이 생겨난 바.
➜ (   )

12 자기 나라를 사랑함.
➜ (   )

[문제 13~14] **다음 밑줄 친 漢字語한자어를 漢字한자로 쓰세요.**

보기

국어 → 國語

13 고된 행군으로 기력을 잃었습니다.

→ (　　　　　　)

14 언니는 공립 학교에 다닙니다.

→ (　　　　　　)

[문제 15~16] **다음 漢字한자의 짙게 표시한 획은 몇 번째 쓰는 획인지 보기에서 골라 그 번호를 쓰세요.**

보기

① 첫 번째　② 두 번째
③ 세 번째　④ 네 번째

15 向 (　　　　　　)

16  (　　　　　　)

적중 예상 전략 2회

[문제 01~02] 다음 밑줄 친 漢字語한자어의 讀音(독음: 읽는 소리)을 쓰세요.

오늘 01 開會식에는 많은 나라의 사람이 한국 전통 의상을 입고 참여했습니다. 사람들은 이번 회의가 성공적으로 이루어져 하나의 좋은 02 前例로 남을 수 있길 바랐습니다.

01 開會 → (   )

02 前例 → (   )

[문제 03~04] 다음 漢字한자의 訓(훈: 뜻)과 音(음: 소리)을 쓰세요.

03 使

→ (,   )

04

消

→ (   )

▶정답 10쪽

[문제 05~06] 다음 漢字한자와 뜻이 같거나 비슷한 漢字한자를 골라 그 번호를 쓰세요.

05 會: ① 社 ② 失 ③ 式 ④ 成

➜ ( )

06 言: ① 開 ② 使 ③ 習 ④ 語

➜ ( )

[문제 07~08] 다음 중 소리는 같으나 뜻이 다른 漢字한자를 골라 그 번호를 쓰세요.

07 成: ① 訓 ② 定 ③ 姓 ④ 失

➜ ( )

08 書: ① 西 ② 言 ③ 例 ④ 式

➜ ( )

[문제 09~10] 다음 성어의 (　) 안에 알맞은 漢字한자를 보기 에서 찾아 그 번호를 쓰세요.

보기

① 書　② 消
③ 會　④ 習

09 自學自(　): 남의 가르침을 받지 아니하고 스스로 배우고 익힘.
→ (　　　　)

10 白面(　)生: 한갓 글만 읽고 세상일에는 전혀 경험이 없는 사람.
→ (　　　　)

[문제 11~12] 다음 뜻에 맞는 漢字語한자어를 보기 에서 찾아 그 번호를 쓰세요.

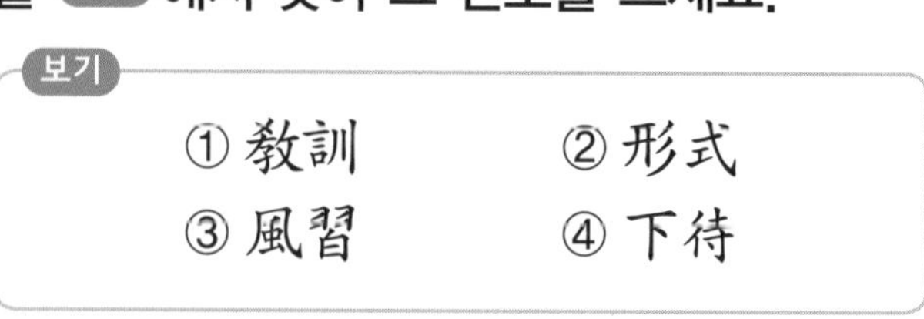

보기

① 教訓　② 形式
③ 風習　④ 下待

11 상대편을 낮게 대우함.
→ (　　　　)

12 행동이나 생활에 지침이 될 만한 것을 가르침. 또는 그런 가르침.
→ (　　　　)

▶정답 10쪽

[문제 13~14] 다음 밑줄 친 漢字語한자어를 漢字한자로 쓰세요.

보기

학교 ➜ 學校

13 봄이 지나 어느덧 입하가 되었습니다.
➜ (　　　　　)

14 이 산은 활화산이니 등산에 주의해야 합니다. ➜ (　　　　　)

[문제 15~16] 다음 漢字한자의 짙게 표시한 획은 몇 번째 쓰는 획인지 에서 골라 그 번호를 쓰세요.

보기

① 다섯 번째　　② 여섯 번째
③ 일곱 번째　　④ 여덟 번째

15 習 (　　　　　)

16 使 (　　　　　)

교과 학습 한자어 전략

교과 학습 한자어 01

기 술

뜻 사물을 잘 다루는 방법이나 능력.

심화 한자 1 부수 手(扌) | 총 7획

技

재주 기

'재주'나 '솜씨'라는 뜻을 가진 한자예요. 손재주와 같이 개인의 특별한 능력을 뜻해요.

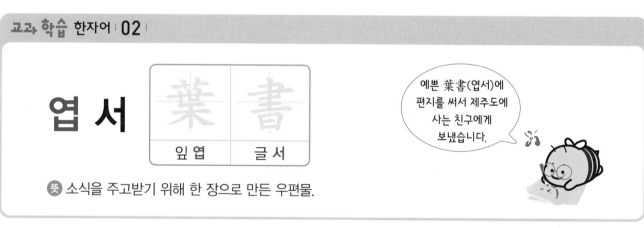

技 재주 기 / 技 재주 기

쓰는 순서 一 扌 扌 扌 扌 抆 技

교과 학습 한자어 02

엽 서

뜻 소식을 주고받기 위해 한 장으로 만든 우편물.

심화 한자 2 부수 艸(艹) | 총 13획

葉

잎 엽

'나뭇잎'이나 '세대'라는 뜻을 가진 한자예요. 나뭇가지 위에 붙은 나뭇잎을 본뜬 모양을 표현했어요.

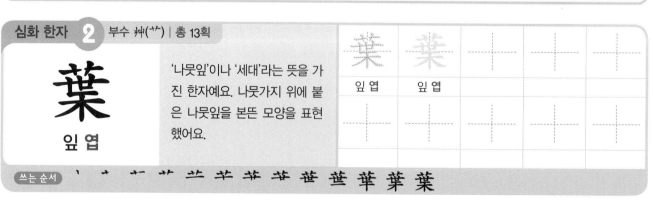

葉 잎 엽 / 葉 잎 엽

쓰는 순서 丶 十 艹 艹 芒 芓 苹 苹 莊 葉 葉 葉 葉

교과 학습 한자어 | 03

영웅

뜻 지혜와 재능이 뛰어나고 용맹한 사람.

심화 한자 3 부수 隹 | 총 12획

雄
수컷 웅

'수컷'이라는 뜻을 가진 한자예요. 날개가 넓은 수새를 나타내면서 이러한 뜻을 갖게 되었어요.

雄	雄			
수컷 웅	수컷 웅			

쓰는 순서 一 ナ 左 左 左 𠀤 𠀤 𠀤 𠀤 𠀤 雄 雄

교과 학습 한자어 | 04

재개

뜻 어떤 활동이나 회의 따위를 한동안 중단했다가 다시 시작함.

심화 한자 4 부수 冂 | 총 6획

再
두 재

'두 번', '거듭'이라는 뜻을 가진 한자예요. '다시 한번 하다', '두 번 하다'라는 뜻으로 쓰이게 되었어요.

再	再			
두 재	두 재			

쓰는 순서 一 厂 冂 币 再 再

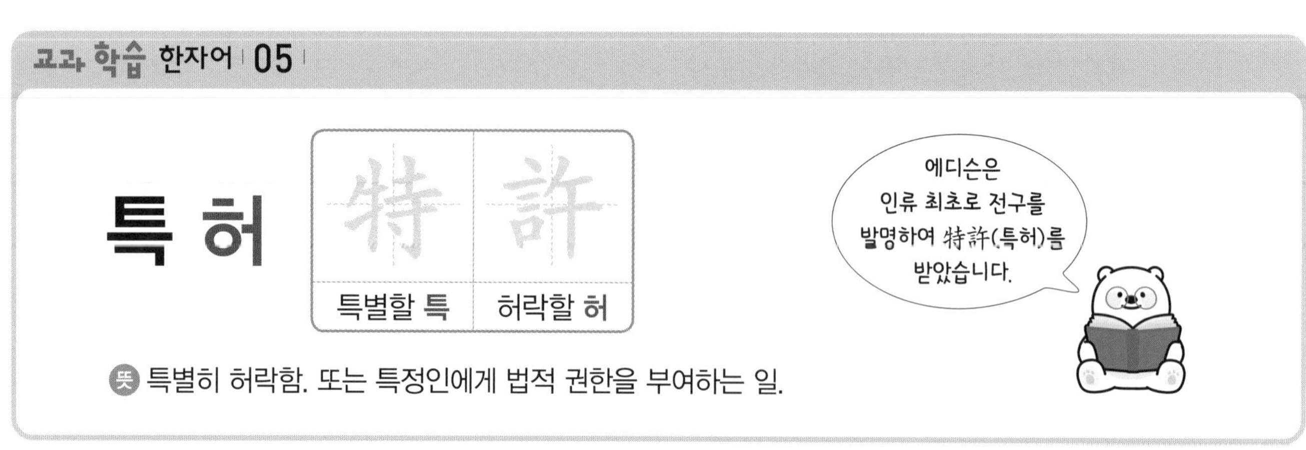

교과 학습 한자어 | 05
특 허
特 許
특별할 특 허락할 허
뜻 특별히 허락함. 또는 특정인에게 법적 권한을 부여하는 일.
에디슨은
인류 최초로 전구를
발명하여 特許(특허)를
받았습니다.

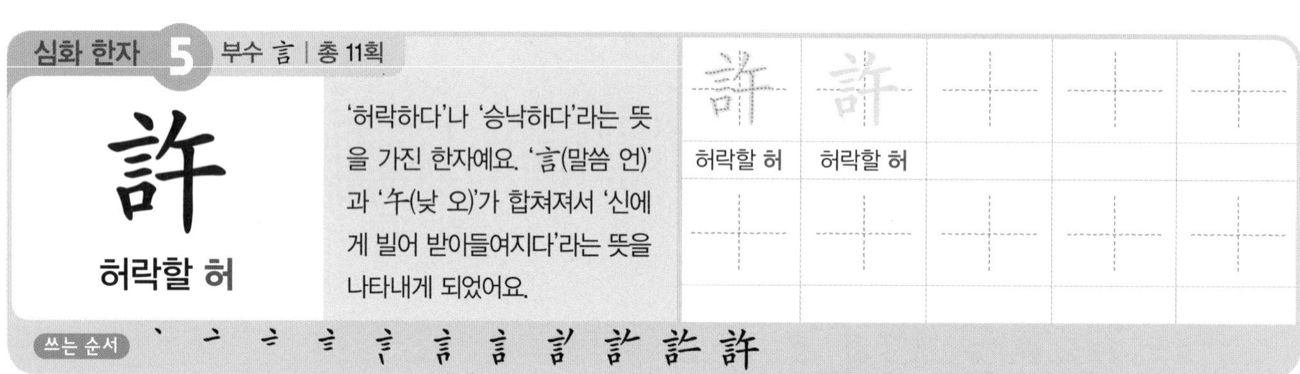

심화 한자 5 부수 言 | 총 11획
許
허락할 허
'허락하다'나 '승낙하다'라는 뜻을 가진 한자예요. '言(말씀 언)'과 '午(낮 오)'가 합쳐져서 '신에게 빌어 받아들여지다'라는 뜻을 나타내게 되었어요.
허락할 허
허락할 허
쓰는 순서

1 다음 한자어의 뜻에 해당하는 것을 찾아 ∨표 하세요.

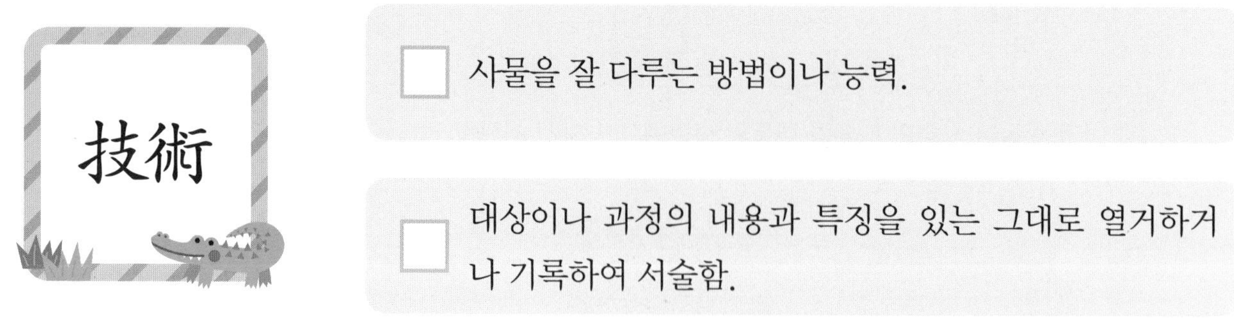

技術
사물을 잘 다루는 방법이나 능력.
대상이나 과정의 내용과 특징을 있는 그대로 열거하거나 기록하여 서술함.

▶정답 10쪽

2 다음 설명에 해당하는 한자어를 찾아 ◯표 하세요.

설명
소식을 주고받기 위해 한 장으로 만든 우편물.
圖書
葉書

3 다음 문장의 내용이 맞으면 '예', 틀리면 '아니요'에 ◯표 하세요.

'英雄(영웅)'은 '지혜와 재능이 뛰어나고 용맹한 사람.'을 뜻합니다.
예
아니요

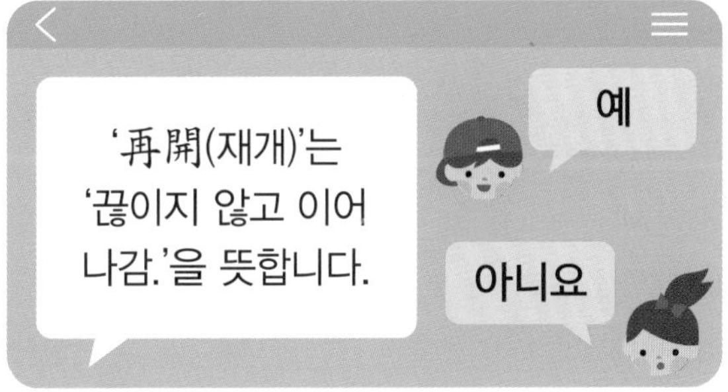
'再開(재개)'는 '끊이지 않고 이어 나감.'을 뜻합니다.
예
아니요

4 다음 뜻에 해당하는 한자어를 찾아 선으로 이으세요.

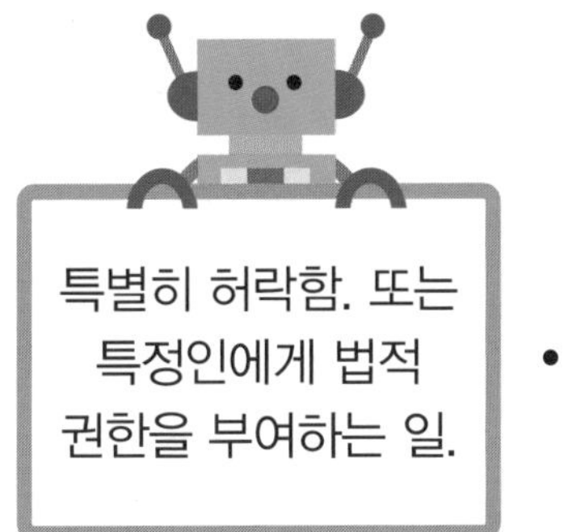
특별히 허락함. 또는 특정인에게 법적 권한을 부여하는 일.

特性

特許

한자

ㄱ
感(느낄 감) 18
開(열 개) 52
交(사귈 교) 12
技(재주 기) 92

ㄷ
待(기다릴 대) 52
圖(그림 도) 20

ㄹ
例(법식 례) 48

ㅁ
文(글월 문) 20
美(아름다울 미) 18

ㅅ
使(하여금/부릴 사) 52
書(글 서) 48
成(이룰 성) 54
消(사라질 소) 54
術(재주 술) 18
習(익힐 습) 48
式(법 식) 48
信(믿을 신) 14
失(잃을 실) 54

ㅇ
愛(사랑 애) 12
語(말씀 어) 46
言(말씀 언) 46
葉(잎 엽) 92
英(꽃부리 영) 46
雄(수컷 웅) 93
由(말미암을 유) 14

ㅈ
作(지을 작) 18
章(글 장) 20
再(두 재) 93
定(정할 정) 52

ㅊ
親(친할 친) 14

ㅌ
特(특별할 특) 12

ㅎ
幸(다행 행) 14
向(향할 향) 12
許(허락할 허) 94
畫(그림 화|그을 획) 20
會(모일 회) 54
訓(가르칠 훈) 46

한자어

ㄱ
感動(감동) 26
開會(개회) 61
教訓(교훈) 58
技術(기술) 92

ㄷ
圖章(도장) 27

ㅁ
文章(문장) 27
美術(미술) 26

ㅂ
方向(방향) 25

ㅅ
書體(서체) 59
成分(성분) 61
消失(소실) 60
所定(소정) 60
術數(술수) 26
失言(실언) 60

ㅇ
愛國(애국) 24
言語(언어) 58
葉書(엽서) 92
英語(영어) 58
英雄(영웅) 93
外交(외교) 24
由來(유래) 25

ㅈ
作文(작문) 27
再開(재개) 93
前例(전례) 59

ㅊ
天使(천사) 61
親近(친근) 26

ㅌ
特上(특상) 24
特許(특허) 94

ㅍ
風習(풍습) 58

ㅎ
下待(하대) 60
幸運(행운) 25
形式(형식) 59
畫室(화실) 27

전편을 모두 공부하느라
수고 많았어요!

쑥쑥 오른 한자 실력으로
어려운 문제도 척척 풀 수 있을 거예요.

이제는 후편을 공부하며
차근차근 한자 실력을 길러 볼까요?

어떤 한자가 우리를 기다리고 있을지
준비, 출발!

5단계 B 6급 ②

후편

이 책의 차례

전편

친구 / 작품 한자

친구 / 작품 한자 ········ 10쪽

01일 급수 한자 돌파 전략 ❶, ❷ ········ 12~17쪽
02일 급수 한자 돌파 전략 ❶, ❷ ········ 18~23쪽
03일 급수 한자어 대표 전략 ❶, ❷ ········ 24~29쪽
04일 급수 시험 체크 전략 ❶, ❷ ········ 30~35쪽
누구나 만점 전략 ········ 36~37쪽
창의•융합•코딩 전략 ❶, ❷ ········ 38~43쪽

과목 / 행동 한자

과목 / 행동 한자 ········ 44쪽

01일 급수 한자 돌파 전략 ❶, ❷ ········ 46~51쪽
02일 급수 한자 돌파 전략 ❶, ❷ ········ 52~57쪽
03일 급수 한자어 대표 전략 ❶, ❷ ········ 58~63쪽
04일 급수 시험 체크 전략 ❶, ❷ ········ 64~69쪽
누구나 만점 전략 ········ 70~71쪽
창의•융합•코딩 전략 ❶, ❷ ········ 72~77쪽

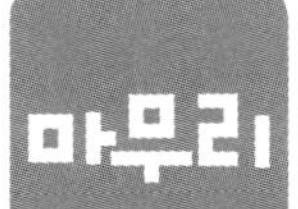

전편 마무리 전략 ········ 78~79쪽
신유형·신경향·서술형 전략 ········ 80~83쪽
적중 예상 전략 1회, 2회 ········ 84~91쪽
교과 학습 한자어 전략 ········ 92~95쪽

후편

병원/생활 한자 8쪽

01일 급수 한자 돌파 전략 ❶, ❷ ··········· 10~15쪽
02일 급수 한자 돌파 전략 ❶, ❷ ··········· 16~21쪽
03일 급수 한자어 대표 전략 ❶, ❷ ······· 22~27쪽
04일 급수 시험 체크 전략 ❶, ❷ ··········· 28~33쪽
누구나 만점 전략 ··········· 34~35쪽
창의•융합•코딩 전략 ❶, ❷ ··········· 36~41쪽

상태/행동 한자 42쪽

01일 급수 한자 돌파 전략 ❶, ❷ ··········· 44~49쪽
02일 급수 한자 돌파 전략 ❶, ❷ ··········· 50~55쪽
03일 급수 한자어 대표 전략 ❶, ❷ ······· 56~61쪽
04일 급수 시험 체크 전략 ❶, ❷ ··········· 62~67쪽
누구나 만점 전략 ··········· 68~69쪽
창의•융합•코딩 전략 ❶, ❷ ··········· 70~75쪽

후편 마무리 전략 ··········· 76~77쪽
신유형·신경향·서술형 전략 ··········· 78~81쪽
적중 예상 전략 1회, 2회 ··········· 82~89쪽
교과 학습 한자어 전략 ··········· 90~93쪽

6급 배정 한자 총 300자

은 5단계 B 전편 학습 한자, 은 후편 학습 한자입니다.

ㄱ 家	歌	各	角	間	感	強	江
집 가	노래 가	각각 각	뿔 각	사이 간	느낄 감	강할 강	강 강
開	車	京	計	界	高	苦	古
열 개	수레 거|수레 차	서울 경	셀 계	지경 계	높을 고	쓸 고	예 고
功	公	空	工	共	科	果	光
공 공	공평할 공	빌 공	장인 공	한가지 공	과목 과	실과 과	빛 광
交	教	校	球	區	九	口	國
사귈 교	가르칠 교	학교 교	공 구	구분할/지경 구	아홉 구	입 구	나라 국
郡	軍	根	近	今	金	急	級
고을 군	군사 군	뿌리 근	가까울 근	이제 금	쇠 금|성 김	급할 급	등급 급
旗	記	氣	ㄴ 男	南	内	女	年
기 기	기록할 기	기운 기	사내 남	남녘 남	안 내	여자 녀	해 년
農	ㄷ 多	短	答	堂	代	對	待
농사 농	많을 다	짧을 단	대답 답	집 당	대신할 대	대할 대	기다릴 대
大	圖	道	度	讀	冬	洞	東
큰 대	그림 도	길 도	법도 도|헤아릴 탁	읽을 독|구절 두	겨울 동	골 동|밝을 통	동녘 동
童	動	同	頭	等	登	ㄹ 樂	來
아이 동	움직일 동	한가지 동	머리 두	무리 등	오를 등	즐길 락|노래 악|좋아할 요	올 래
力	例	禮	路	老	綠	六	理
힘 력	법식 례	예도 례	길 로	늙을 로	푸를 록	여섯 륙	다스릴 리

里	李	利	林	立	ㅁ 萬	每	面
마을 리	오얏/성 리	이할 리	수풀 림	설 립	일만 만	매양 매	낯 면
命	明	名	母	目	木	文	聞
목숨 명	밝을 명	이름 명	어머니 모	눈 목	나무 목	글월 문	들을 문
門	問	物	米	美	民	ㅂ 朴	班
문 문	물을 문	물건 물	쌀 미	아름다울 미	백성 민	성 박	나눌 반
反	半	發	放	方	百	白	番
돌이킬/돌아올 반	반 반	필 발	놓을 방	모 방	일백 백	흰 백	차례 번
別	病	服	本	部	夫	父	北
다를/나눌 별	병 병	옷 복	근본 본	떼 부	지아비 부	아버지 부	북녘 북|달아날 배
分	不	ㅅ 四	社	事	死	使	算
나눌 분	아닐 불	넉 사	모일 사	일 사	죽을 사	하여금/부릴 사	셈 산
山	三	上	色	生	書	西	石
메 산	석 삼	윗 상	빛 색	날 생	글 서	서녘 서	돌 석
席	夕	先	線	雪	省	姓	成
자리 석	저녁 석	먼저 선	줄 선	눈 설	살필 성|덜 생	성 성	이룰 성
世	所	消	小	少	速	孫	樹
인간 세	바 소	사라질 소	작을 소	적을 소	빠를 속	손자 손	나무 수
手	數	水	術	習	勝	時	始
손 수	셈 수	물 수	재주 술	익힐 습	이길 승	때 시	비로소 시

6급 배정 한자 총 300자

市 저자 시	食 밥/먹을 식	式 법 식	植 심을 식	神 귀신 신	身 몸 신	信 믿을 신	新 새 신
失 잃을 실	室 집 실	心 마음 심	十 열 십	ㅇ 安 편안 안	愛 사랑 애	夜 밤 야	野 들 야
藥 약 약	弱 약할 약	陽 볕 양	洋 큰바다 양	語 말씀 어	言 말씀 언	業 업 업	然 그럴 연
永 길 영	英 꽃부리 영	午 낮 오	五 다섯 오	溫 따뜻할 온	王 임금 왕	外 바깥 외	勇 날랠 용
用 쓸 용	右 오를/오른(쪽) 우	運 옮길 운	園 동산 원	遠 멀 원	月 달 월	油 기름 유	由 말미암을 유
有 있을 유	育 기를 육	銀 은 은	飮 마실 음	音 소리 음	邑 고을 읍	意 뜻 의	衣 옷 의
醫 의원 의	二 두 이	人 사람 인	一 한 일	日 날 일	入 들 입	ㅈ 字 글자 자	者 사람 자
自 스스로 자	子 아들 자	昨 어제 작	作 지을 작	章 글 장	長 긴 장	場 마당 장	在 있을 재
才 재주 재	電 번개 전	戰 싸움 전	前 앞 전	全 온전 전	庭 뜰 정	正 바를 정	定 정할 정
弟 아우 제	題 제목 제	第 차례 제	朝 아침 조	祖 할아버지 조	族 겨레 족	足 발 족	左 왼 좌

晝	注	主	住	中	重	地	紙
낮 주	부을 주	임금/주인 주	살 주	가운데 중	무거울 중	땅 지	종이 지
直	集	ㅊ 窓	川	千	天	淸	靑
곧을 직	모을 집	창 창	내 천	일천 천	하늘 천	맑을 청	푸를 청
體	草	寸	村	秋	春	出	親
몸 체	풀 초	마디 촌	마을 촌	가을 추	봄 춘	날 출	친할 친
七	ㅌ 太	土	通	特	ㅍ 八	便	平
일곱 칠	클 태	흙 토	통할 통	특별할 특	여덟 팔	편할 편|똥오줌 변	평평할 평
表	風	ㅎ 下	夏	學	韓	漢	合
겉 표	바람 풍	아래 하	여름 하	배울 학	한국/나라 한	한수/한나라 한	합할 합
海	行	幸	向	現	形	兄	號
바다 해	다닐 행|항렬 항	다행 행	향할 향	나타날 현	모양 형	형 형	이름 호
畫	花	話	火	和	活	黃	會
그림 화|그을 획	꽃 화	말씀 화	불 화	화할 화	살 활	누를 황	모일 회
孝	後	訓	休				
효도 효	뒤 후	가르칠 훈	쉴 휴				

주

병원 / 생활 한자

짹
짹
아, 잘 잤다!
오늘따라 학교에 가기 싫은데
좋은 방법 없을까?
하암~

이 정도면
됐겠지?
킥
킥

엄마!

엄마, 아무래도 저 병(病)이
난 것 같아요. 요 며칠 공부하느라
무리를 했더니 몸이
약(弱)해졌나 봐요.

어머, 얼른 병원[醫]에
가 보자, 바람아!
!
헉

학습할 한자

❶ 醫 의원 **의** ❷ 病 병 **병** ❸ 者 사람 **자** ❹ 藥 약 **약** ❺ 弱 약할 **약** ❻ 頭 머리 **두**
❼ 目 눈 **목** ❽ 口 입 **구** ❾ 新 새 **신** ❿ 衣 옷 **의** ⓫ 便 편할 **편**|똥오줌 **변**
⓬ 服 옷 **복** ⓭ 飮 마실 **음** ⓮ 食 밥/먹을 **식** ⓯ 米 쌀 **미** ⓰ 果 실과 **과**

1주 04일 급수 한자 돌파 전략 ❶

점선 위로 겹쳐서 한자를 써 보세요.

연한 글씨 위로 겹쳐서 한자를 따라 써 보세요.

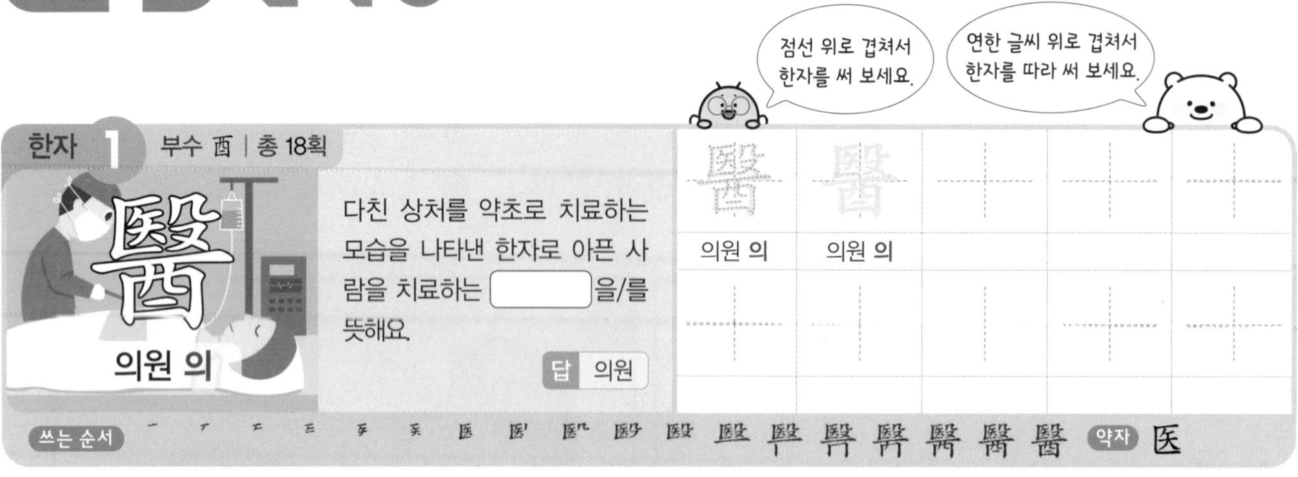

한자 1 부수 酉 | 총 18획

醫 의원 의

다친 상처를 약초로 치료하는 모습을 나타낸 한자로 아픈 사람을 치료하는 (　　　)을/를 뜻해요.

답 의원

쓰는 순서 ... 醫 약자 医

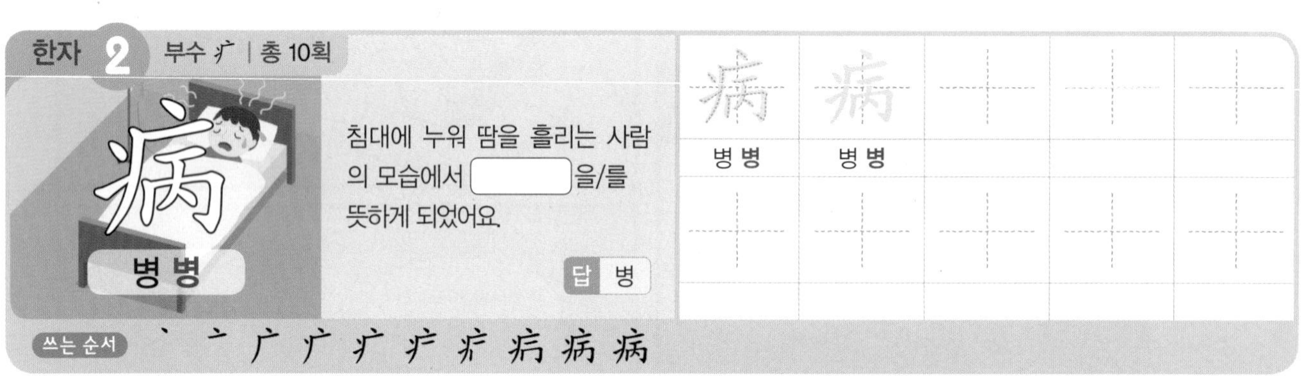

한자 2 부수 疒 | 총 10획

病 병 병

침대에 누워 땀을 흘리는 사람의 모습에서 (　　　)을/를 뜻하게 되었어요.

답 병

쓰는 순서 丶 亠 广 广 疒 疒 疒 病 病 病

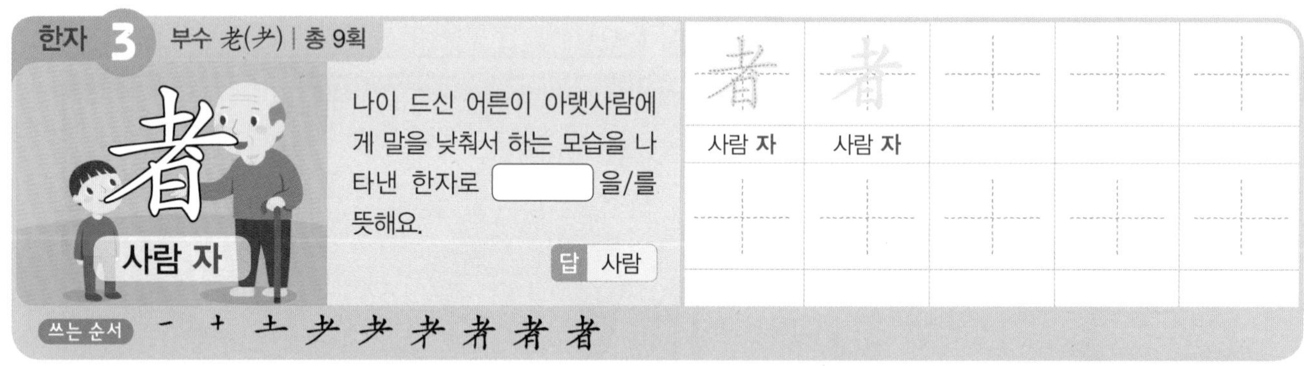

한자 3 부수 老(耂) | 총 9획

者 사람 자

나이 드신 어른이 아랫사람에게 말을 낮춰서 하는 모습을 나타낸 한자로 (　　　)을/를 뜻해요.

답 사람

쓰는 순서 一 + 土 耂 耂 者 者 者 者

◦모양이 비슷한 한자◦ 老(늙을 로)

한자 4 부수 艸(艹) | 총 19획

藥 약 약

아팠던 몸이 약초를 먹고 회복되었다는 의미에서 (　　　)을/를 뜻하게 되었어요.

답 약

쓰는 순서 ... 藥 약자 薬

◦모양이 비슷한 한자◦ 樂(즐길 락|음악 악|좋아할 요)

한자 기초 확인

▶정답 10쪽

1 다음 한자의 뜻과 음(소리)에 해당하는 것을 찾아 선으로 이으세요.

2 다음 뜻에 해당하는 한자를 찾아 선으로 이으세요.

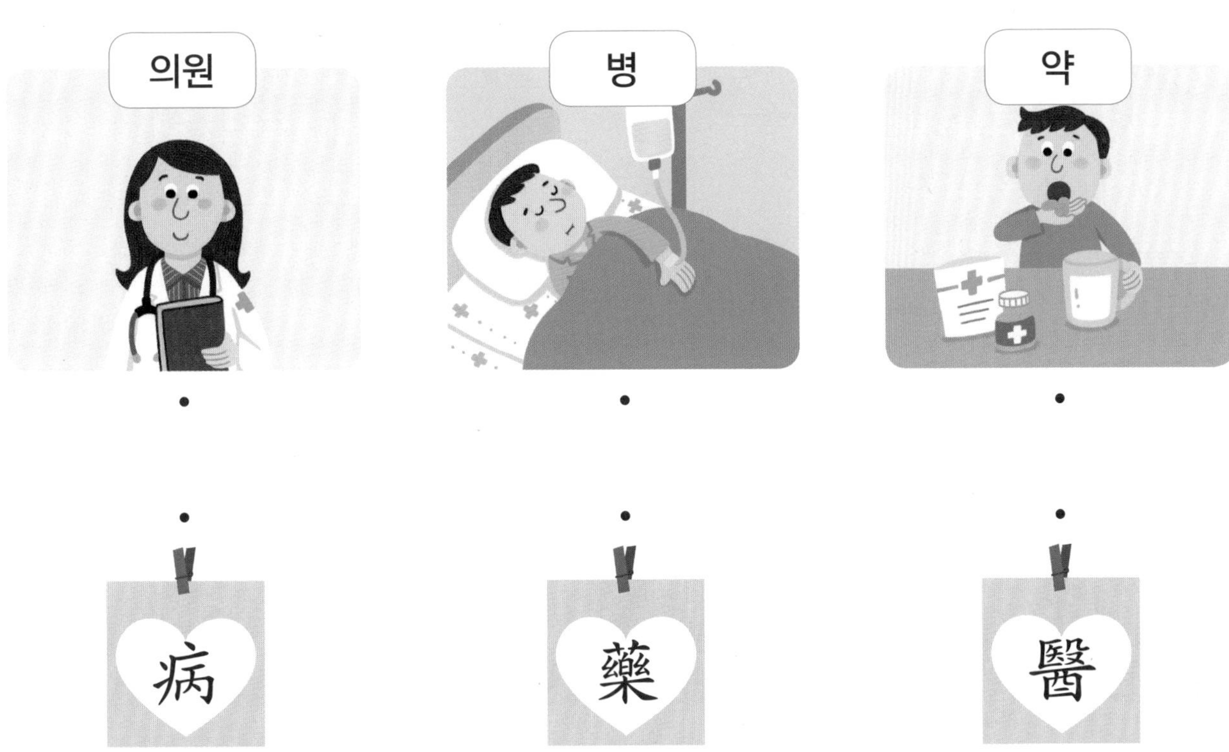

급수 한자 돌파 전략 ❶

점선 위로 겹쳐서 한자를 써 보세요.

연한 글씨 위로 겹쳐서 한자를 따라 써 보세요.

한자 5 부수 弓 | 총 10획

弱 약할 약

힘이 약해 활시위가 떨리는 모습에서 (이)라는 뜻이 생겼어요.

답 약하다

약할 약 약할 약

쓰는 순서 ㄱ ㄱ 弓 弓 弓 弓 弓 弱 弱 弱

뜻이 반대인 한자 強(강할 강)

한자 6 부수 頁 | 총 16획

頭 머리 두

머리가 사람의 신체 윗부분에 있음을 표현한 한자로 을/를 뜻해요.

답 머리

머리 두 머리 두

쓰는 순서 一 ㄱ 戸 戸 戸 戸 豆 豆 豆 豇 䀠 頭 頭 頭 頭 頭

한자 7 부수 目 | 총 5획

目 눈 목

사람의 얼굴에 있는 눈을 그린 한자로 을/를 뜻해요.

답 눈

눈 목 눈 목

쓰는 순서 丨 冂 冃 月 目

모양이 비슷한 한자 月(달 월), 日(날 일)

한자 8 부수 口 | 총 3획

口 입 구

사람의 입 모양을 본떠 그린 한자로 을/를 뜻해요.

답 입

입 구 입 구

쓰는 순서 丨 冂 口

▶정답 10쪽

3 다음 그림과 한자가 바르게 연결된 것에 ∨표 하세요.

4 다음 한자의 뜻과 음(소리)이 바르게 쓰인 카드를 들고 있는 코끼리에 ○표 하세요.

급수 한자 돌파 전략 ❷

1 다음 한자의 뜻과 음(소리)으로 알맞은 것을 찾아 선으로 이으세요.

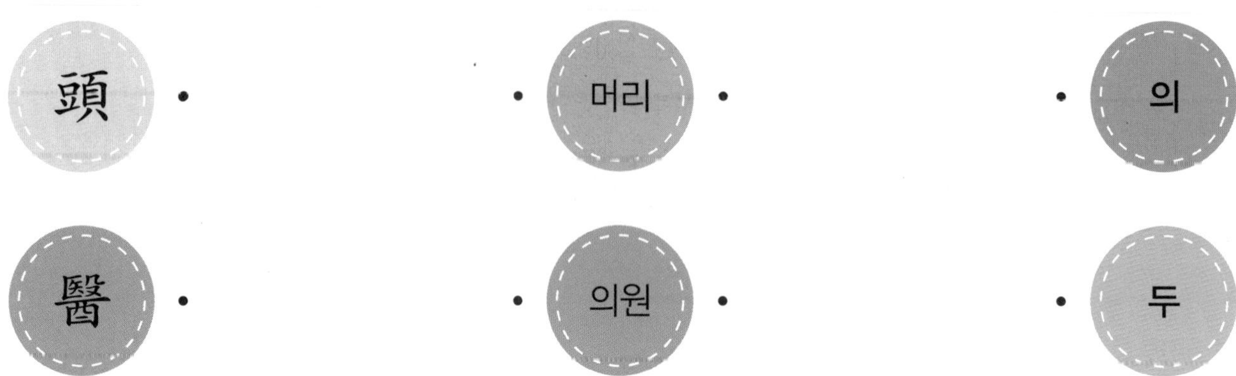

2 다음 문장의 내용이 맞으면 '예', 틀리면 '아니요'에 ○표 하세요.

'者'는 '사람'을 뜻하고, '자'라고 읽습니다.
예
아니요

3 친구들이 들고 있는 한자의 뜻과 음(소리)을 보기 에서 찾아 그 번호를 쓰세요.

보기

① 약 약　　② 병 병　　③ 입 구

▶정답 11쪽

4 다음 밑줄 친 말에 해당하는 한자를 쓰세요.

아기 피부는 약해서 조심해야 합니다.

답

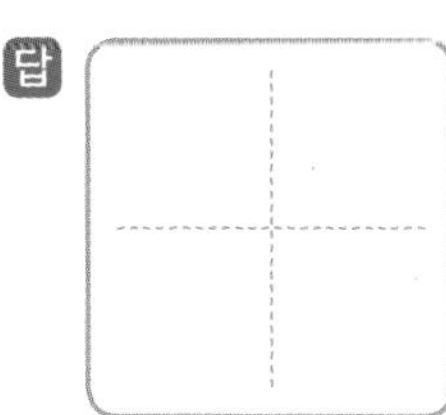

5 다음 한자의 음(소리)으로 알맞은 것을 찾아 ∨표 하세요.

□ 약 □ 의 □ 두

6 다음 한자 카드에 들어갈 한자나 한자의 뜻과 음(소리)을 쓰세요.

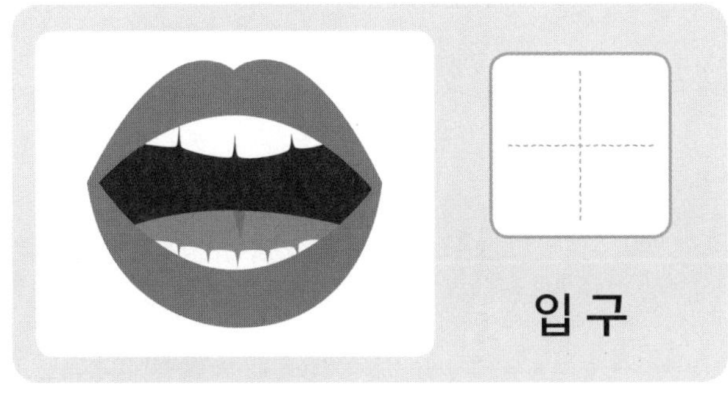

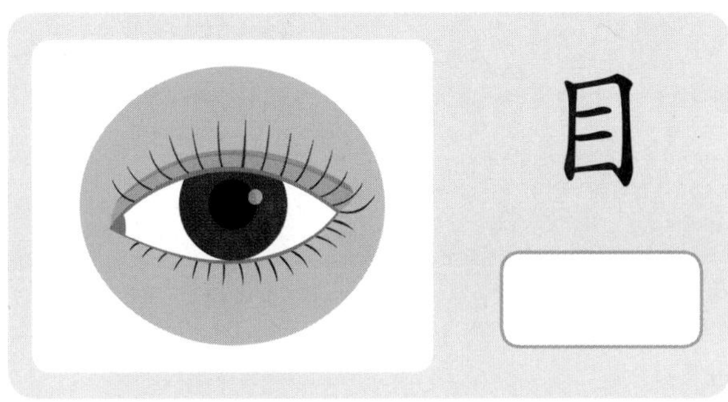

급수 한자 돌파 전략 ❶

점선 위로 겹쳐서 한자를 써 보세요.

연한 글씨 위로 겹쳐서 한자를 따라 써 보세요.

한자 1 부수 斤 | 총 13획

新 새 신

나무를 잘라 새로운 물건을 만드는 모습에서 [   ]을/를 뜻하게 되었어요.

답 새(새것)

新 新 (새 신 / 새 신)

쓰는 순서 `丶 亠 亡 立 立 产 辛 辛 亲 亲 新 新 新`

◦모양이 비슷한 한자◦ 親(친할 친)

한자 2 부수 衣 | 총 6획

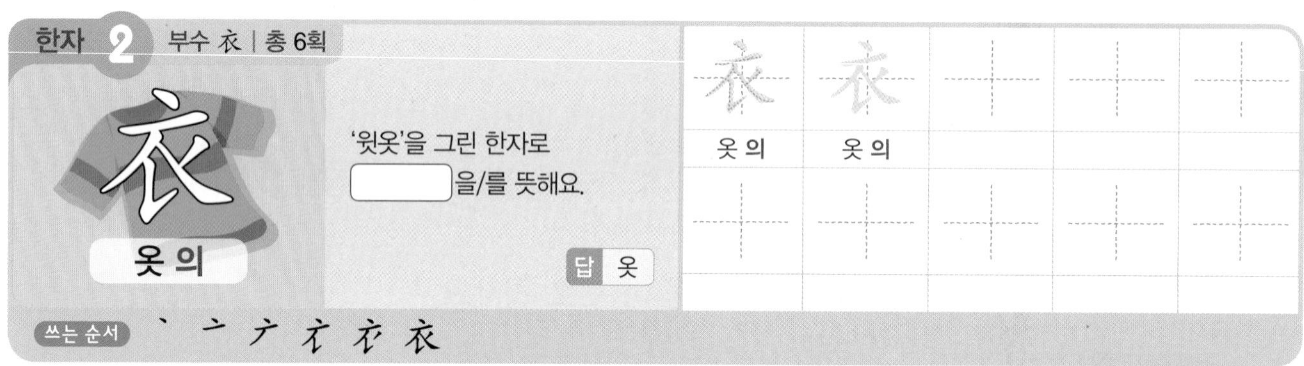

衣 옷 의

'윗옷'을 그린 한자로 [   ]을/를 뜻해요.

답 옷

衣 衣 (옷 의 / 옷 의)

쓰는 순서 `丶 亠 广 亡 衣 衣`

◦뜻이 비슷한 한자◦ 服(옷 복)

한자 3 부수 人(亻) | 총 9획

便 편할 편|똥오줌 변

몸과 마음이 편하다는 데서 ❶[   ]을/를 뜻해요. '똥오줌'이라는 뜻일 때는 ❷[   ](이)라고 읽어요.

답 ❶ 편하다 ❷ 변

便 便 (편할 편|똥오줌 변 / 편할 편|똥오줌 변)

쓰는 순서 `丿 亻 亻 仁 仃 佰 便 便 便`

◦모양이 비슷한 한자◦ 使(하여금/부릴 사) ◦뜻이 비슷한 한자◦ 安(편안 안)

한자 4 부수 月 | 총 8획

服 옷 복

몸을 싸서 가리거나 보호하기 위해 입는 옷을 가리키는 한자로 [   ]을/를 뜻해요.

답 옷

服 服 (옷 복 / 옷 복)

쓰는 순서 `丿 刀 月 月 月 肌 服 服`

◦뜻이 비슷한 한자◦ 衣(옷 의)

한자 기초 확인

▶정답 11쪽

1 다음 한자의 뜻과 음(소리)으로 알맞은 것을 찾아 하나로 묶으세요.

2 다음 한자의 뜻과 음(소리)으로 알맞은 것을 찾아 선으로 이으세요.

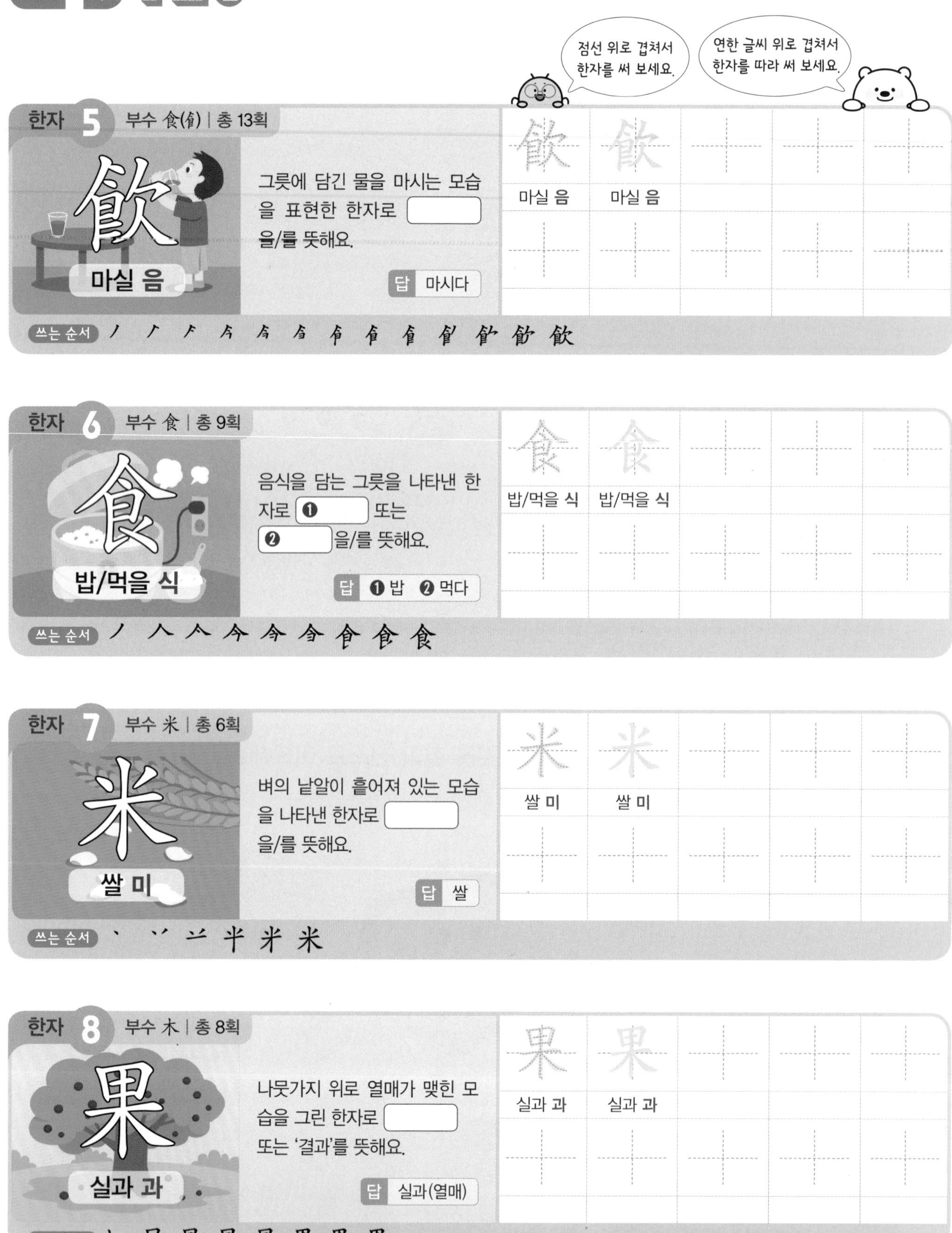
점선 위로 겹쳐서 한자를 써 보세요.
연한 글씨 위로 겹쳐서 한자를 따라 써 보세요.
한자 5 부수 食(飠) | 총 13획
飮
마실 음
그릇에 담긴 물을 마시는 모습을 표현한 한자로 [ ] 을/를 뜻해요.
답 마시다
飮 마실 음
飮 마실 음
쓰는 순서 丿 𠂉 𠂊 今 今 侌 侌 食 食 飠 飲 飲 飮
한자 6 부수 食 | 총 9획
食
밥/먹을 식
음식을 담는 그릇을 나타낸 한자로 ❶ [ ] 또는 ❷ [ ] 을/를 뜻해요.
답 ❶ 밥 ❷ 먹다
食 밥/먹을 식
食 밥/먹을 식
쓰는 순서 丿 人 𠆢 今 今 今 今 食 食
한자 7 부수 米 | 총 6획
米
쌀 미
벼의 낟알이 흩어져 있는 모습을 나타낸 한자로 [ ] 을/를 뜻해요.
답 쌀
米 쌀 미
米 쌀 미
쓰는 순서 丶 丷 䒑 半 米 米
한자 8 부수 木 | 총 8획
果
실과 과
나뭇가지 위로 열매가 맺힌 모습을 그린 한자로 [ ] 또는 '결과'를 뜻해요.
답 실과(열매)
果 실과 과
果 실과 과
쓰는 순서 丨 冂 日 日 旦 甲 果 果

▶정답 11쪽

3 아이들이 뽑고 싶어 하는 한자를 찾아 ○표 하고 선으로 이으세요.

4 다음 그림과 한자가 바르게 짝 지어진 것을 모두 찾아 ∨표 하세요.

1 다음 한자의 뜻과 음(소리)으로 알맞은 것을 찾아 ○표 하세요.

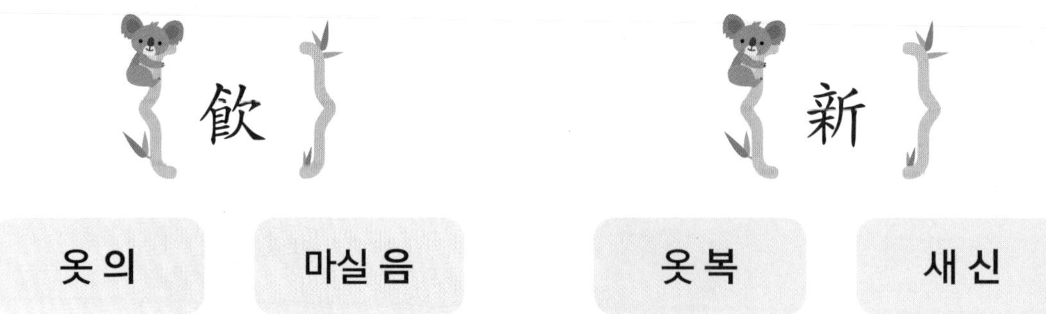

2 다음 문장의 내용이 맞으면 '예', 틀리면 '아니요'에 ○표 하세요.

3 다음 사다리를 타고 내려가 뜻과 음(소리)이 바르게 연결된 한자에 ○표 하세요.

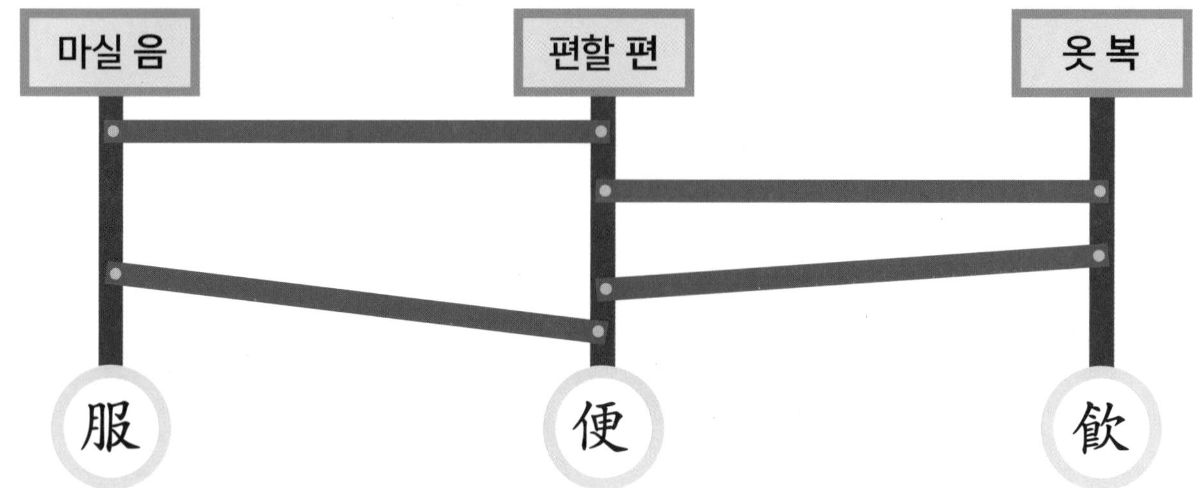

▶정답 12쪽

4 다음 밑줄 친 말에 해당하는 한자를 찾아 ○표 하세요.

5 다음 뜻과 음(소리)에 해당하는 한자를 보기 에서 찾아 그 번호를 쓰세요.

보기

① 服 ② 便 ③ 食 ④ 飮

(1) 옷 복 ➔ (   )

(2) 마실 음 ➔ (   )

6 다음 한자 카드에 들어갈 한자로 알맞은 것에 ∨표 하세요.

급수 한자어 대표 전략 ❶

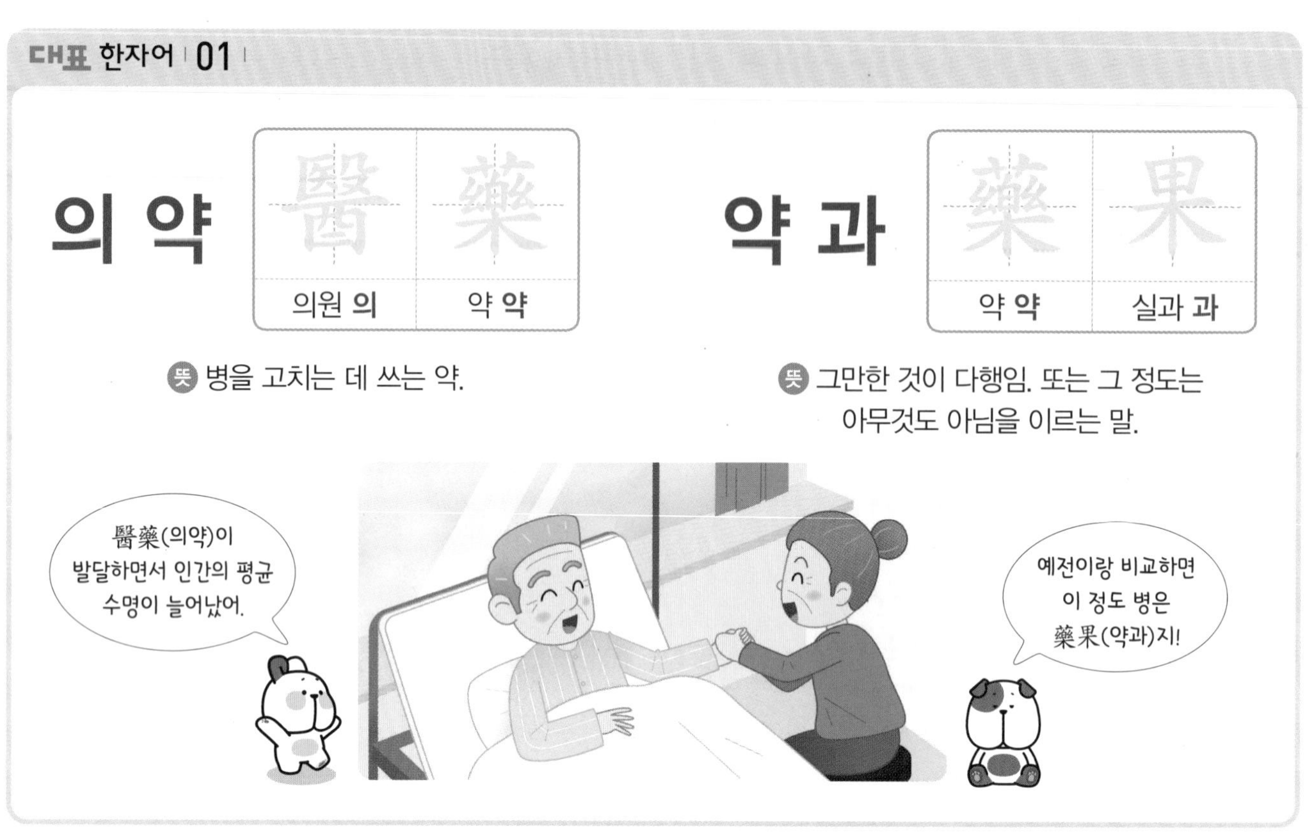

대표 한자어 | 01 |

의약 醫藥

의원 **의** / 약 **약**

뜻 병을 고치는 데 쓰는 약.

약과 藥果

약 **약** / 실과 **과**

뜻 그만한 것이 다행임. 또는 그 정도는 아무것도 아님을 이르는 말.

醫藥(의약)이 발달하면서 인간의 평균 수명이 늘어났어.
예전이랑 비교하면 이 정도 병은 藥果(약과)지!

대표 한자어 | 02 |

두각 頭角

머리 **두** / 뿔 **각**

뜻 뛰어난 학식이나 재능을 비유적으로 이르는 말.

이 선수는 어렸을 때부터 태권도에 남다른 頭角(두각)을 나타냈어.
전국 소년 체육 대회

항상 널 응원해!

대표 한자어 | 03 |

문 병

問	病
물을 문	병 병

뜻 아픈 사람을 찾아가 위로함.

병 약

病	弱
병 병	약할 약

뜻 병으로 인하여 몸이 쇠약함.

나영이와 영수가 아픈 친구 問病(문병)을 갔어.
그 친구는 항상 얼굴이 창백하고 몸이 말라서 病弱(병약)해 보였어.

대표 한자어 | 04 |

약 자

弱	者
약할 약	사람 자

뜻 힘이나 세력이 약한 사람이나 생물.

대표 한자어 | 05 |

주 목

注	目
부을 주	눈 목

뜻 관심을 가지고 주의 깊게 살핌. 또는 그 시선.

선생님 말씀에 학생들이 모두 注目(주목)하고 있어.

대표 한자어 06

신 년

新	年
새 신	해 년

뜻 새로 시작되는 해.

사람들이
新年(신년)을
맞이하여 새로운
각오를 다졌어.

대표 한자어 07

의 복

衣	服
옷 의	옷 복

뜻 몸을 싸서 가리거나 보호하기 위하여 만들어 입는 물건.

계절에 알맞은
衣服(의복)을 입는
것은 중요해.

대표 한자어 08

편 안

便	安
편할 편│똥오줌 변	편안 안

뜻 편하고 걱정 없이 좋음.

신발은
무엇보다 발이
便安(편안)해야
해.

항상 널 응원해!

대표 한자어 | 09

음식 飮食

飮	食
마실 음	밥/먹을 식

뜻 사람이 영양과 맛을 위해 먹고 마시는 것.

식구 食口

食	口
밥/먹을 식	입 구

뜻 한집에서 함께 살면서 끼니를 같이하는 사람.

아빠가 만든
飮食(음식)은 정말
맛있단다.
우리 집
食口(식구)는 모두
다섯 명이야.

대표 한자어 | 10

미음 米飮

米	飮
쌀 미	마실 음

뜻 쌀이나 좁쌀에 물을 많이 넣고
풀어지도록 오래 끓여 만든 음식.

아프지만
米飮(미음)을 겨우
한술 떴어.

대표 한자어 | 11

성과 成果

成	果
이룰 성	실과 과

뜻 이루어 낸 결실.

OO 피아노 경연 대회
그는
기대 이상의
成果(성과)를
올렸어.

급수 한자어 대표 전략 ❷

1 다음 문장의 내용이 맞으면 '예', 틀리면 '아니요'에 ○표 하세요.

Tip

[ ] 은/는 '새(새것)'를 뜻하고, '신'이라고 읽습니다.

답 新

2 다음 '병을 고치는 데 쓰는 약.'을 뜻하는 한자어를 찾아 ○표 하세요.

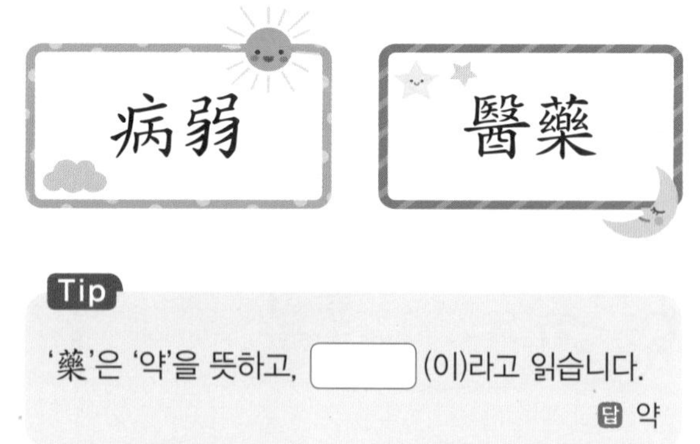

Tip

'藥'은 '약'을 뜻하고, [ ] (이)라고 읽습니다.

답 약

3 다음 뜻에 해당하는 한자어를 찾아 선으로 이으세요.

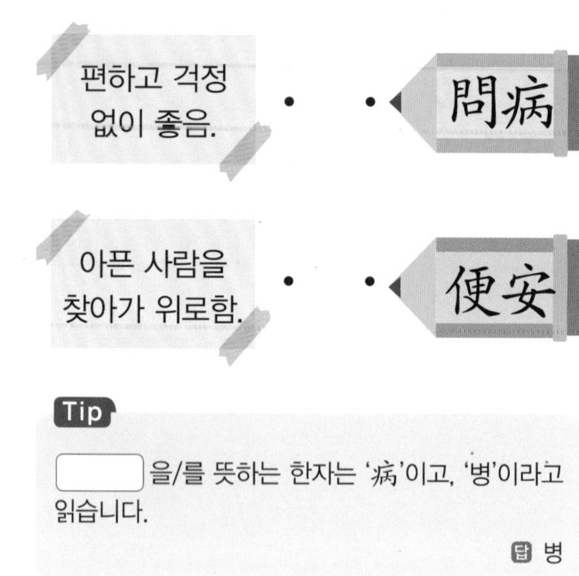

Tip

[ ] 을/를 뜻하는 한자는 '病'이고, '병'이라고 읽습니다.

답 병

4 다음 뜻에 해당하는 한자어를 찾아 ∨표 하세요.

몸을 싸서 가리거나
보호하기 위하여
만들어 입는 물건.
衣服
注目

Tip

'服'은 [ ] 을/를 뜻하고, '복'이라고 읽습니다.

답 옷

▶정답 12쪽

5 '食口(식구)'의 뜻을 바르게 설명한 것에 ○표 하세요.

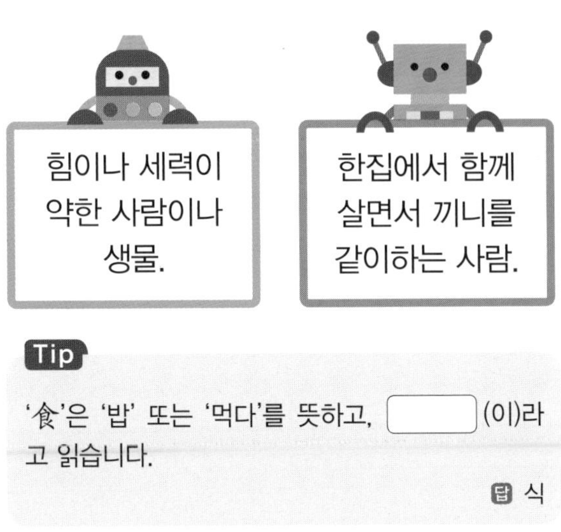

힘이나 세력이 약한 사람이나 생물.
한집에서 함께 살면서 끼니를 같이하는 사람.

Tip

'食'은 '밥' 또는 '먹다'를 뜻하고, ☐(이)라고 읽습니다.

답 식

6 다음 뜻에 해당하는 한자어를 찾아 ○표 하세요.

관심을 가지고 주의 깊게 살핌.

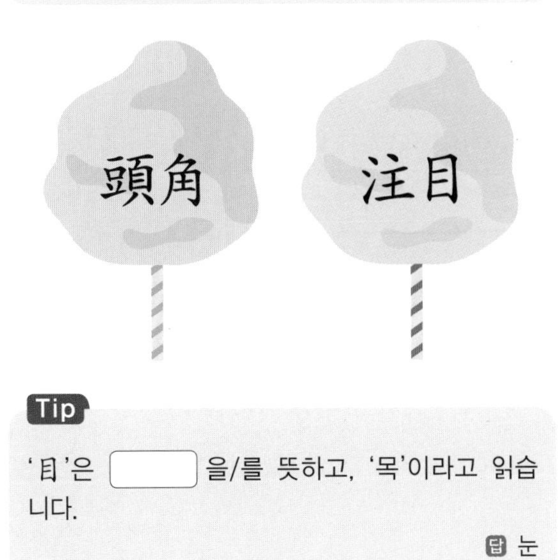

Tip

'目'은 ☐을/를 뜻하고, '목'이라고 읽습니다.

답 눈

7 다음 낱말 퍼즐을 푸세요.

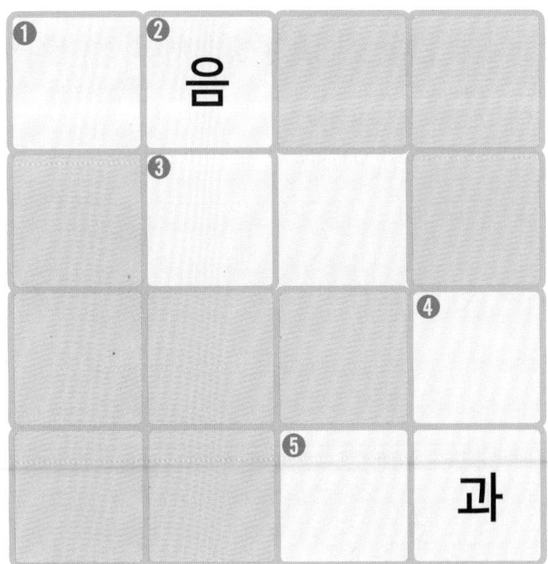

가로 열쇠

❶ 쌀이나 좁쌀에 물을 많이 넣고 풀어지도록 오래 끓여 만든 음식.

❸ 한집에서 함께 살면서 끼니를 같이하는 사람.

❺ 그만한 것이 다행임. 또는 그 정도는 아무것도 아님을 이르는 말.

세로 열쇠

❷ 사람이 영양과 맛을 위해 먹고 마시는 것.

❹ 이루어 낸 결실.

Tip

'그만한 것이 다행임. 또는 그 정도는 아무것도 아님을 이르는 말.'을 뜻하는 한자어는 (食口, 藥果)입니다.

답 藥果

급수 시험 체크 전략 ❶

전략 1 한자어의 음(소리) 쓰기

다음 밑줄 친 漢字語한자어의 讀音(독음: 읽는 소리)을 쓰세요.

보기

言語 ➜ 언어

• 衣服과 음식은 우리 생활의 중요한 요소입니다. ➜ (　　　　　)

답 의복

필수 예제 01

다음 밑줄 친 漢字語한자어의 讀音(독음: 읽는 소리)을 쓰세요.

보기

形式 ➜ 형식

(1) 그는 학업에 남다른 頭角을 보였습니다. ➜ (　　　　　)

(2) 오랜만에 食口가 다 함께 여행을 갔습니다. ➜ (　　　　　)

(3) 친구의 問病을 가면서 과일 바구니를 들고 갔습니다. ➜ (　　　　　)

(4) 그 아기는 귀여운 외모로 모두의 注目을 받았습니다. ➜ (　　　　　)

문장 속에 쓰인 한자어가 각각 어떤 한자들로 이루어져 있는지 알아 두도록 합니다.

▶정답 13쪽

전략 2 한자의 뜻과 음(소리) 쓰기

다음 漢字한자의 訓(훈: 뜻)과 音(음: 소리)을 쓰세요.

보기

式 → 법 식

• 新 → (   )

답 새 신

필수 예제 02

다음 漢字한자의 訓(훈: 뜻)과 音(음: 소리)을 쓰세요.

보기

習 → 익힐 습

(1) 病 → (   )

(2) 衣 → (   )

(3) 弱 → (   )

(4) 醫 → (   )

한자의 뜻과 음(소리)은 반드시 함께 알아 두어야 합니다.

전략 3 제시된 뜻에 맞는 한자어 찾기

다음 뜻에 맞는 漢字語한자어를 보기 에서 찾아 그 번호를 쓰세요.

보기

① 新年 ② 便安 ③ 成果 ④ 米飮

• 편하고 걱정 없이 좋음. ➔ ( )

답 ②

필수 예제 03

다음 뜻에 맞는 漢字語한자어를 보기 에서 찾아 그 번호를 쓰세요.

보기

① 飮食 ② 醫藥 ③ 衣服 ④ 病弱

(1) 병으로 인하여 몸이 쇠약함. ➔ ( )

(2) 몸을 싸서 가리거나 보호하기 위하여 만들어 입는 물건. ➔ ( )

(3) 병을 고치는 데 쓰는 약. ➔ ( )

(4) 사람이 영양과 맛을 위해 먹고 마시는 것. ➔ ( )

한자어의 뜻이 생각나지 않을 때는 한자의 뜻을 조합하여 문제를 풀어 봅니다.

▶정답 13쪽

전략 4 제시된 한자와 음(소리)은 같고 뜻이 다른 한자 찾기

다음에서 음(소리)은 같으나 뜻이 다른 漢字한자를 찾아 번호를 쓰세요.

• 醫: ① 目 ② 弱 ③ 衣 ④ 病 → ( )

답 ③

필수 예제 04

다음에서 음(소리)은 같으나 뜻이 다른 漢字한자를 찾아 번호를 쓰세요.

(1) 藥: ① 服 ② 弱 ③ 新 ④ 飮 → ( )

(2) 食: ① 米 ② 者 ③ 果 ④ 式 → ( )

(3) 新: ① 便 ② 頭 ③ 信 ④ 藥 → ( )

(4) 口: ① 九 ② 食 ③ 衣 ④ 服 → ( )

한자의 뜻과 음(소리)을 정확하게 구분하여 알아 두어야 합니다.

급수 시험 체크 전략 ❷

[한자어의 음(소리) 쓰기]

1 다음 밑줄 친 漢字語한자어의 讀音(독음: 읽는 소리)을 쓰세요.

꽃다발을 들고
問病을 갔습니다.

➔ (　　　　　　)

> **Tip**
> '問病'의 '病'은 '병'을 뜻하고, '병'이라고 읽습니다.

[한자어의 음(소리) 쓰기]

2 다음 밑줄 친 漢字語한자어의 讀音(독음: 읽는 소리)을 쓰세요.

열심히 공부하여
좋은 成果를 얻었습니다.

➔ (　　　　　　)

> **Tip**
> '成果'의 '果'는 '실과'를 뜻하는 한자입니다.

[한자의 뜻과 음(소리) 쓰기]

3 다음 漢字한자의 訓(훈: 뜻)과 音(음: 소리)을 쓰세요.

보기

成 ➔ 이룰 **성**

• 服 ➔ (　　　　　　)

> **Tip**
> '服'은 '옷'을 뜻하는 한자입니다.

[한자의 뜻과 음(소리) 쓰기]

4 다음 漢字한자의 訓(훈: 뜻)과 音(음: 소리)을 쓰세요.

보기

待 ➔ 기다릴 **대**

• 衣 ➔ (　　　　　　)

> **Tip**
> '衣'는 '옷'을 뜻하는 한자입니다.

▶정답 13쪽

[빈칸에 들어갈 한자 찾기]

5 다음 성어의 (　　) 안에 알맞은 漢字한자를 보기 에서 찾아 그 번호를 쓰세요.

보기

① 者　② 安　③ 食　④ 病

• 生老(　)死: 사람이 나고 늙고 병들고 죽는 네 가지 고통.

➔ (　　　　)

Tip
'病'은 '병'을 뜻하고, '병'이라고 읽습니다.

[뜻이 반대 또는 상대되는 한자 찾기]

6 다음 漢字한자와 뜻이 반대 또는 상대되는 漢字한자를 찾아 번호를 쓰세요.

• 弱: ① 米　② 強　③ 飮　④ 醫 ➔ (　　　　)

Tip
'弱'은 '약하다'를 뜻하고, '약'이라고 읽습니다.

[제시된 한자와 뜻이 비슷한 한자 찾기]

7 다음 漢字한자와 뜻이 비슷한 漢字한자를 찾아 번호를 쓰세요.

• 便: ① 藥　② 食　③ 病　④ 安 ➔ (　　　　)

Tip
'편하다'를 뜻하는 한자는 '便'이고, '편'이라고 읽습니다.

[제시된 뜻에 맞는 한자어 찾기]

8 다음 뜻에 맞는 漢字語한자어를 보기 에서 찾아 그 번호를 쓰세요.

보기

① 成果　② 米飮　③ 衣服　④ 新年

• 새로 시작되는 해. ➔ (　　　　)

Tip
'新年'은 '신년'이라고 읽습니다.

누구나 만점 전략

01 다음 ☐ 안에 들어갈 한자에 ○표 하세요.

그녀는 뛰어난 가창력으로

注☐받는 가수입니다.

目　　頭

02 다음 한자 카드에 들어갈 한자를 쓰세요.

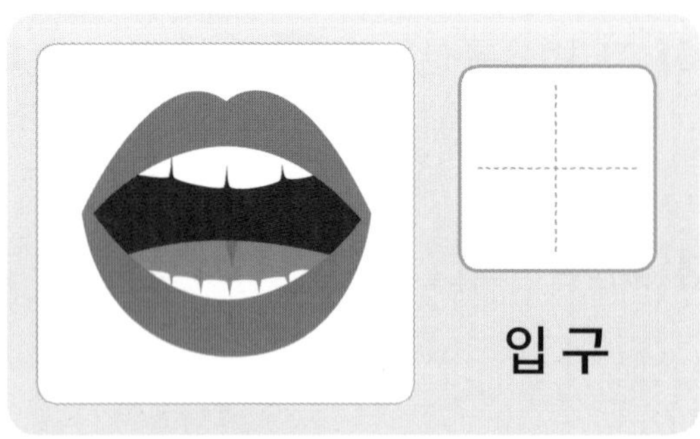

03 다음 밑줄 친 한자어의 음(소리)을 쓰세요.

飲食은 먹을 만큼만 덜어서 남기지 않고 먹어야 합니다.

→ (　　　　　)

04 다음 ☐ 안에 들어갈 한자를 보기에서 찾아 그 번호를 쓰세요.

보기
① 食　② 弱　③ 頭

• ☐口: 한집에서 함께 살면서 끼니를 같이하는 사람.

→ (　　　　　)

05 다음 뜻과 음(소리)에 해당하는 한자를 보기에서 찾아 그 번호를 쓰세요.

보기
① 藥　② 病　③ 果

• 병 병 → (　　　　　)

▶정답 13쪽

06 다음 설명 에 해당하는 한자어를 찾아 ○표 하세요.

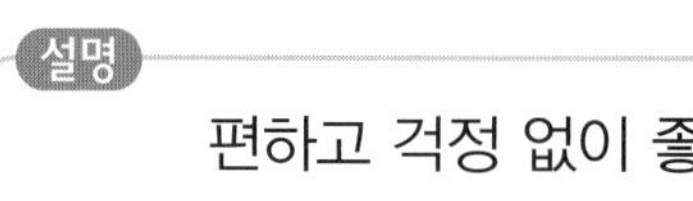

설명

편하고 걱정 없이 좋음.

07 다음 한자의 뜻을 보기 에서 찾아 그 번호를 쓰세요.

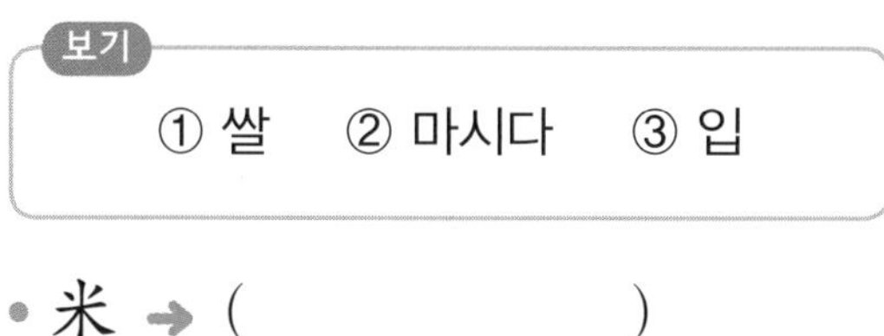

보기

① 쌀　② 마시다　③ 입

• 米 ➜ (　　　　　)

08 다음 뜻에 해당하는 한자어를 보기 에서 찾아 그 번호를 쓰세요.

보기

① 飮食　② 問病　③ 醫藥

• 병을 고치는 데 쓰는 약.

➜ (　　　　　)

09 다음 밑줄 친 낱말에 해당하는 한자어를 보기 에서 찾아 그 번호를 쓰세요.

보기

① 藥果　② 米飮　③ 衣服

• 아기는 엄마가 주는 미음을 조금씩 먹고 있습니다.

➜ (　　　　　)

10 다음 보기 와 같이 한자의 뜻과 음(소리)을 쓰세요.

보기

開 ➜ 열 **개**

• 便 ➜ (　　　　,　　　　)

창의·융합·코딩 전략 ❶

창의 융합

1 위 대화를 읽고, '병으로 인하여 몸이 쇠약함.'을 뜻하는 한자어를 찾아 한글로 쓰세요.

→ (　　　　　　　)

▶정답 13쪽

창의 융합

2 위 대화를 읽고, '의식주'는 '집' 외에 무엇을 통틀어 이르는 말인지 나머지 두 가지를 찾아 한글로 쓰세요.

➜ (　　　　　　　,　　　　　　　)

창의·융합·코딩 전략 ❷

코딩

1 로봇과의 가위바위보 대결에서 이길 수 있도록 명령어 에서 한자어를 찾아 그 한자어의 음(소리)을 쓰세요.

• 한자어의 음(소리) → (　　　　　　　)

2 다음 글을 읽고, 밑줄 친 음(소리)에 해당하는 한자를 쓰세요.

> 사회적 약자는 사회에서 신체적·정치적·경제적·사회적·문화적으로 소외되어 인간다운 삶을 영위하는 데 어려움을 겪는 개인이나 집단을 말합니다.

답

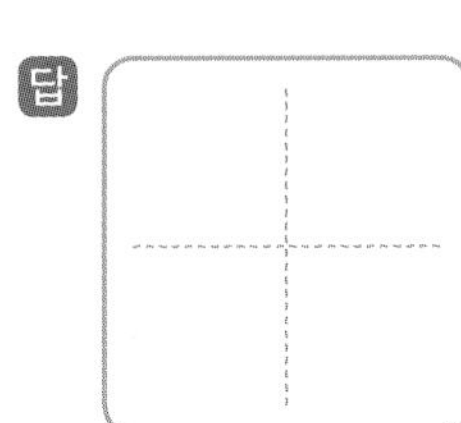

▶정답 14쪽

코딩

3 다음 주문 대로 아이스크림을 만들려고 할 때, 입력해야 할 명령어 의 음(소리)을 순서대로 쓰세요.

• 음(소리): (　　　　　) → (　　　　　)

창의 융합

4 다음 그림에서 '飮食'에 해당하는 것을 모두 찾아 ○표 하세요.

5 다음 그림과 관련이 없는 한자를 보기 에서 찾아 그 번호를 쓰세요.

➜ (   )

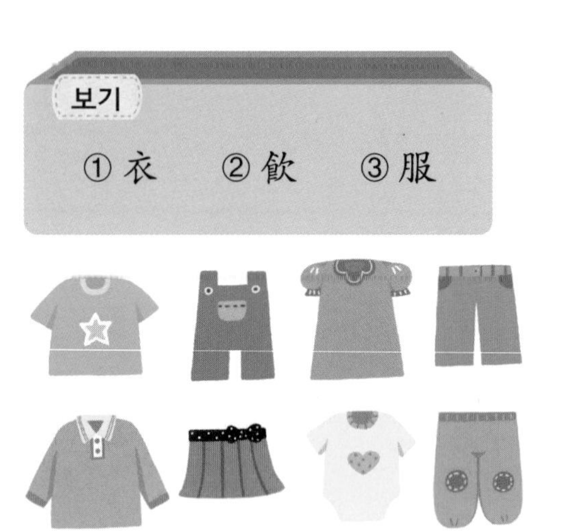

6 다음 그림에서 을 만족시키는 것을 모두 찾아 ○표 하세요.

조건

藥 果

▶정답 14쪽

코딩

7 다음 문제 대로 명령어 버튼 을 눌렀을 때 가져온 한자로 한자어를 완성하고 한자어의 음(소리)을 쓰세요.

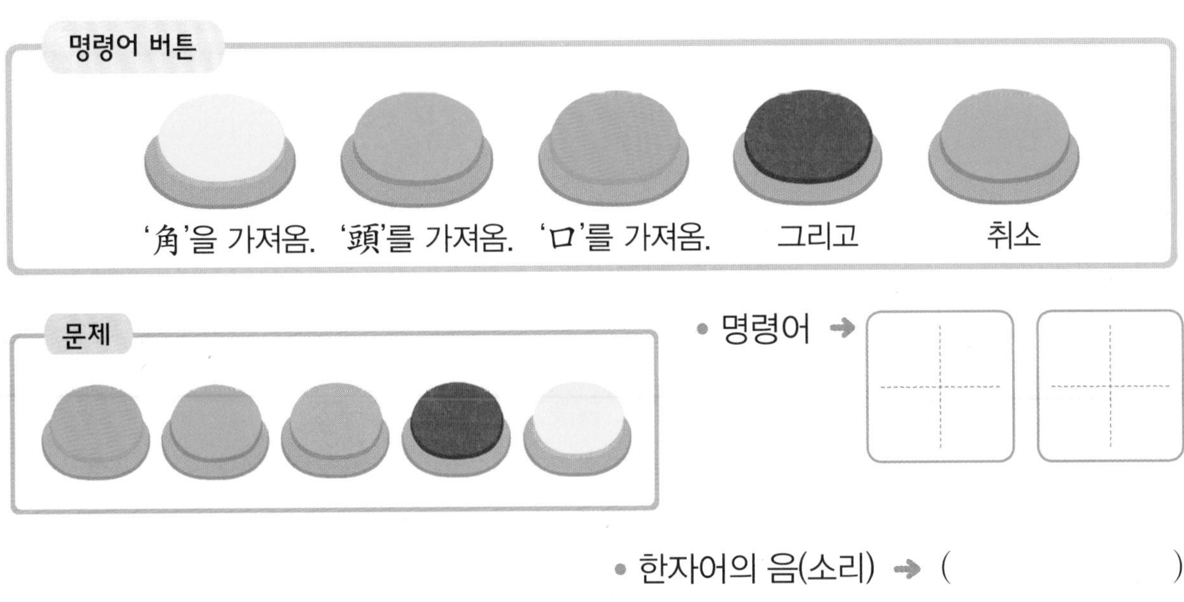

• 명령어 ➔

• 한자어의 음(소리) ➔ (   )

코딩

8 다음 질문에 대한 답을 휴대 전화에서 순서대로 연결하여 잠금 화면을 풀어 보세요.

1. 한자 '弱'의 음(소리)은 무엇인가요?
2. '사람'을 뜻하는 한자는 무엇인가요?
3. 한자 '目'의 뜻은 무엇인가요?
4. '의원'을 뜻하는 한자는 무엇인가요?
5. 한자어 '便安'의 음(소리)은 무엇인가요?

2주

상태/행동 한자

엄마,
여쭤볼 게 있어요!
그래,
하람아.
뭔데?

기회는 누구에게나
공평하게[公] 주어지는
거지요?
그럼!
쓰담
쓰담
귀여워

초롱
초롱
그럼 한번
실패한 것도 다음 기회에
다시 돌이킬[反] 수
있겠네요?
그렇지.

실패의 원인을 찾아서 고치고
열심히 연습하고 배우면[學]
좋은 결과가 생긴단다.
할 수 있다!

그런데 하람아,
무슨 일 있니?
아무것도 아니에요!
저, 학교 다녀올게요!
비장

학습할 한자

❶ 速 빠를 **속** ❷ 多 많을 **다** ❸ 高 높을 **고** ❹ 公 공평할 **공** ❺ 強 강할 **강** ❻ 苦 쓸 **고**
❼ 勝 이길 **승** ❽ 死 죽을 **사** ❾ 合 합할 **합** ❿ 別 다를/나눌 **별** ⓫ 用 쓸 **용** ⓬ 計 셀 **계**
⓭ 反 돌이킬/돌아올 **반** ⓮ 學 배울 **학** ⓯ 讀 읽을 **독**|구절 **두** ⓰ 班 나눌 **반**

급수 한자 돌파 전략 ❶

점선 위로 겹쳐서 한자를 써 보세요.

연한 글씨 위로 겹쳐서 한자를 따라 써 보세요.

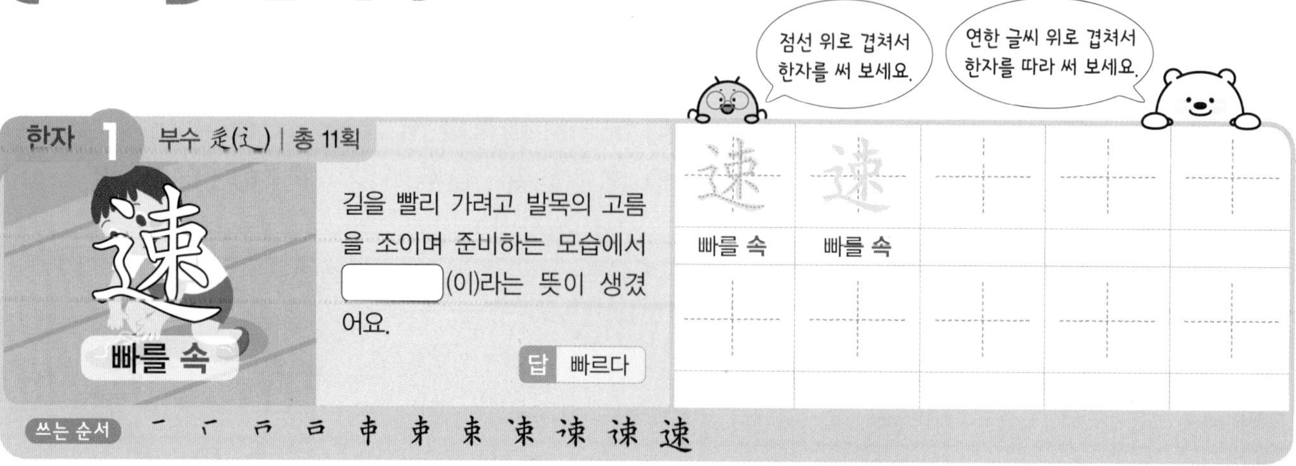

한자 1 부수 辵(辶) | 총 11획
速
빠를 속
길을 빨리 가려고 발목의 고름을 조이며 준비하는 모습에서 [ ](이)라는 뜻이 생겼어요.
답 빠르다
빠를 속
빠를 속
쓰는 순서

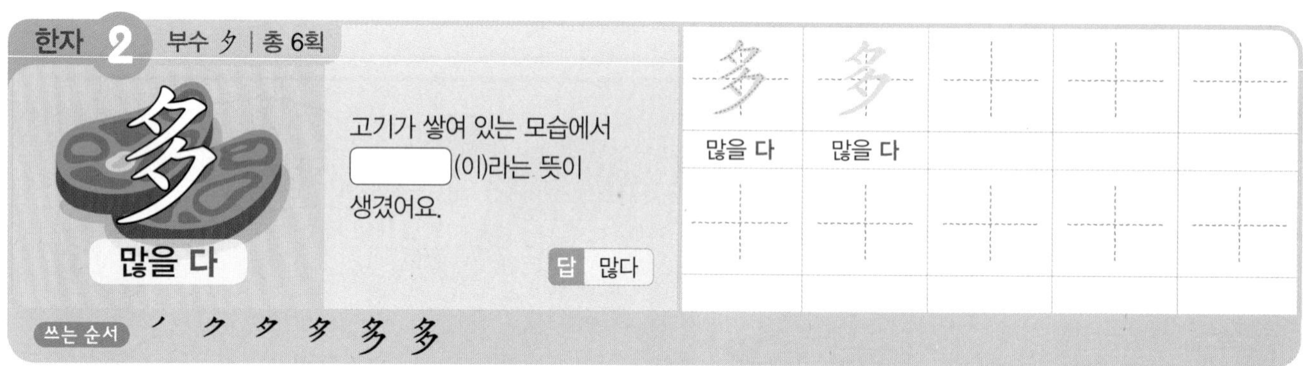

한자 2 부수 夕 | 총 6획
多
많을 다
고기가 쌓여 있는 모습에서 [ ](이)라는 뜻이 생겼어요.
답 많다
많을 다
많을 다
쓰는 순서

뜻이 반대인 한자 少(적을 소)

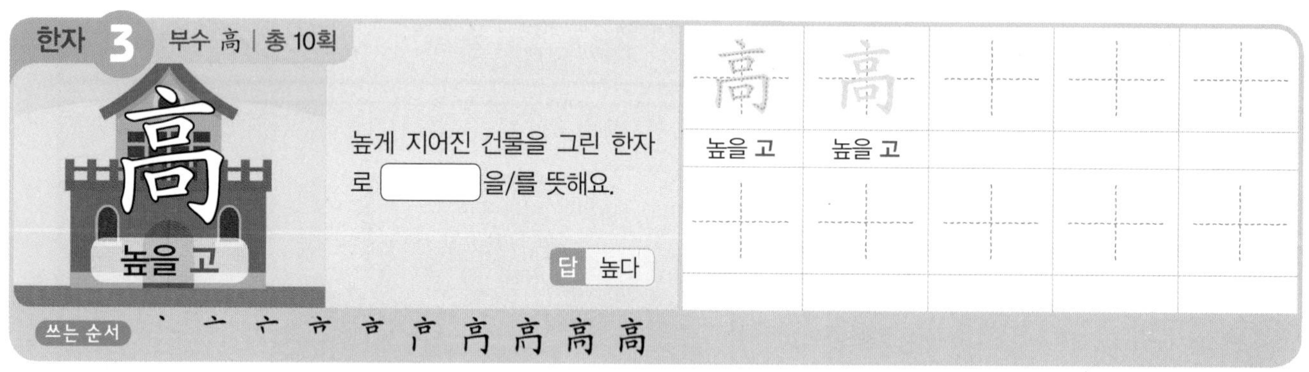

한자 3 부수 高 | 총 10획
高
높을 고
높게 지어진 건물을 그린 한자로 [ ]을/를 뜻해요.
답 높다
높을 고
높을 고
쓰는 순서

한자 4 부수 八 | 총 4획

公 공평할 공

사물을 치우치지 않고 정확히 나누는 모습에서 [ ](이)라는 뜻이 생겼어요.

답 공평하다

공평할 공 / 공평할 공

쓰는 순서 ノ 八 公 公

모양이 비슷한 한자 分(나눌 분)

한자 기초 확인

▶정답 14쪽

1 보기에 해당하는 한자의 뜻과 음(소리)을 찾아 다음과 같이 ○표 하세요.

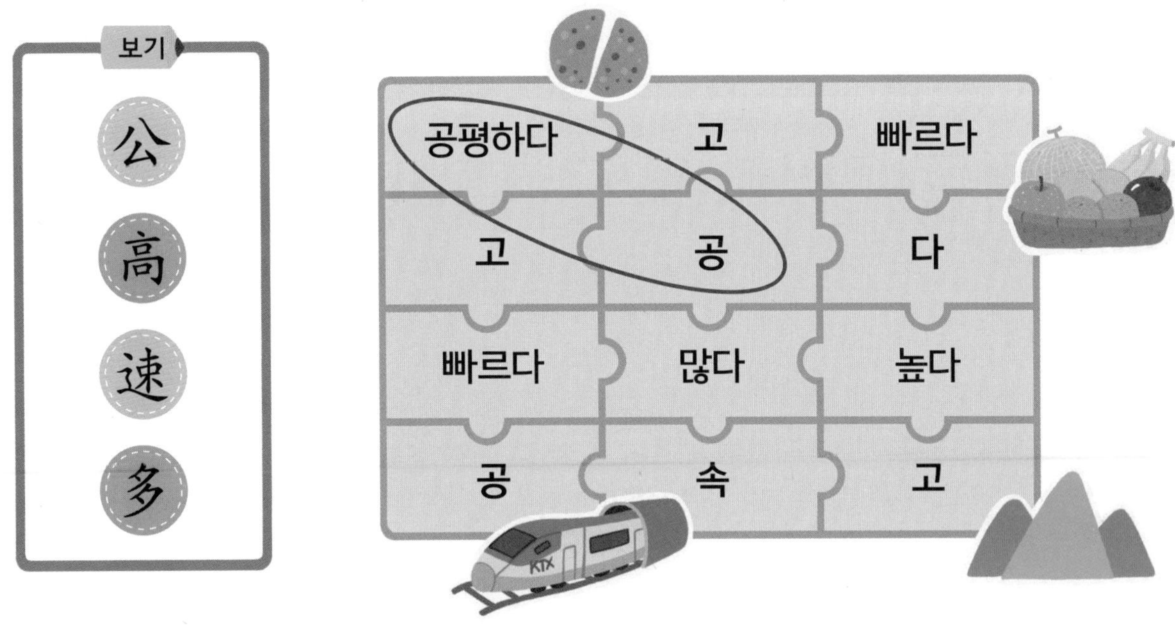

2 다음 한자 조각의 짝을 찾고, 조각한자의 뜻과 음(소리)으로 알맞은 것을 찾아 선으로 이으세요.

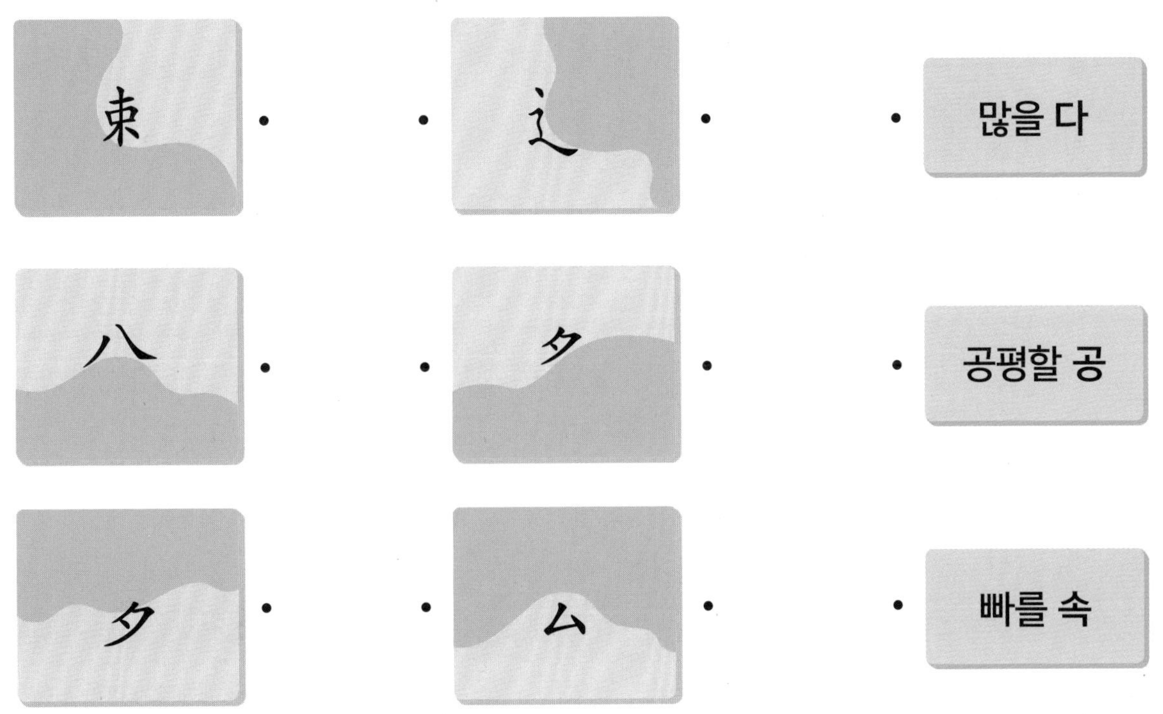

점선 위로 겹쳐서 한자를 써 보세요.

연한 글씨 위로 겹쳐서 한자를 따라 써 보세요.

한자 5 부수 弓 | 총 11획

힘이 센 모습을 나타낸 한자로 (   )을/를 뜻해요.

답 강하다

強 강할 강 / 強 강할 강

쓰는 순서 ㇇ ㇕ 弓 弘 弘 弘 弘 弘 弘 強 強

뜻이 반대인 한자 弱(약할 약)

한자 6 부수 艸(艹) | 총 9획

매우 쓴 맛이 나는 풀을 나타낸 한자로 (   )을/를 뜻해요.

답 쓰다

苦 쓸 고 / 苦 쓸 고

쓰는 순서 一 十 十 艹 艹 芏 芊 苦 苦

모양이 비슷한 한자 古(예 고) 뜻이 반대인 한자 樂(즐길 락)

한자 7 부수 力 | 총 12획

노를 저어 배를 움직이며 싸움에서 이긴 상황을 표현한 한자로 (   )을/를 뜻해요.

답 이기다

勝 이길 승 / 勝 이길 승

쓰는 순서 丿 刀 月 月 月 月 月 月 朕 朕 勝 勝

한자 8 부수 歹(歺) | 총 6획

사람이 죽어서 슬퍼하는 모습을 나타낸 한자로 (   )을/를 뜻해요.

답 죽다

死 죽을 사 / 死 죽을 사

쓰는 순서 一 厂 歹 歹 歹 死

뜻이 반대인 한자 生(날 생), 活(살 활)

▶정답 14쪽

3 다음 뜻과 음(소리)에 해당하는 한자를 보기 에서 찾아 그 번호를 연 안에 쓰세요.

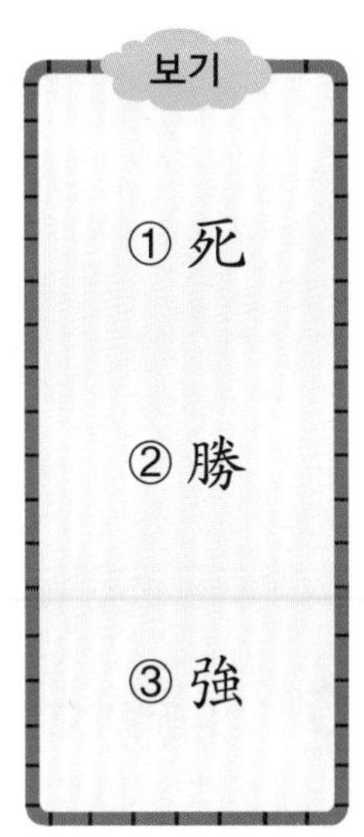

4 다음 보기 의 순서대로 한자의 뜻과 음(소리)을 찾아 미로를 통과해 보세요.

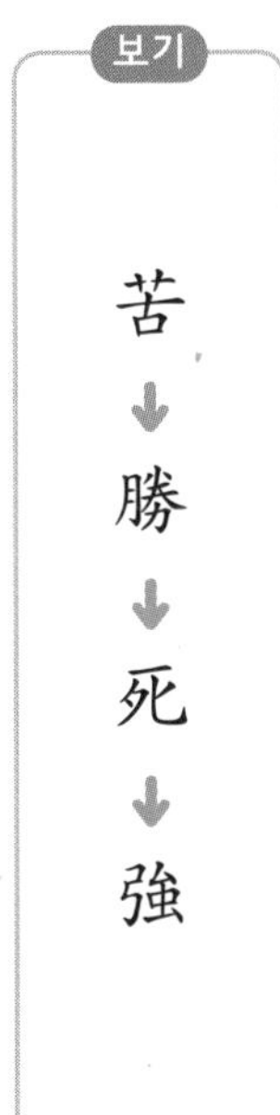

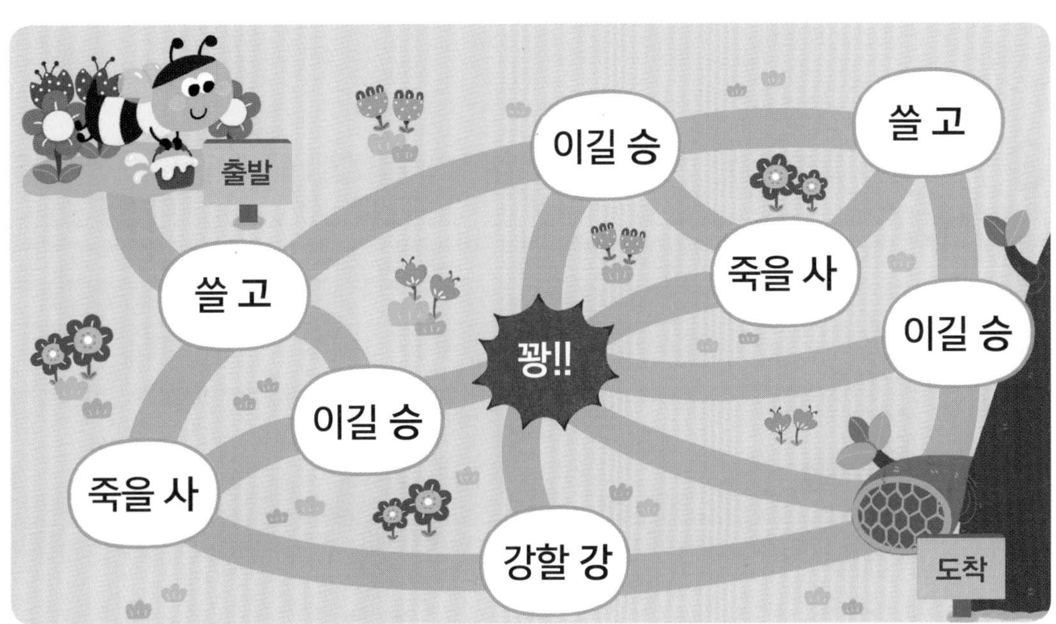

1 다음 한자의 뜻과 음(소리)으로 알맞은 것을 찾아 선으로 이으세요.

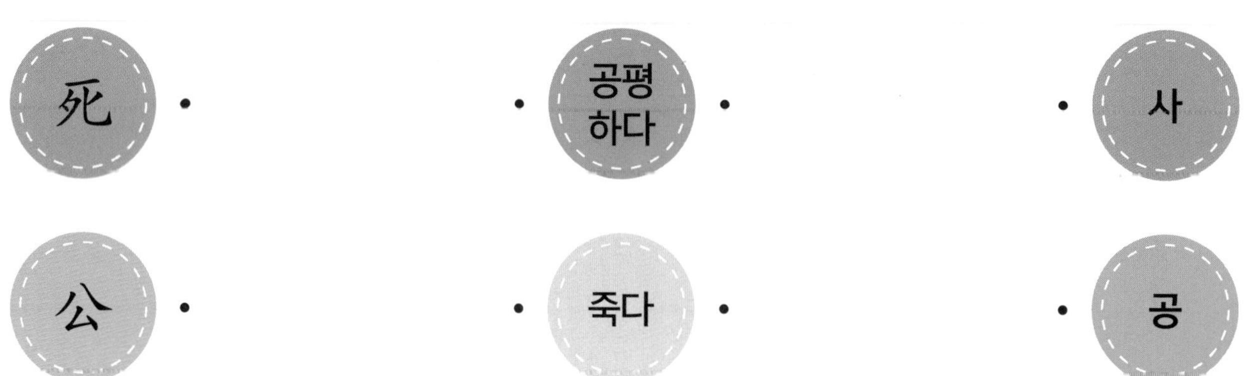

2 다음 한자의 뜻과 음(소리)이 바르게 짝 지어진 것을 찾아 ∨표 하세요.

3 친구들이 들고 있는 한자의 뜻과 음(소리)을 보기 에서 찾아 그 번호를 쓰세요.

보기

① 이길 승 ② 많을 다 ③ 높을 고

▶정답 15쪽

4 다음 문장의 내용이 맞으면 '예', 틀리면 '아니요'에 ○표 하세요.

'苦'는 '쓰다'를 뜻하고, '고'라고 읽습니다.
예
아니요

5 다음 밑줄 친 말에 해당하는 한자를 쓰세요.

아버지는 <u>높은</u> 산에 오르는 것을 좋아하십니다.

답

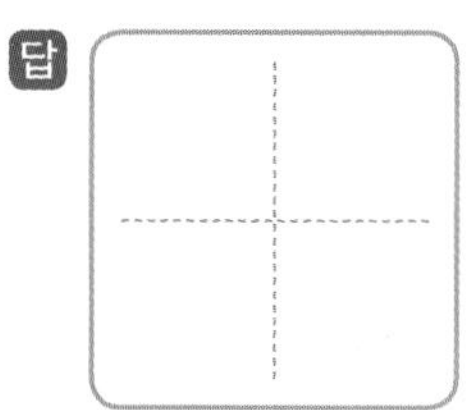

6 다음 한자 카드에 들어갈 한자로 알맞은 것에 ∨ 표 하세요.

점선 위로 겹쳐서 한자를 써 보세요.

연한 글씨 위로 겹쳐서 한자를 따라 써 보세요.

한자 1 부수 口 | 총 6획

合 합할 합

뚜껑이 닫힌 그릇의 모습에서 (   )(이)라는 뜻이 생겼어요.

답 합하다

合 합할 합 合 합할 합

쓰는 순서 丿 人 亼 亼 合 合

◦모양이 비슷한 한자◦ 答(대답 답) ◦뜻이 반대인 한자◦ 別(나눌 별)

한자 2 부수 刀(刂) | 총 7획

別 다를/나눌 별

하나를 둘 이상으로 가르는 모습을 나타낸 한자로 ❶(   ) 또는 ❷(   )을/를 뜻해요.

답 ❶ 다르다 ❷ 나누다

別 다를/나눌 별 別 다를/나눌 별

쓰는 순서 丨 口 口 号 另 別 別

◦뜻이 비슷한 한자◦ 分(나눌 분), 班(나눌 반) ◦뜻이 반대인 한자◦ 合(합할 합)

한자 3 부수 用 | 총 5획

用 쓸 용

나무로 만든 통을 그린 한자로 후에 뜻이 변하여 (   )(이)라는 뜻이 생겼어요.

답 쓰다

用 쓸 용 用 쓸 용

쓰는 순서 丿 刀 月 月 用

◦모양이 비슷한 한자◦ 月(달 월)

한자 4 부수 言 | 총 9획

計 셀 계

숫자를 소리 내어서 세고 있는 모습을 나타낸 한자로 (   ) 또는 '계획하다'를 뜻해요.

답 세다

計 셀 계 計 셀 계

쓰는 순서 丶 亠 亠 亠 言 言 言 言 計

◦뜻이 비슷한 한자◦ 算(셈 산), 數(셈 수)

한자 기초 확인

▶정답 15쪽

1 다음 공룡이 설명하는 뜻이나 음(소리)에 해당하는 한자를 모두 찾아 ○표 하세요.

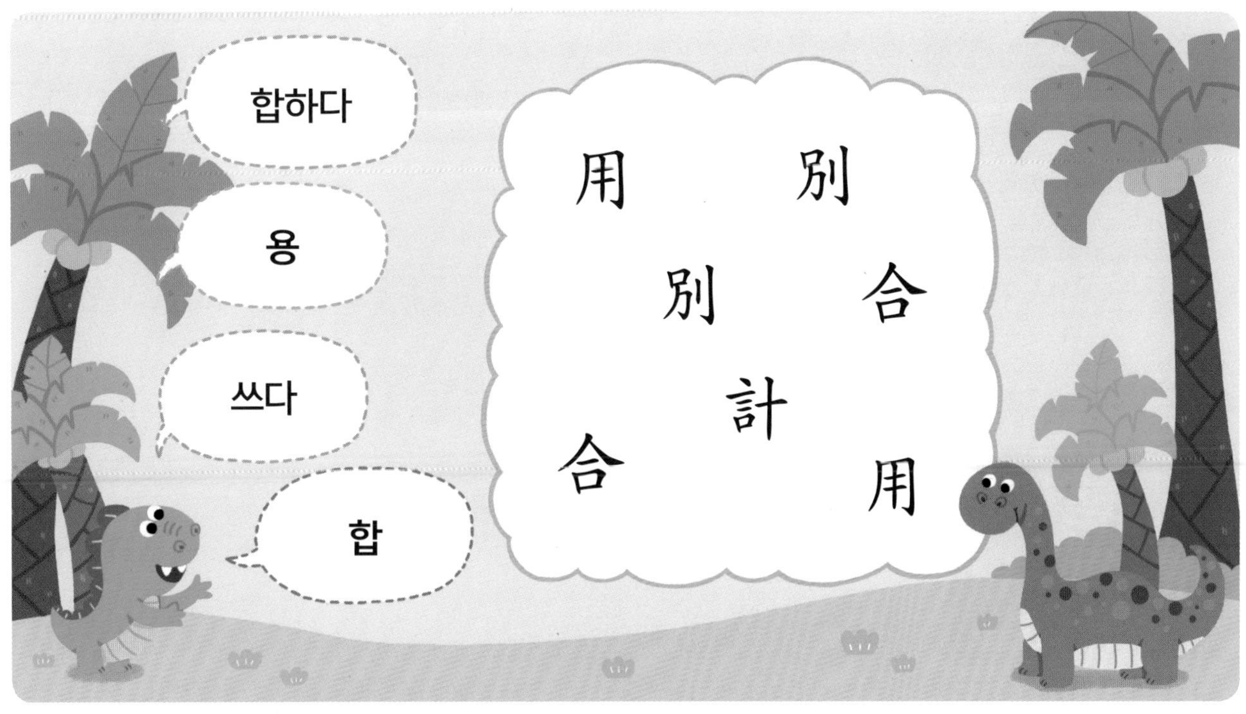

2 다음 뜻과 음(소리)에 해당하는 한자를 찾아 ∨표 하세요.

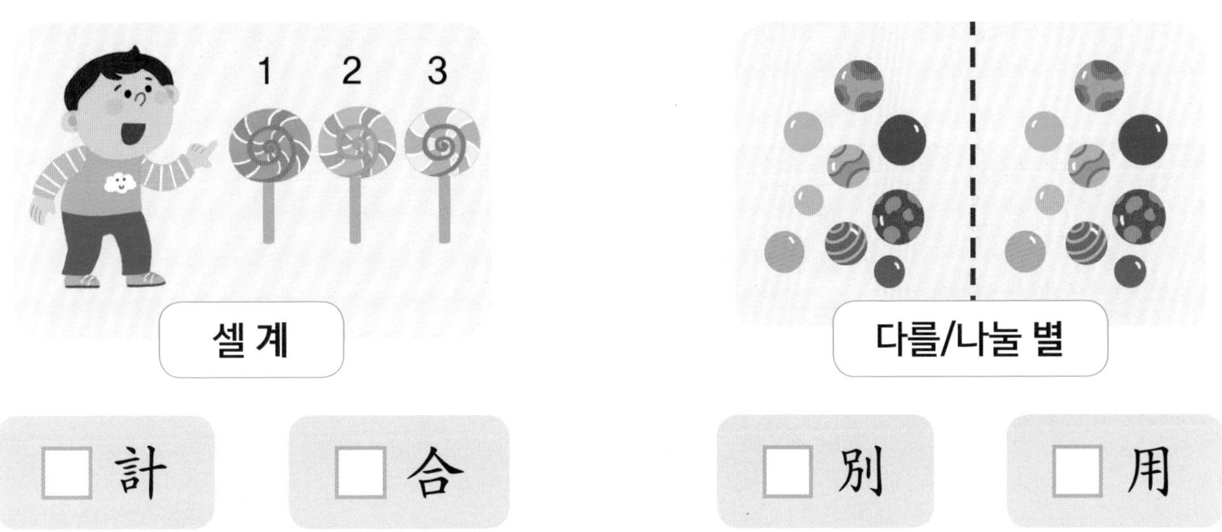

□ 計　□ 合

□ 別　□ 用

점선 위로 겹쳐서 한자를 써 보세요.

연한 글씨 위로 겹쳐서 한자를 따라 써 보세요.

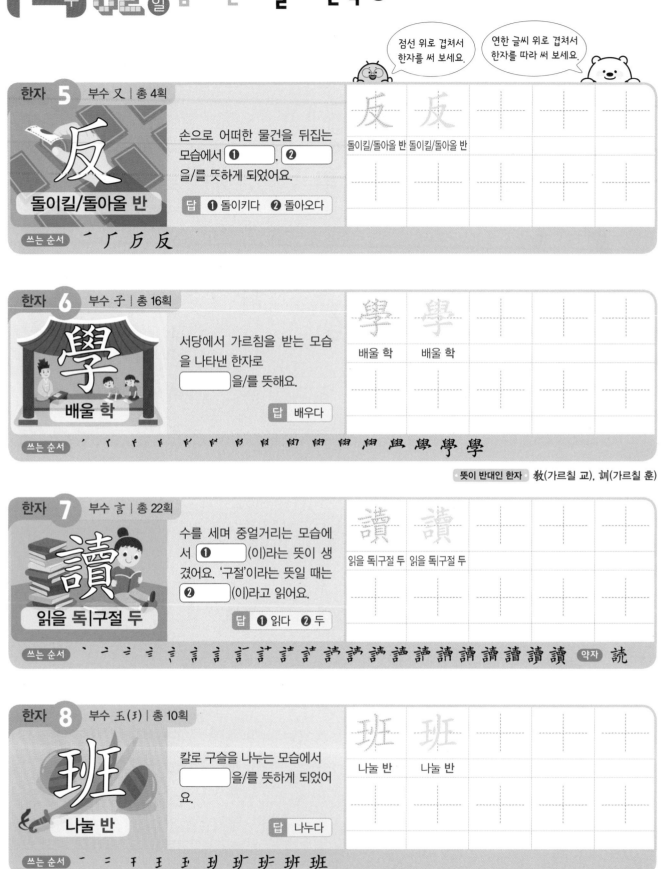

한자 5 부수 又 | 총 4획

反 돌이킬/돌아올 반

손으로 어떠한 물건을 뒤집는 모습에서 ❶ [ ], ❷ [ ] 을/를 뜻하게 되었어요.

답 ❶ 돌이키다 ❷ 돌아오다

反 反 돌이킬/돌아올 반 돌이킬/돌아올 반

쓰는 순서 一 厂 万 反

한자 6 부수 子 | 총 16획

學 배울 학

서당에서 가르침을 받는 모습을 나타낸 한자로 [ ] 을/를 뜻해요.

답 배우다

學 學 배울 학 배울 학

쓰는 순서 學 (16획)

뜻이 반대인 한자 敎(가르칠 교), 訓(가르칠 훈)

한자 7 부수 言 | 총 22획

讀 읽을 독|구절 두

수를 세며 중얼거리는 모습에서 ❶ [ ] (이)라는 뜻이 생겼어요. '구절'이라는 뜻일 때는 ❷ [ ] (이)라고 읽어요.

답 ❶ 읽다 ❷ 두

讀 讀 읽을 독|구절 두 읽을 독|구절 두

쓰는 순서 讀 (22획) 약자 読

한자 8 부수 玉(王) | 총 10획

班 나눌 반

칼로 구슬을 나누는 모습에서 [ ] 을/를 뜻하게 되었어요.

답 나누다

班 班 나눌 반 나눌 반

쓰는 순서 一 二 千 王 玐 玐 玗 班 班 班

뜻이 비슷한 한자 分(나눌 분), 別(나눌 별)

한자 기초 확인

▶정답 15쪽

3 다음 한자의 뜻과 음(소리)이 알맞게 짝 지어진 것을 모두 찾아 ◯표 하세요.

4 다음 그림에서 떨어진 사과에 쓰인 음(소리)을 가진 한자를 모두 찾아 ◯표 하세요.

1 다음 한자의 뜻과 음(소리)으로 알맞은 것을 찾아 ○표 하세요.

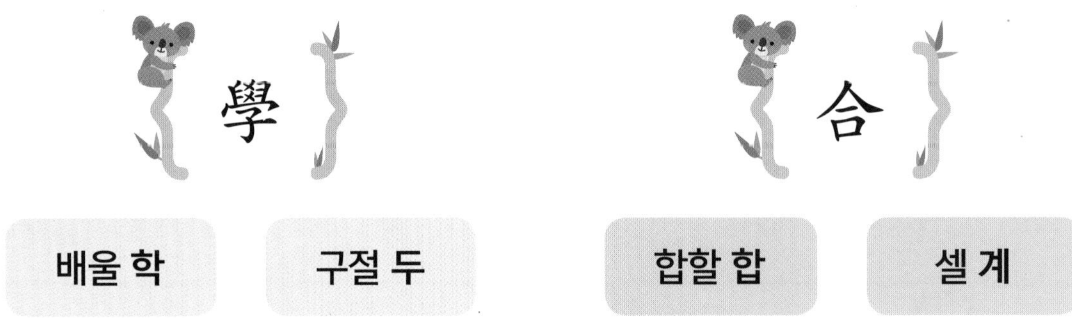

2 다음 문장의 내용이 맞으면 '예', 틀리면 '아니요'에 ○표 하세요.

3 다음 사다리를 타고 내려가 뜻과 음(소리)이 바르게 연결된 한자에 ○표 하세요.

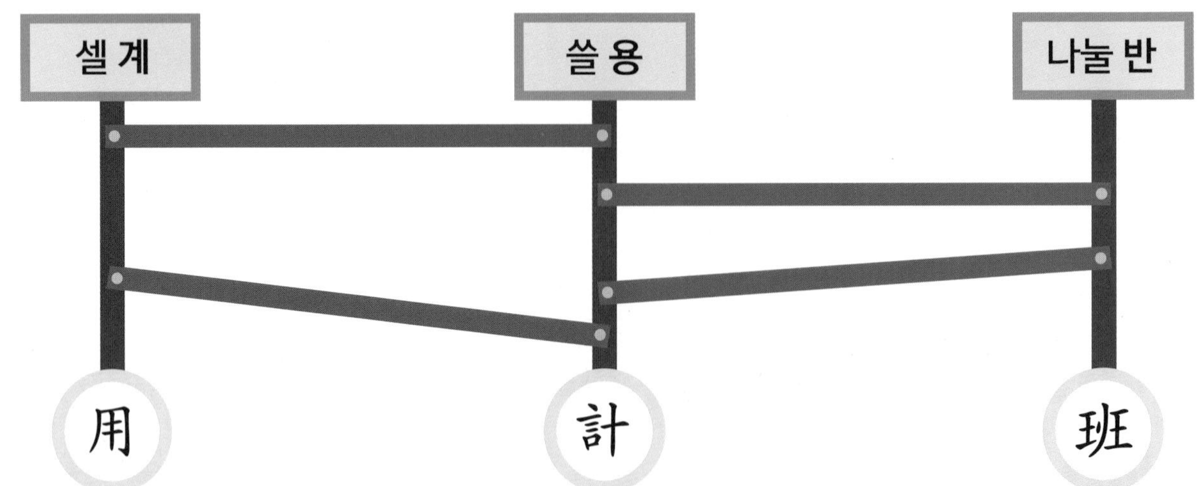

▶정답 16쪽

4 다음 음(소리)에 해당하는 한자를 찾아 ∨표 하세요.

5 다음 밑줄 친 음(소리)에 해당하는 한자를 찾아 ○표 하세요.

이번 감기는 유<u>별</u>나게 독합니다.

6 다음 한자 카드에 들어갈 한자나 한자의 뜻과 음(소리)을 쓰세요.

급수 한자어 대표 전략 ❶

대표 한자어 01

고속 高速

高	速
높을 고	빠를 속

뜻 매우 빠른 속도.

속도 速度

速	度
빠를 속	법도 도 | 헤아릴 탁

뜻 물체가 나아가거나 일이 진행되는 빠르기.

OO고속도로
100
50
高速(고속)도로를 차들이 빠르게 달리고 있어.
하지만 정해진 速度(속도)를 지켜야 해.

대표 한자어 02

다독 多讀

多	讀
많을 다	읽을 독 | 구절 두

뜻 많이 읽음.

多讀(다독)은 좋은 글을 쓰기 위한 밑거름이 돼.

대표 한자어 03

공식 公式

公	式
공평할 공	법 식

뜻 국가적이나 사회적으로 인정된 공적인 방식. 또는 틀에 박힌 형식이나 방식.

두 나라 대통령이 公式(공식) 석상에서 만났어.

항상 널 응원해!

대표 한자어 | 04 |

강 력

強	力
강할 강	힘 력

뜻 힘이나 영향이 강함.

強力(강력)
접착제가 손에 묻지 않게 조심해야 해.
접착제
K-1A

대표 한자어 | 05 |

고 생

苦	生
쓸 고	날 생

뜻 어렵고 고된 일을 겪음. 또는 그런 일이나 생활.

苦生(고생)을
참고 견디면 반드시
좋은 날이 올 거야.

대표 한자어 | 06 |

승 리

勝	利
이길 승	이할 리

뜻 겨루어서 이김.

경기는 우리 팀의
勝利(승리)로
끝났어.

2주 03일 급수 한자어 대표 전략 ❶

대표 한자어 | 07 |

합동 合同

합할 합 | 한가지 동

뜻 둘 이상의 조직이나 개인이 모여 행동이나 일을 함께함.

합계 合計

합할 합 | 셀 계

뜻 한데 합하여 계산함.

영수가 운동회에서 친구와 合同(합동)해 이인삼각 달리기에서 1등을 했어.
청팀 백팀 홍팀
130 110 120
덕분에 청팀의 점수 合計(합계)가 가장 높아졌어.

대표 한자어 | 08 |

사별 死別

죽을 사 | 다를/나눌 별

뜻 죽어서 이별함.

대표 한자어 | 09 |

복용 服用

옷 복 | 쓸 용

뜻 약을 먹음.

참고 '服'은 '먹다'라는 뜻도 가지고 있어요.

항상 널 응원해!

대표 한자어 | 10 |

반 감

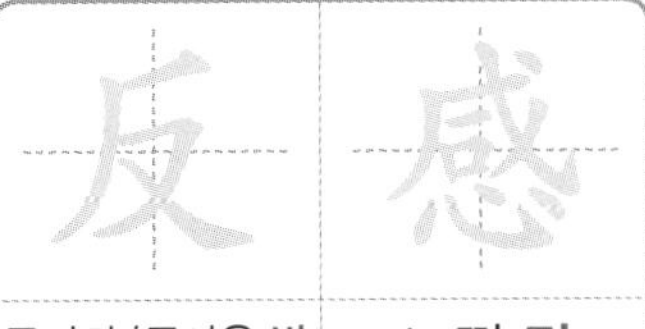

뜻 반대하거나 반항하는 감정.

너무 심한 벌은
오히려 反感(반감)을
불러일으킬 수 있어.

대표 한자어 | 11 |

문 학

文	學
글월 문	배울 학

뜻 자신의 감정이나 생각을 글로 표현한 예술.
또는 그런 작품.

하나의
文學(문학) 작품을
완성하기까지 많은
시간과 노력이
들어.
12월
11월
7월
9월

대표 한자어 | 12 |

반 장

班	長
나눌 반	긴 장

뜻 반을 대표하여 일을 맡아보는 학생.

오늘은 내가
우리 반 일일
班長(반장)이야.
일일 반장

1 다음 문장의 내용이 맞으면 '예', 틀리면 '아니요'에 ○표 하세요.

'高速(고속)'은
'매우 빠른 속도.'를
뜻합니다.
예
아니요

Tip

[ ] 은/는 '빠르다'를 뜻하고, '속'이라고 읽습니다.

답 速

2 다음 뜻에 해당하는 한자어를 찾아 ∨표 하세요.

Tip

'勝'은 (이기다, 빠르다)를 뜻하는 한자입니다.

답 이기다

3 다음 밑줄 친 낱말에 해당하는 한자어를 찾아 ∨표 하세요.

Tip

[ ] 을/를 뜻하는 한자는 '強'이고, '강'이라고 읽습니다.

답 강하다

4 다음 밑줄 친 한자어의 음(소리)에 해당하는 것을 찾아 ○표 하세요.

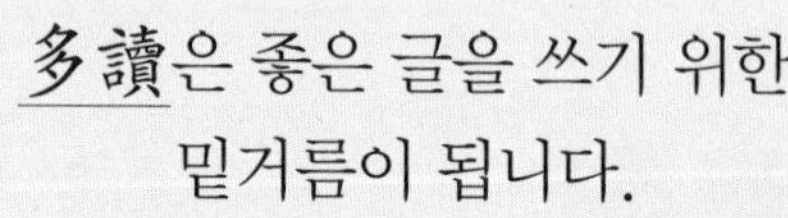

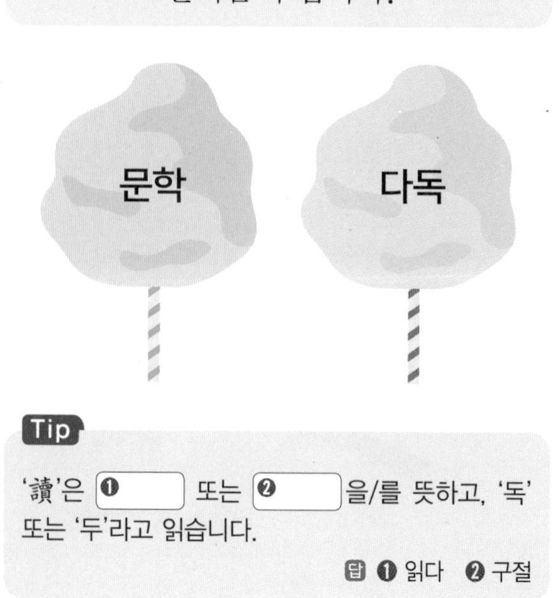

Tip

'讀'은 ❶ [ ] 또는 ❷ [ ] 을/를 뜻하고, '독' 또는 '두'라고 읽습니다.

답 ❶ 읽다 ❷ 구절

▶정답 16쪽

5 다음 뜻에 해당하는 한자어를 찾아 선으로 이으세요.

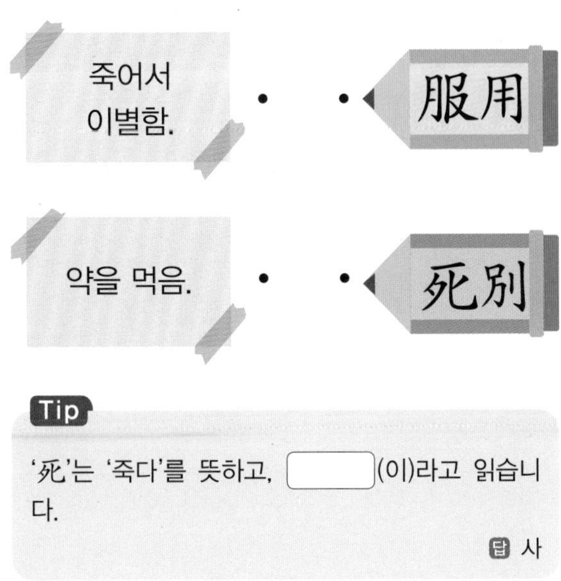

Tip

'死'는 '죽다'를 뜻하고, [ ](이)라고 읽습니다.

답 사

6 다음 '반대하거나 반항하는 감정.'을 뜻하는 한자어를 찾아 ○표 하세요.

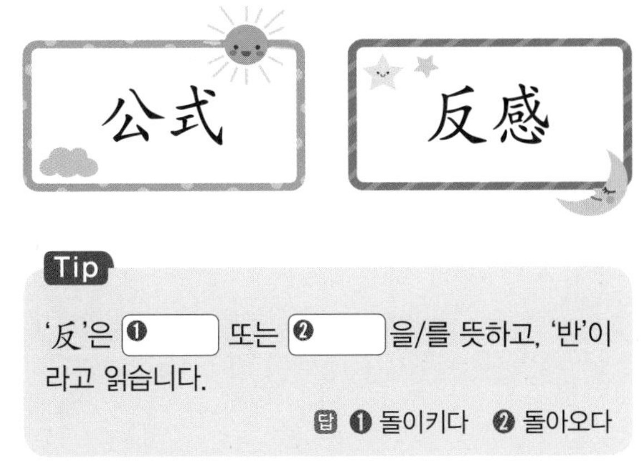

Tip

'反'은 ❶[ ] 또는 ❷[ ]을/를 뜻하고, '반'이라고 읽습니다.

답 ❶ 돌이키다 ❷ 돌아오다

7 다음 낱말 퍼즐을 푸세요.

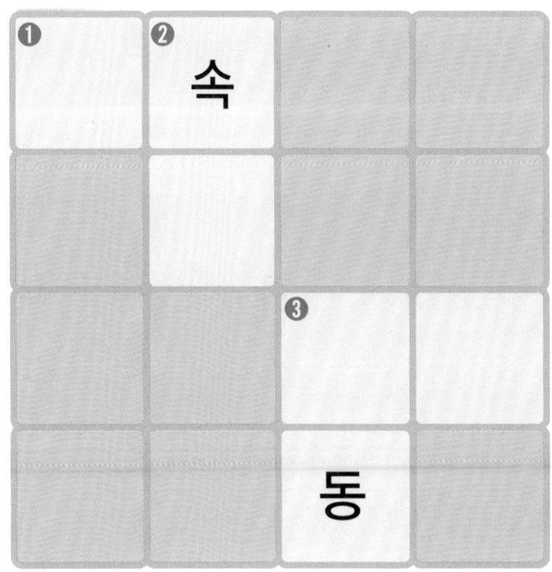

가로 열쇠

❶ 매우 빠른 속도.

❸ 한데 합하여 계산함.

세로 열쇠

❷ 물체가 나아가거나 일이 진행되는 빠르기.

❸ 둘 이상의 조직이나 개인이 모여 행동이나 일을 함께함.

Tip

'물체가 나아가거나 일이 진행되는 빠르기.'를 뜻하는 한자어는 (合同, 速度)입니다.

답 速度

전략 1 한자어의 음(소리) 쓰기

다음 밑줄 친 漢字語한자어의 讀音(독음: 읽는 소리)을 쓰세요.

보기

衣服 ➔ 의복

• 그들은 일정한 速度로 발걸음을 맞춰 걸었습니다. ➔ (　　　　　　)

답 속도

필수 예제 01

다음 밑줄 친 漢字語한자어의 讀音(독음: 읽는 소리)을 쓰세요.

보기

食口 ➔ 식구

(1) 아직 公式 입장이 나오지 않았습니다.
➔ (　　　　　　)

(2) 할아버지는 지병 때문에 苦生이십니다.
➔ (　　　　　　)

(3) 반 평균을 내기 위해 모든 학생들 점수의 合計를 냈습니다.
➔ (　　　　　　)

(4) 그 文學 작품은 독자들의 큰 찬사를 받았습니다. ➔ (　　　　　　)

문장을 읽으며 한자어의 음(소리)을 떠올려 봅니다.

▶정답 17쪽

전략 2 한자의 뜻과 음(소리) 쓰기

다음 漢字한자의 訓(훈: 뜻)과 音(음: 소리)을 쓰세요.

보기

新 ➔ 새 **신**

• 強 ➔ (　　　　　　)

답 강할 강

필수 예제 02

다음 漢字한자의 訓(훈: 뜻)과 音(음: 소리)을 쓰세요.

보기

飮 ➔ 마실 **음**

(1) 勝 ➔ (　　　　　　)

(2) 速 ➔ (　　　　　　)

(3) 計 ➔ (　　　　　　)

(4) 學 ➔ (　　　　　　)

한자의 뜻과 음(소리)은
반드시 함께
알아 두어야 합니다.

전략 3 제시된 뜻에 맞는 한자어 찾기

다음 뜻에 맞는 漢字語한자어를 보기에서 찾아 그 번호를 쓰세요.

보기

① 速度 ② 公式 ③ 班長 ④ 反感

• 물체가 나아가거나 일이 진행되는 빠르기. ➔ ( )

답 ①

필수 예제 03

다음 뜻에 맞는 漢字語한자어를 보기에서 찾아 그 번호를 쓰세요.

보기

① 苦生 ② 合同 ③ 強力 ④ 勝利

(1) 힘이나 영향이 강함. ➔ ( )

(2) 어렵고 고된 일을 겪음. 또는 그런 일이나 생활. ➔ ( )

(3) 둘 이상의 조직이나 개인이 모여 행동이나 일을 함께함. ➔ ( )

(4) 겨루어서 이김. ➔ ( )

한자어의 뜻이 생각나지 않을 때는 한자의 뜻을 조합하여 문제를 풀어 봅니다.

▶정답 17쪽

전략 4 뜻이 반대 또는 상대되는 한자 찾기

다음 漢字한자와 뜻이 반대 또는 상대되는 漢字한자를 찾아 번호를 쓰세요.

• 苦: ① 反 ② 樂 ③ 多 ④ 強 → (　　　　　)

답 ②

필수 예제 04

다음 漢字한자와 뜻이 반대 또는 상대되는 漢字한자를 찾아 번호를 쓰세요.

(1) 合: ① 計 ② 速 ③ 反 ④ 別 → (　　　　　)

(2) 多: ① 少 ② 勝 ③ 別 ④ 用 → (　　　　　)

(3) 死: ① 讀 ② 班 ③ 生 ④ 公 → (　　　　　)

(4) 強: ① 學 ② 弱 ③ 班 ④ 用 → (　　　　　)

뜻이 반대되는 한자를
함께 알아 두면 어휘력을 기르는
데 도움이 됩니다.

급수시험 체크 전략 ❷

[한자어의 음(소리) 쓰기]

1 다음 밑줄 친 漢字語한자어의 讀音(독음: 읽는 소리)을 쓰세요.

그는 소설책을 多讀합니다.

→ (   )

Tip
'多'는 '많다'를 뜻하고, '다'라고 읽습니다.

[한자어의 음(소리) 쓰기]

2 다음 밑줄 친 漢字語한자어의 讀音(독음: 읽는 소리)을 쓰세요.

여학생 후보가 班長으로 선출되었습니다.

→ (   )

Tip
'班'은 '나누다'를 뜻하고, '반'이라고 읽습니다.

[한자의 뜻과 음(소리) 쓰기]

3 다음 漢字한자의 訓(훈: 뜻)과 音(음: 소리)을 쓰세요.

보기

藥 → 약 **약**

• 勝 → (   )

Tip
'勝'은 '이기다'를 뜻하는 한자입니다.

[제시된 한자와 뜻이 비슷한 한자 찾기]

4 다음 漢字한자와 뜻이 비슷한 漢字한자를 찾아 번호를 쓰세요.

• 別: ① 計 ② 班 ③ 合 ④ 死 → (   )

Tip
'別'은 '다르다' 또는 '나누다'를 뜻하고, '별'이라고 읽습니다.

▶정답 17쪽

[제시된 뜻에 맞는 한자어 찾기]

5 다음 뜻에 맞는 漢字語한자어를 보기 에서 찾아 그 번호를 쓰세요.

보기

① 合同 ② 死別 ③ 服用 ④ 多讀

• 둘 이상의 조직이나 개인이 모여 행동이나 일을 함께함.

→ ( )

Tip
'合同'의 '合'은 '합하다'를 뜻하는 한자입니다.

[제시된 뜻에 맞는 한자어 찾기]

6 다음 뜻에 맞는 漢字語한자어를 보기 에서 찾아 그 번호를 쓰세요.

보기

① 班長 ② 苦生 ③ 速度 ④ 死別

• 죽어서 이별함. → ( )

Tip
'死別'의 '死'는 '죽다'를 뜻하는 한자입니다.

[뜻이 반대 또는 상대되는 한자 찾기]

7 다음 漢字한자와 뜻이 반대 또는 상대되는 漢字한자를 찾아 번호를 쓰세요.

• 學: ① 弱 ② 教 ③ 速 ④ 合 → ( )

Tip
'學'은 '배우다'를 뜻하는 한자입니다.

[제시된 한자와 음(소리)은 같고 뜻이 다른 한자 찾기]

8 다음에서 음(소리)은 같으나 뜻이 다른 漢字한자를 찾아 번호를 쓰세요.

• 苦: ① 讀 ② 高 ③ 強 ④ 公 → ( )

Tip
'苦'는 '쓰다'를 뜻하고, '고'라고 읽습니다.

누구나 만점 전략

01 다음 ☐ 안에 들어갈 한자에 ○표 하세요.

아기의 성장 ☐度는 빠릅니다.

強　　速

02 다음 한자 카드에 들어갈 한자를 쓰세요.

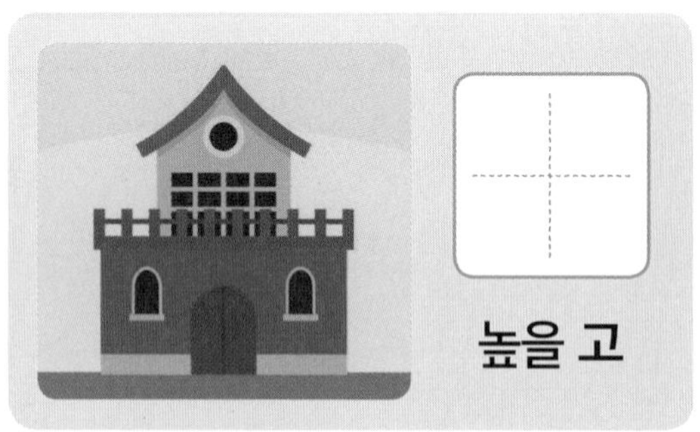

03 다음 밑줄 친 한자어의 음(소리)을 쓰세요.

그는 이번 경기에서 <u>勝利</u>했습니다.

→ (　　　　　　)

04 다음 ☐ 안에 들어갈 한자를 보기에서 찾아 그 번호를 쓰세요.

보기
① 感　② 學　③ 同

- 反☐: 반대하거나 반항하는 감정.

→ (　　　　　　)

05 다음 뜻과 음(소리)에 해당하는 한자를 보기에서 찾아 그 번호를 쓰세요.

보기
① 死　② 苦　③ 合

- 합할 합 → (　　　　　　)

▶정답 17쪽

06 다음 설명에 해당하는 한자어를 찾아 ○표 하세요.

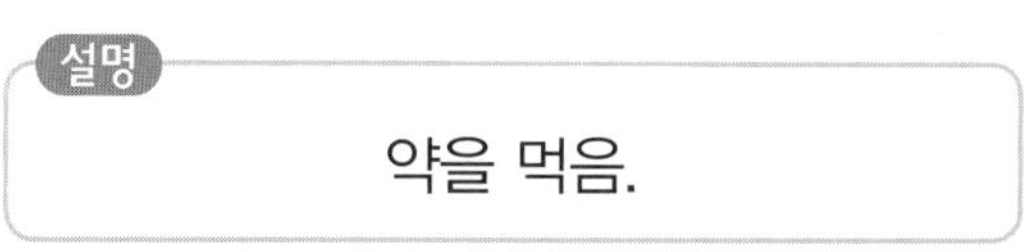
설명

약을 먹음.

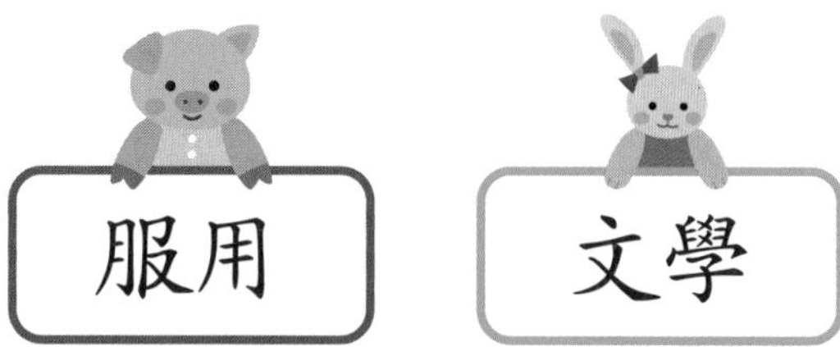

07 다음 한자의 뜻으로 알맞은 것을 보기 에서 찾아 그 번호를 쓰세요.

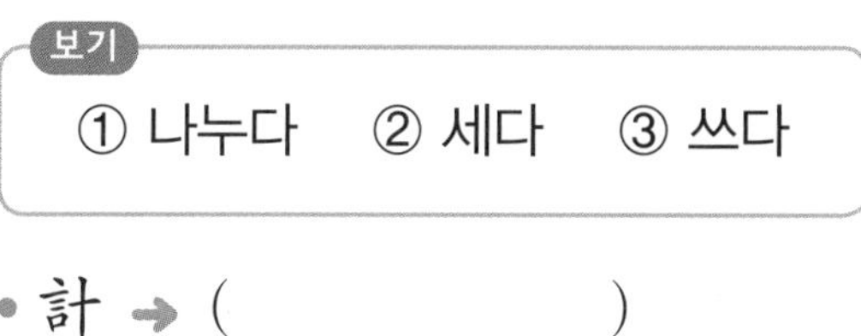
보기

① 나누다　② 세다　③ 쓰다

• 計 ➔ (　　　　　　)

08 다음 뜻에 해당하는 한자어를 보기 에서 찾아 그 번호를 쓰세요.

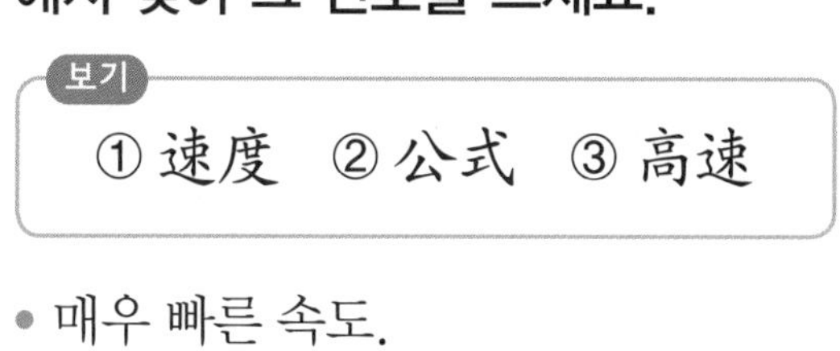
보기

① 速度　② 公式　③ 高速

• 매우 빠른 속도.

➔ (　　　　　　)

09 다음 밑줄 친 낱말에 해당하는 한자어를 보기 에서 찾아 그 번호를 쓰세요.

보기

① 合計　② 合同　③ 苦生

• 육군과 해군의 <u>합동</u> 작전은 성공적이었습니다. ➔ (　　　　　　)

10 다음 보기 와 같이 한자의 뜻과 음(소리)을 쓰세요.

보기

病 ➔ 병 **병**

• 公 ➔ (　　　　　　)

창의·융합·코딩 전략 ❶

1 위 대화를 읽고, '많이 읽음.'을 뜻하는 한자어를 찾아 한글로 쓰세요.

→ (　　　　　　　　)

▶정답 17쪽

창의 융합

2 위 대화를 읽고, 밑줄 친 낱말에 해당하는 한자어를 쓰세요.

<u>속도</u>가 가장 빠른 친구는 하람입니다.

답 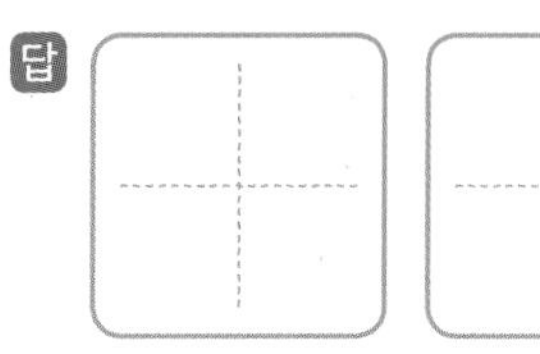 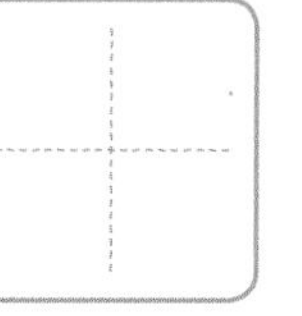

창의·융합·코딩 전략 ❷

코딩

1 '출발' 지점에서 명령어 대로 주어진 방향으로 한 칸씩 이동했을 때 도착한 곳에 있는 한자의 뜻과 음(소리)을 쓰세요.

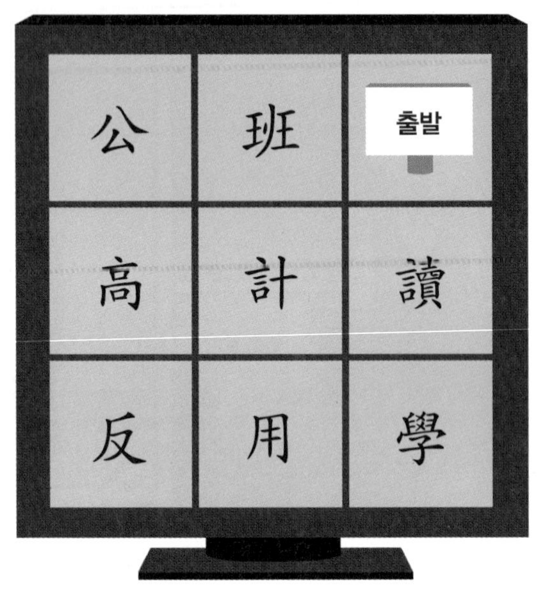

• 한자의 뜻과 음(소리) → (　　　　　　　　)

창의 융합

2 다음 그림에서 '苦'와 관련이 있는 것을 찾아 ○표 하세요.

▶정답 17쪽

코딩

3 다음 규칙 에 따라 미로를 탈출하며 만난 숫자에 ○표 하고, 도착한 곳에 있는 한자어의 음(소리)을 쓰세요.

규칙

50만큼 뛰어서 세는 규칙

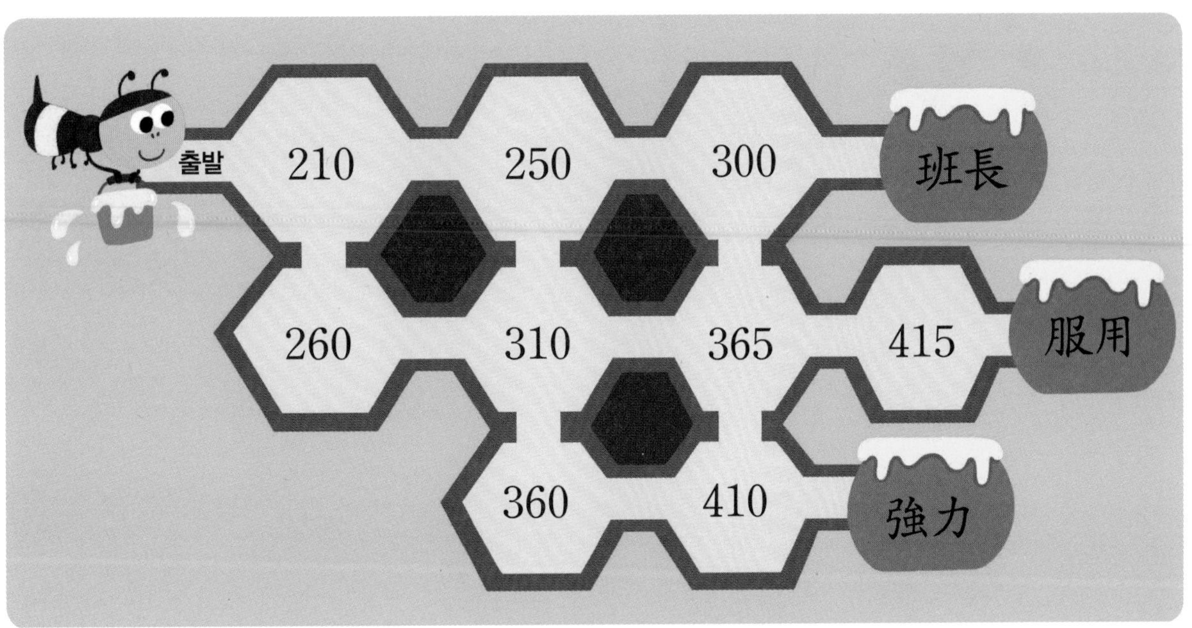

• 한자어의 음(소리) ➜ (　　　　　　　　)

창의 융합

4 다음 글을 읽고, 밑줄 친 이것에 해당하는 한자어를 쓰세요.

이것은 자신의 감정이나 생각을 글로 표현한 예술 작품을 말합니다. 그래서 이것을 '언어 예술'이라고 합니다. 대표적인 이것의 갈래에는 시, 소설, 희곡, 수필, 평론 등이 있습니다.

답 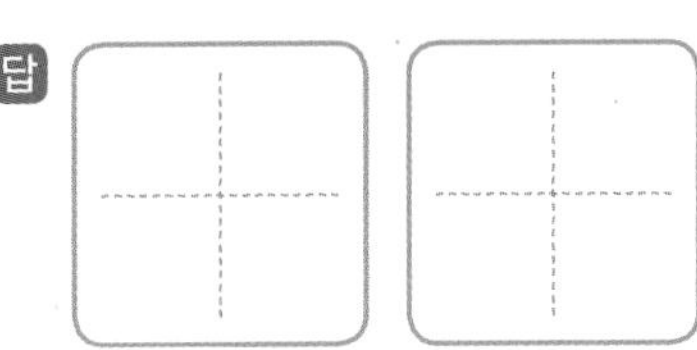

5 다음 그림을 보고, 밑줄 친 ㉠과 ㉡에 해당하는 한자를 찾아 선으로 이으세요.

장대 높이뛰기

도구를 사용하는 유일한 육상 도약 경기로서 도움닫기를 통해 ㉠빠르게 속력을 붙인 다음, 폴을 바닥에 꽂아 그 탄성을 이용하여 ㉡높이 도약하는 경기입니다.

㉠ •		• 高
㉡ •		• 速

창의 융합

6 다음 그림을 보고, 질문에 맞는 답을 쓰세요.

다음 중 남은 피자 조각이 $\frac{2}{8}$와 같은 크기에 해당하는 한자의 음(소리)은 무엇일까요?

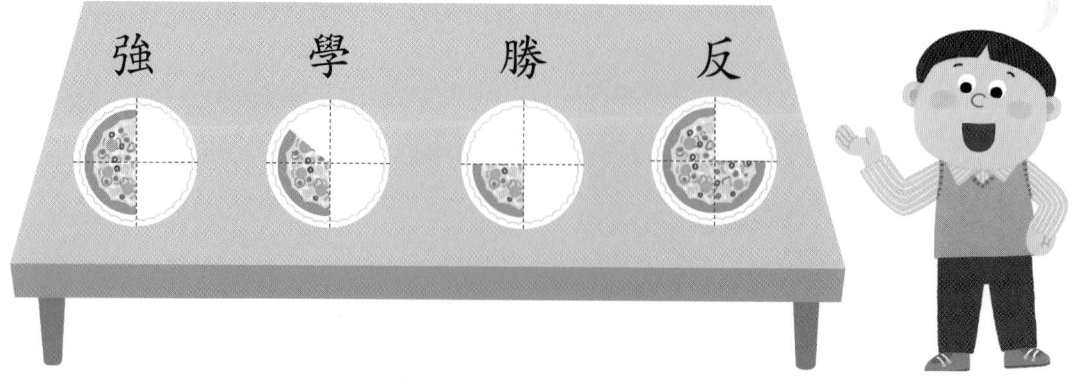

• 한자의 음(소리) → (   )

▶정답 18쪽

코딩

7 다음 규칙에 따라 암호를 해독하여 뜻과 음(소리)을 완성한 뒤, 해당하는 한자를 쓰세요.

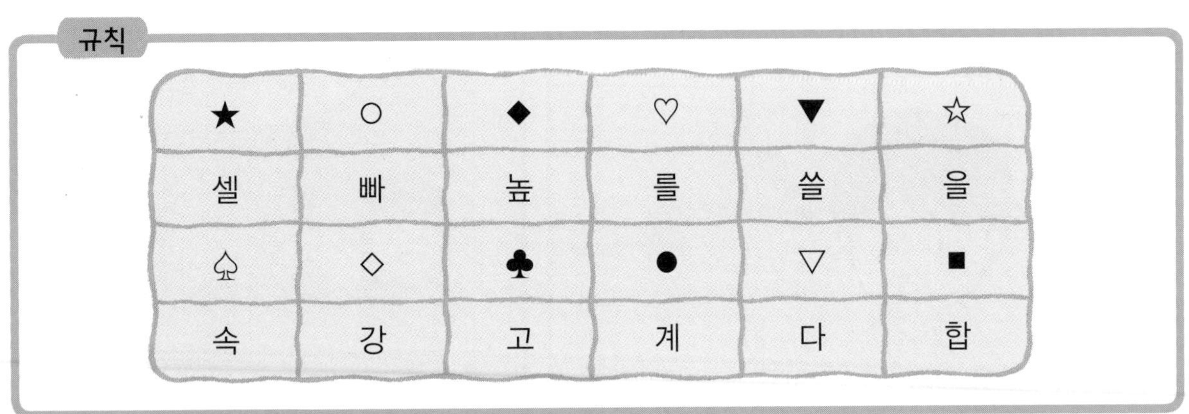

규칙

★	○	◆	♡	▼	☆
셀	빠	높	를	쓸	을
♤	◇	♣	●	▽	■
속	강	고	계	다	합

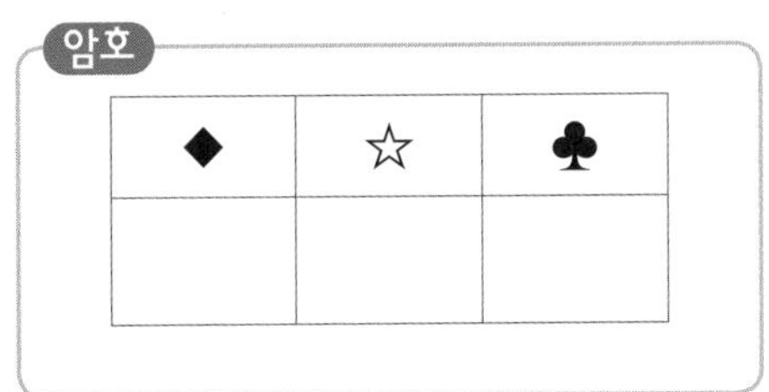

암호

◆	☆	♣

답

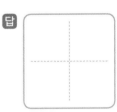

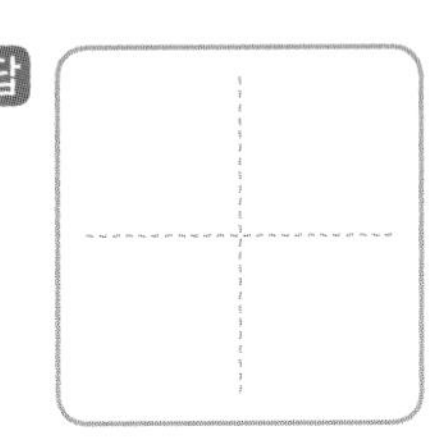

창의 융합

8 다음 □에 들어갈 알맞은 한자어를 보기에서 찾아 그 번호를 쓰세요.

➜ (　　　　　　)

보기

① 反感　　② 公式　　③ 合計

평균 나이 구하기
이름 | 가희 | 동현 | 수호 | 나리
나이 | 13살 | 10살 | 12살 | 9살
풀이: (13+10+12+9)÷4=11
평균 나이: 11살
네 사람의 평균 나이를 구하려면, 우선 네 사람의 나이를 모두 더해 □□을/를 구해야 합니다.
수학

후편 마무리 전략

우아, 이게 다 웬
飮食(음식)들이에요?

新年(신년)을 맞이해서
엄마가 다양하게 준비해 봤지!
하람이와 부기도 초대했단다.
안녕~

우아, 맛있어 보이는
음식이 많이 있어!
잠깐! 우선
新年(신년)의 소원부터 빌고
그다음에 먹자.

그럼 엄마부터.
우리 食口(식구) 모두
病(병)에 걸리지 않고 건강하게
한 해를 보낼 수 있도록
해 주세요!

올해는 성적에
너무 연연하지 않고
便安(편안)한 마음으로
공부할 수 있게
해 주세요!

만화를 보고, 지금까지 배운 한자를 기억해 보세요.

1주 | 병원/생활 한자

醫 病 者 藥 弱 頭 目 口 新 衣 便 服 飮 食 米 果

2주 | 상태/행동 한자

速 多 高 公 強 苦 勝 死 合 別 用 計 反 學 讀 班

신유형·신경향·서술형 전략

병원 한자

1 다음 두 사람의 대화를 읽고, 물음에 답하세요.

환자분
㉠病이 좋아지고 있으니
안심하세요.
㉡醫에 입원해서
치료받으니 빨리 좋아진
것 같아요.

❶ 두 사람의 대화에서 밑줄 친 한자의 뜻과 음(소리)을 쓰세요.

• ㉠ 病 → (　　　　　)

• ㉡ 醫 → (　　　　　)

❷ 다음 밑줄 친 낱말에 해당하는 한자를 찾아 ○표 하세요.

이 처방전으로
약을 처방받아 드시면
빨리 나으실 거예요.

弱

藥

Tip

한자 '弱'의 음(소리)은 ❶ [　　](이)고, 한자 '藥'의 뜻은 ❷ [　　] 입니다.

답 ❶ 약 ❷ 약

▶정답 18쪽

생활 한자

2 다음 두 학생의 대화를 읽고, 물음에 답하세요.

인간 생활의
세 가지 기본 요소는
㉠ 衣服과 ㉡ 飮食,
그리고 주택이야.
맞아. 의식주를
편하게 누릴 수 있음에
감사해야 해.

❶ 두 학생의 대화에서 밑줄 친 한자어의 음(소리)을 쓰세요.

- ㉠ 衣服 → (   )
- ㉡ 飮食 → (   )

❷ 다음 그림에서 '의식주'에 해당하지 않는 것을 찾아 ∨표 하세요.

Tip

'사람이 영양과 맛을 위해 먹고 마시는 것'을 [   ](이)라고 합니다.

답 음식

신유형·신경향·서술형 전략

상태 한자

3 다음 한자의 뜻을 아래와 같이 A, B로 나누었을 때, 물음에 답하세요.

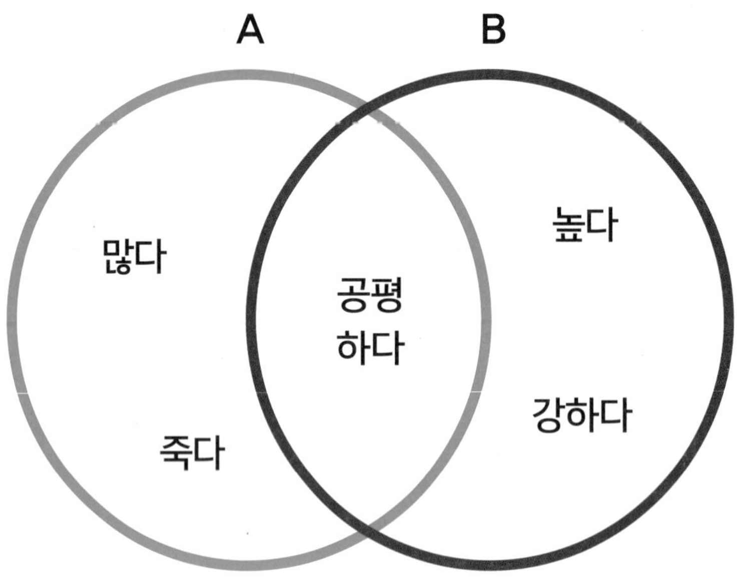

❶ A와 B에 공통으로 들어가는 뜻에 해당하는 한자를 쓰세요.

답 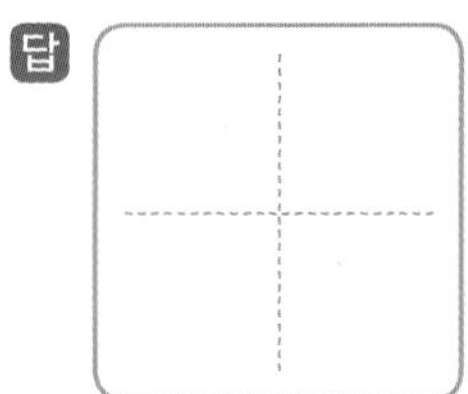

❷ B에 들어 있는 뜻에 해당하는 한자를 각각 보기에서 찾아 그 번호를 쓰세요.

보기			
① 多	② 強	③ 高	④ 死

- 높다 ➜ (　　　　　　)
- 강하다 ➜ (　　　　　　)

Tip

한자 '公'의 뜻은 ❶ [　　] (이)고, 한자 '高'의 뜻은 ❷ [　　] 입니다.

답 ❶ 공평하다 ❷ 높다

▶정답 18쪽

행동 한자

4 다음 보물을 찾을 수 있는 편지를 읽고, 물음에 답하세요.

❶ □에 들어갈 알맞은 한자를 보기에서 찾아 그 번호를 쓰세요.

보기

① 反　　② 班　　③ 用

- □長: 반을 대표하여 일을 맡아보는 학생. ➜ (　　　　)

❷ 한자어 '文學'의 알맞은 음(소리)을 쓰고, 보물에 대한 힌트는 어디에 있는지 한글로 쓰세요.

- 文學 ➜ (　　　　)
- 힌트는 □□의 사물함 속 □□ 교과서 56쪽에 있습니다.

Tip

'반을 대표하여 일을 맡아보는 학생'을 □(이)라고 합니다.

답 반장

적중 예상 전략 1회

[문제 01~02] 다음 밑줄 친 漢字語한자어의 讀音(독음: 읽는 소리)을 쓰세요.

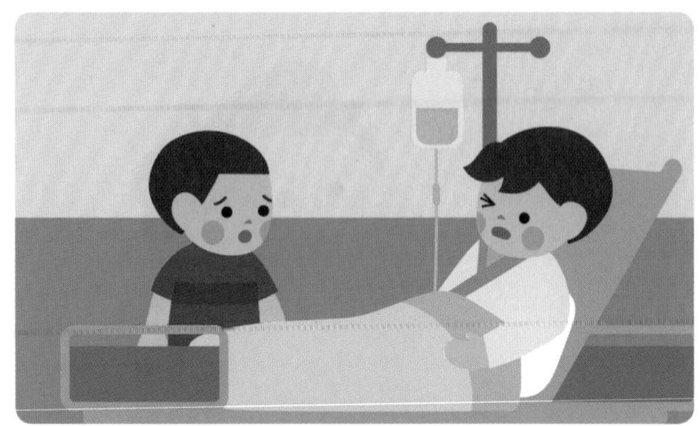

주말에는 친구에게 01 <u>問病</u>을 하러 갔습니다. 많이 02 <u>病弱</u>해진 모습을 보니 마음이 아팠습니다. 푹 쉬고, 약도 잘 먹어서 얼른 나았으면 좋겠습니다.

01 問病 → (　　　　)

02 病弱 → (　　　　)

[문제 03~04] 다음 漢字한자의 訓(훈: 뜻)과 音(음: 소리)을 쓰세요.

03

新

→ (　　　　)

04

飮

→ (　　　　)

▶정답 18쪽

[문제 05~06] 다음 漢字한자와 뜻이 같거나 비슷한 漢字한자를 골라 그 번호를 쓰세요.

05 便: ① 病 ② 果 ③ 安 ④ 弱

➜ (　　　　　)

06 服: ① 新 ② 飮 ③ 目 ④ 衣

➜ (　　　　　)

[문제 07~08] 다음 중 소리는 같으나 뜻이 다른 漢字한자를 골라 그 번호를 쓰세요.

07 醫: ① 目 ② 食 ③ 意 ④ 弱

➜ (　　　　　)

08 食: ① 新 ② 者 ③ 米 ④ 式

➜ (　　　　　)

[문제 09~10] 다음 성어의 (   ) 안에 알맞은 漢字한자를 보기에서 찾아 그 번호를 쓰세요.

보기

① 衣　② 頭
③ 醫　④ 口

09 一(   )二言: 한 입으로 두 말을 한다는 뜻.
→ (　　　　)

10 白(   )民族: '흰옷을 입은 민족'이라는 뜻으로, '한민족'을 이르는 말.
→ (　　　　)

[문제 11~12] 다음 뜻에 맞는 漢字語한자어를 보기에서 찾아 그 번호를 쓰세요.

보기

① 飮食　② 衣服
③ 注目　④ 頭角

11 뛰어난 학식이나 재능을 비유적으로 이르는 말. → (　　　　)

12 몸을 싸서 가리거나 보호하기 위하여 만들어 입는 물건.

→ (　　　　)

▶정답 18쪽

[문제 13~14] **다음 밑줄 친 漢字語한자어를 漢字한자로 쓰세요.**

입하 ➔ 立夏

13 이 의자는 매우 편안합니다.

➔ (   )

14 이번 명절에는 오랜만에 온 식구들이 모이기로 했습니다.

➔ (   )

[문제 15~16] **다음 漢字한자의 짙게 표시한 획은 몇 번째 쓰는 획인지 보기에서 골라 그 번호를 쓰세요.**

① 다섯 번째　　② 여섯 번째
③ 일곱 번째　　④ 여덟 번째

15 醫 (   )

16 服 (   )

적중 예상 전략 2회

[문제 01~02] 다음 밑줄 친 漢字語한자어의 讀音(독음: 읽는 소리)을 쓰세요.

우리 반 01 班長은 책을 무척 좋아합니다. 책을 정독하고, 02 多讀하기 때문에 쉬는 시간에는 늘 책을 읽습니다.

01 班長 → (　　　　　)

02 多讀 → (　　　　　)

[문제 03~04] 다음 漢字한자의 訓(훈: 뜻)과 音(음: 소리)을 쓰세요.

03 死

→ (　　　　　)

04 學

→ (　　　　　)

▶정답 18쪽

[문제 05~06] 다음 漢字한자와 뜻이 같거나 비슷한 漢字한자를 골라 그 번호를 쓰세요.

05 速: ① 勝 ② 反 ③ 急 ④ 強

➜ (　　　　　)

06 計: ① 算 ② 多 ③ 公 ④ 合

➜ (　　　　　)

[문제 07~08] 다음 중 소리는 같으나 뜻이 다른 漢字한자를 골라 그 번호를 쓰세요.

07 強: ① 用 ② 讀 ③ 江 ④ 學

➜ (　　　　　)

08 高: ① 死 ② 苦 ③ 班 ④ 多

➜ (　　　　　)

[문제 09~10] 다음 성어의 (   ) 안에 알맞은 漢字한자를 보기 에서 찾아 그 번호를 쓰세요.

보기
① 死 ② 苦
③ 合 ④ 速

09 高(   )道路: 차의 빠른 통행을 위하여 만든 차 전용의 도로.

→ (   )

10 九(   )一生: 아홉 번 죽을 뻔하다 한 번 살아난다는 뜻으로, 죽을 고비를 여러 차례 넘기고 겨우 살아남음을 이르는 말.

→ (   )

[문제 11~12] 다음 뜻에 맞는 漢字語한자어를 보기 에서 찾아 그 번호를 쓰세요.

보기
① 文學 ② 反感
③ 公式 ④ 死別

11 국가적이나 사회적으로 인정된 공적인 방식. 또는 틀에 박힌 형식이나 방식.

→ (   )

12 자신의 감정이나 생각을 글로 표현한 예술. 또는 그런 작품.

→ (   )

▶정답 18쪽

[문제 13~14] 다음 밑줄 친 漢字語한자어를 漢字한자로 쓰세요.

식구 ➜ 食口

13 오늘도 친구들과 함께 등교합니다.

➜ (   )

14 여동생은 산수를 잘해서 복잡한 계산도 금방 해냅니다.

➜ (   )

[문제 15~16] 다음 漢字한자의 짙게 표시한 획은 몇 번째 쓰는 획인지 보기에서 골라 그 번호를 쓰세요.

① 여섯 번째 ② 일곱 번째
③ 여덟 번째 ④ 아홉 번째

15  (   )

16 別 (   )

교과 학습 한자어 전략

교과 학습 한자어 01

완 승

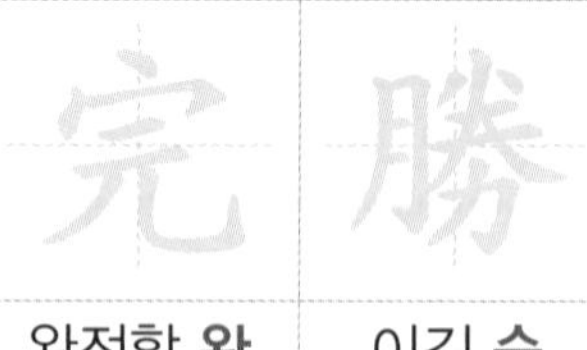

뜻 완전하게 또는 여유 있게 이김. 또는 그런 승리.

어제 배구 경기에서 우리나라는 일본을 상대로 3대 0으로 完勝(완승)했습니다.

심화 한자 1 부수 宀 | 총 7획

완전할 완

'완전하다'라는 뜻을 가진 한자예요. 집을 잘 수리하여 완성했다는 데서 '완전함'이라는 뜻을 갖게 되었어요.

完 完
완전할 완 완전할 완

쓰는 순서 丶 丶 宀 宀 宀 宇 完

교과 학습 한자어 02

합 판

뜻 나뭇결이 서로 엇갈리게 여러 겹 붙여 만든 널빤지.

쓰다 남은 合板(합판) 조각을 재활용하여 고양이 집을 만들었습니다.

심화 한자 2 부수 木 | 총 8획

널 판

'널빤지'나 '판목'이라는 뜻을 가진 한자예요. 넓적한 나무의 판자라는 뜻을 갖게 되었어요.

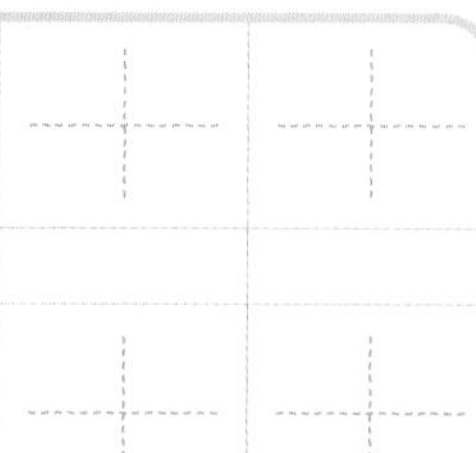

쓰는 순서 一 十 才 木 木 杧 板 板

교과 학습 한자어 03

이목

耳	目
귀 이	눈 목

반장의 화려한 축구 실력은 친구들의 耳目(이목)을 끌었습니다.

뜻 귀와 눈을 아울러 이르는 말.

심화 한자 3 부수 耳 | 총 6획

耳

귀 이

'귀'라는 뜻을 가진 한자예요. 귀의 모양을 본떠 '귀'라는 뜻을 갖게 되었어요.

耳	耳			
귀 이	귀 이			

쓰는 순서 一 丅 下 F E 耳

교과 학습 한자어 04

선별

選	別
가릴 선	다를/나눌 별

오늘은 특별하게 選別(선별)된 재료로 요리를 하였습니다.

뜻 사물이나 정보를 가려내는 것.

심화 한자 4 부수 辵(辶) | 총 16획

選

가릴 선

'가리다'나 '뽑다', '고르다'라는 뜻을 가진 한자예요. 여러 사람 중의 하나를 고른다는 의미에서 이러한 뜻을 갖게 되었어요.

選	選			
가릴 선	가릴 선			

쓰는 순서 (16획) … 選

교과 학습 한자어 05

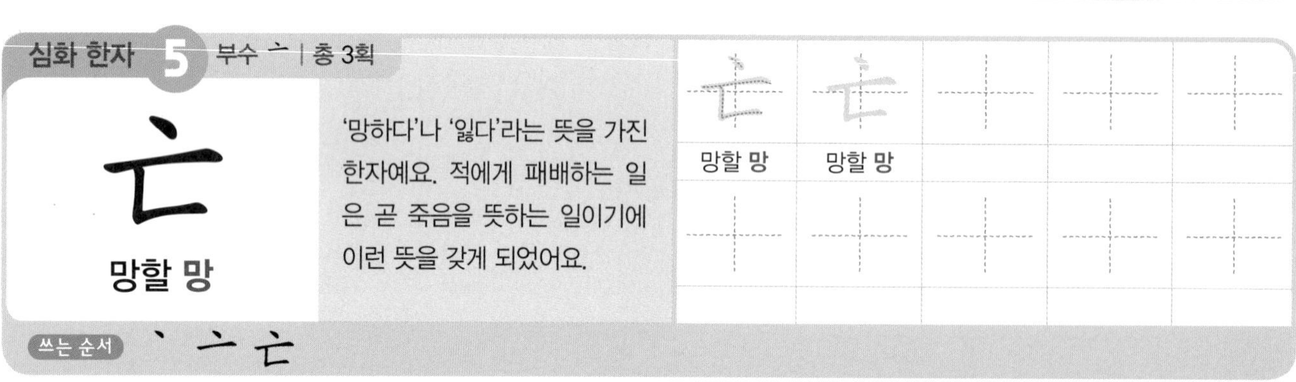

사 망
死 亡
죽을 사
망할 망
그의 死亡(사망) 소식을 들은 사람들은 슬픔을 감추지 못했습니다.

뜻 사람이 죽음.

심화 한자 5 부수 亠 | 총 3획

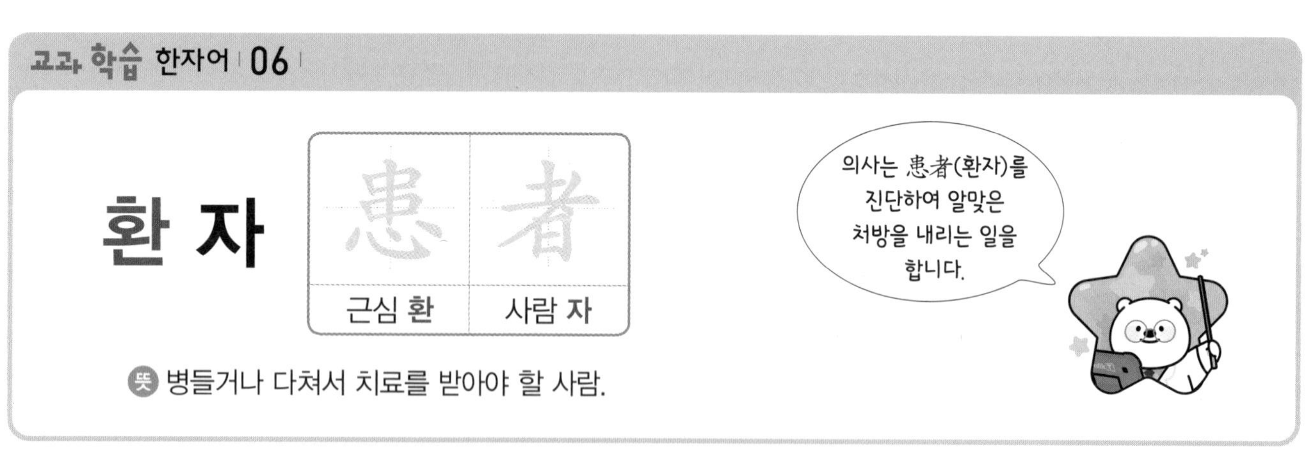

'망하다'나 '잃다'라는 뜻을 가진 한자예요. 적에게 패배하는 일은 곧 죽음을 뜻하는 일이기에 이런 뜻을 갖게 되었어요.

쓰는 순서 丶 亠 亡

교과 학습 한자어 06

환 자
患 者
근심 환
사람 자
의사는 患者(환자)를 진단하여 알맞은 처방을 내리는 일을 합니다.

뜻 병들거나 다쳐서 치료를 받아야 할 사람.

심화 한자 6 부수 心 | 총 11획

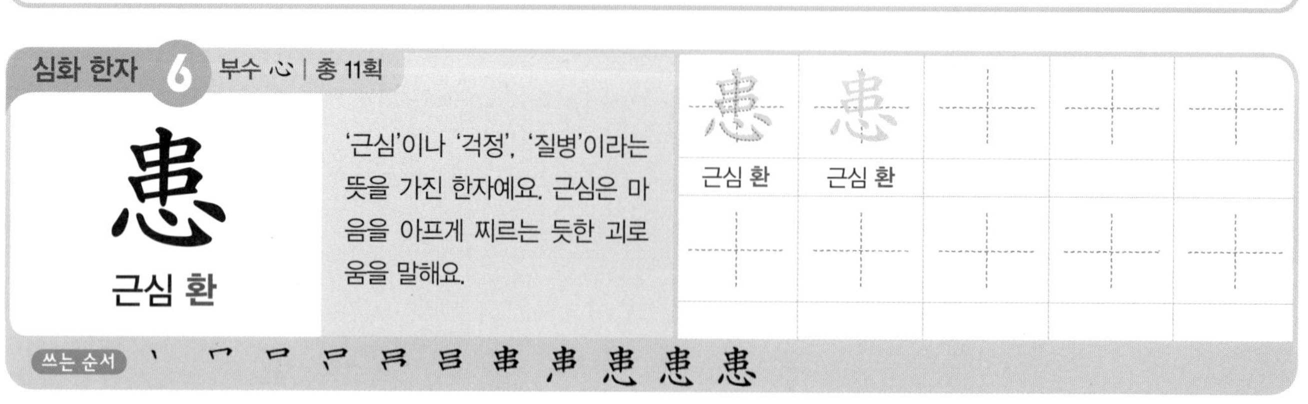

'근심'이나 '걱정', '질병'이라는 뜻을 가진 한자예요. 근심은 마음을 아프게 찌르는 듯한 괴로움을 말해요.

쓰는 순서 (획순 11단계)

▶정답 18쪽

1 다음 낱말 퍼즐을 푸세요.

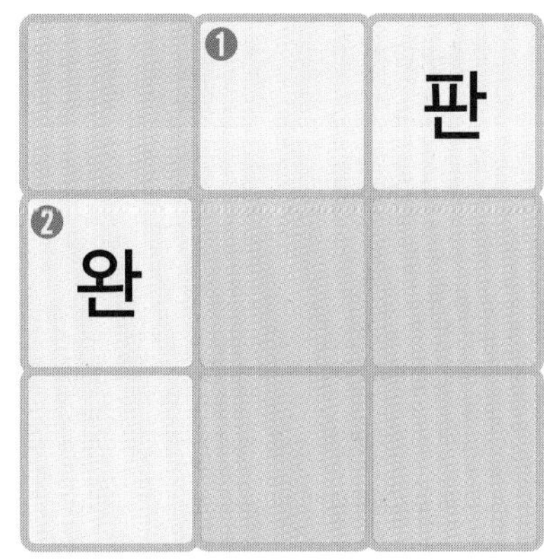

❶
판
❷
완

가로 열쇠

❶ 나뭇결이 서로 엇갈리게 여러 겹 붙어 만든 널빤지.

세로 열쇠

❷ 완전하게 또는 여유 있게 이김. 또는 그런 승리.

2 다음 뜻에 해당하는 한자어를 찾아 ∨표 하세요.

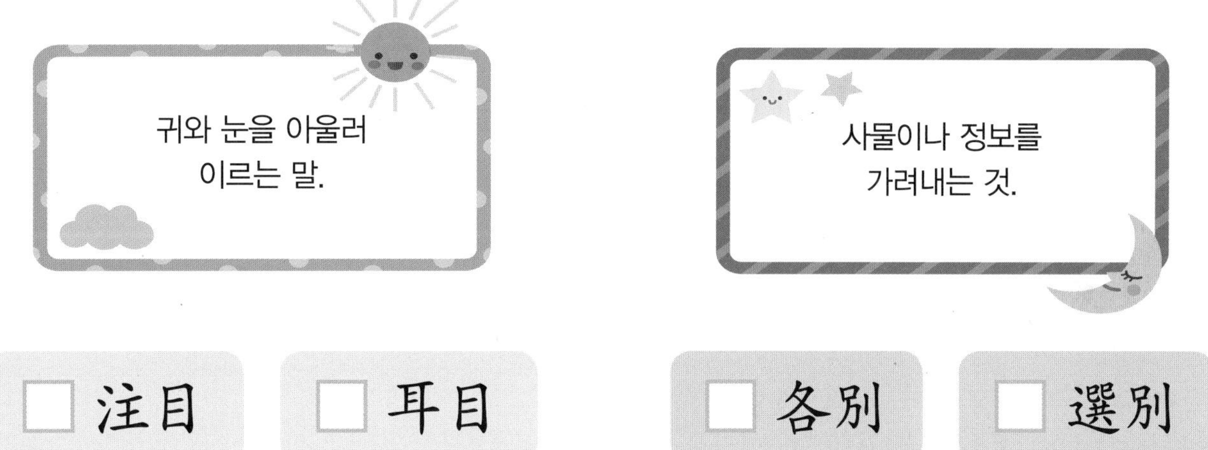

귀와 눈을 아울러
이르는 말.
사물이나 정보를
가려내는 것.
□ 注目
□ 耳目
□ 各別
□ 選別

3 다음 뜻에 해당하는 한자어를 찾아 선으로 이으세요.

사람이 죽음.
병들거나
다쳐서 치료를
받아야 할 사람.
死亡
患者

학습 내용 찾아보기

한자

ㄱ

強(강할 강) 46
計(셀 계) 50
高(높을 고) 44
苦(쓸 고) 46
公(공평할 공) 44
果(실과 과) 18
口(입 구) 12

ㄷ

多(많을 다) 44
讀(읽을 독|구절 두) 52
頭(머리 두) 12

ㅁ

亡(망할 망) 92
目(눈 목) 12
米(쌀 미) 18

ㅂ

班(나눌 반) 52
反(돌이킬/돌아올 반) 52
別(다를/나눌 별) 50
病(병 병) 10
服(옷 복) 16

ㅅ

死(죽을 사) 46
選(가릴 선) 91
速(빠를 속) 44
勝(이길 승) 46
食(밥/먹을 식) 18
新(새 신) 16

ㅇ

藥(약 약) 10
弱(약할 약) 12
完(완전할 완) 90
用(쓸 용) 50
飮(마실 음) 18
衣(옷 의) 16
醫(의원 의) 10
耳(귀 이) 91

ㅈ

者(사람 자) 10

ㅍ

板(널 판) 90
便(편할 편|똥오줌 변) 16

ㅎ

學(배울 학) 52
合(합할 합) 50
患(근심 환) 92

한자어

ㄱ

強力(강력) 57
苦生(고생) 57
高速(고속) 56
公式(공식) 56

ㄷ

多讀(다독) 56
頭角(두각) 22

ㅁ

問病(문병) 23
文學(문학) 59
米飮(미음) 25

ㅂ

反感(반감) 59
班長(반장) 59
病弱(병약) 23
服用(복용) 58

ㅅ

死亡(사망) 92
死別(사별) 58
選別(선별) 91
成果(성과) 25
速度(속도) 56
勝利(승리) 57
食口(식구) 25
新年(신년) 24

ㅇ

藥果(약과) 22
弱者(약자) 23
完勝(완승) 90
飮食(음식) 25
衣服(의복) 24
醫藥(의약) 22
耳目(이목) 91

ㅈ

注目(주목) 23

ㅍ

便安(편안) 24

ㅎ

合計(합계) 58
合同(합동) 58
合板(합판) 90
患者(환자) 92

국립중앙박물관

전편

39쪽 세한도
https://www.museum.go.kr/site/main/relic/recommend/view?relicRecommendId=623104

메 모

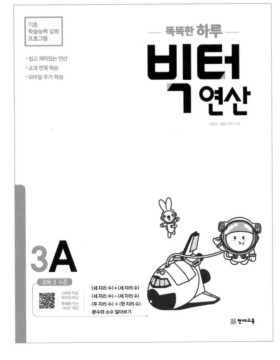

뭘 좋아할지 몰라 다 준비했어♥ # 전과목 교재

전과목 시리즈 교재

●우등생 해법시리즈

- 국어/수학 1~6학년, 학기용
- 사회/과학 3~6학년, 학기용
- 봄·여름/가을·겨울 1~2학년, 학기용
- SET(전과목/국수, 국사과) 1~6학년, 학기용

●똑똑한 하루 시리즈

- 똑똑한 하루 독해 예비초~6학년, 총 14권
- 똑똑한 하루 글쓰기 예비초~6학년, 총 14권
- 똑똑한 하루 어휘 예비초~6학년, 총 14권
- 똑똑한 하루 한자 예비초~6학년, 총 14권
- 똑똑한 하루 수학 1~6학년, 학기용
- 똑똑한 하루 계산 예비초~6학년, 총 14권
- 똑똑한 하루 도형 예비초~6학년, 총 8권
- 똑똑한 하루 사고력 1~6학년, 학기용
- 똑똑한 하루 사회/과학 3~6학년, 학기용
- 똑똑한 하루 봄/여름/가을/겨울 1~2학년, 총 8권
- 똑똑한 하루 안전 1~2학년, 총 2권
- 똑똑한 하루 Voca 3~6학년, 학기용
- 똑똑한 하루 Reading 초3~초6, 학기용
- 똑똑한 하루 Grammar 초3~초6, 학기용
- 똑똑한 하루 Phonics 예비초~초등, 총 8권

●독해가 힘이다 시리즈

- 초등 문해력 독해가 힘이다 비문학편 3~6학년
- 초등 수학도 독해가 힘이다 1~6학년, 학기용
- 초등 문해력 독해가 힘이다 문장제수학편 1~6학년, 총 12권

영어 교재

●초등영어 교과서 시리즈

파닉스(1~4단계) 3~6학년, 학년용

명단어(1~4단계) 3~6학년, 학년용

●LOOK BOOK 명단어 3~6학년, 단행본

●원서 읽는 LOOK BOOK 명단어 3~6학년, 단행본

국가수준 시험 대비 교재

●해법 기초학력 진단평가 문제집 2~6학년·중1 신입생, 총 6권

급수 한자 필수 학습!
탄탄하게 다져두자!

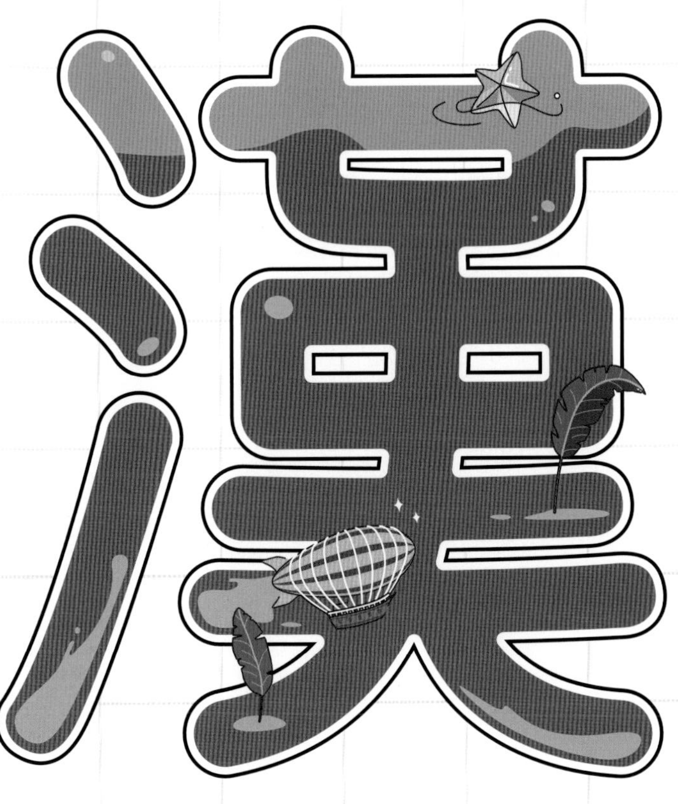

급수 한자

정답과 부록

5단계 B

6급 ②

천재교육

모르는 문제는
확실하게
알고 가자!

- 정답 전편 2～10쪽
- 후편 10～18쪽
- 급수 한자 쓰기장 6급 19～56쪽
- 한자능력검정시험 모의평가 57～64쪽

5단계 B 6급 ②

정답

전편

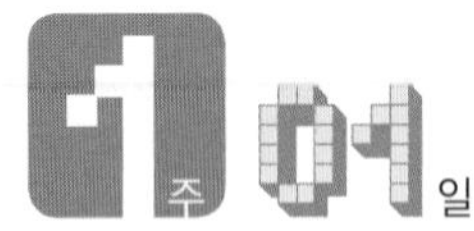

급수 한자 돌파 전략 ❶ 한자 기초 확인 13, 15쪽

1

2

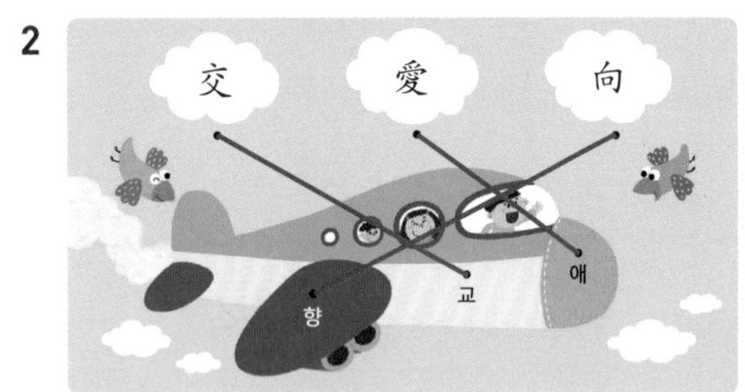

3

4

급수 한자 돌파 전략 ❷ 16~17쪽

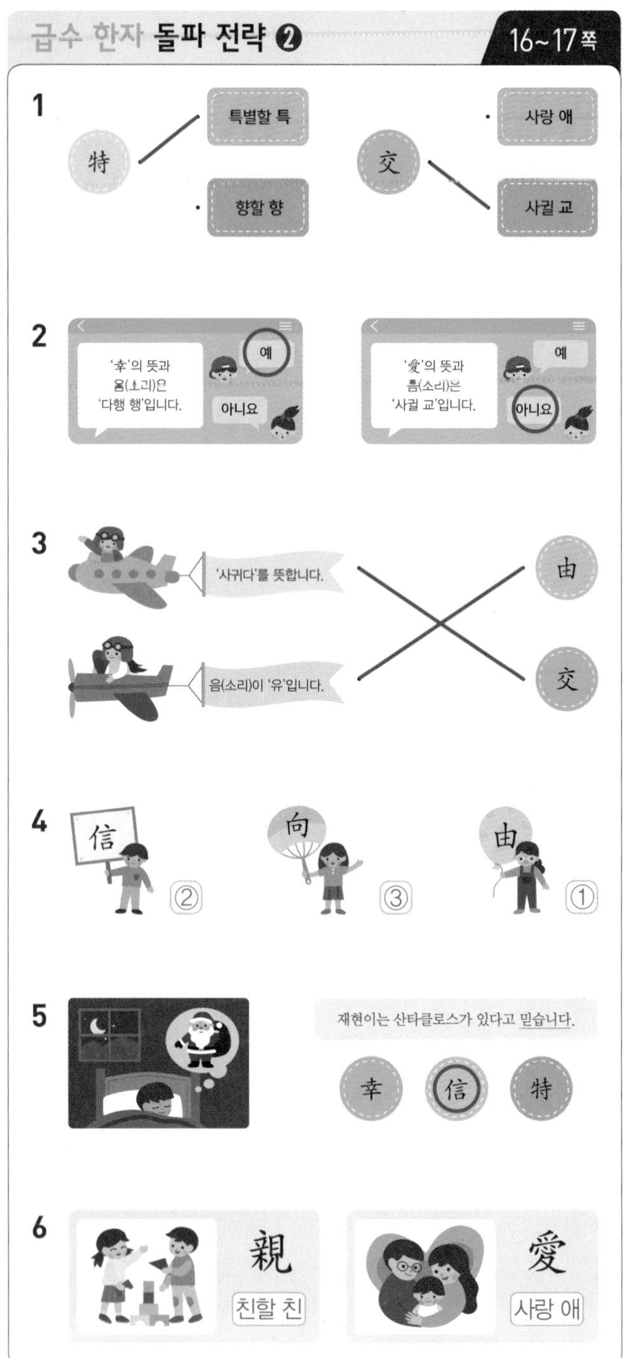

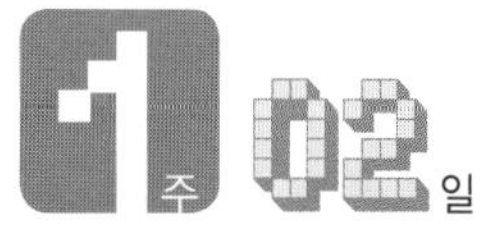
1주 02일

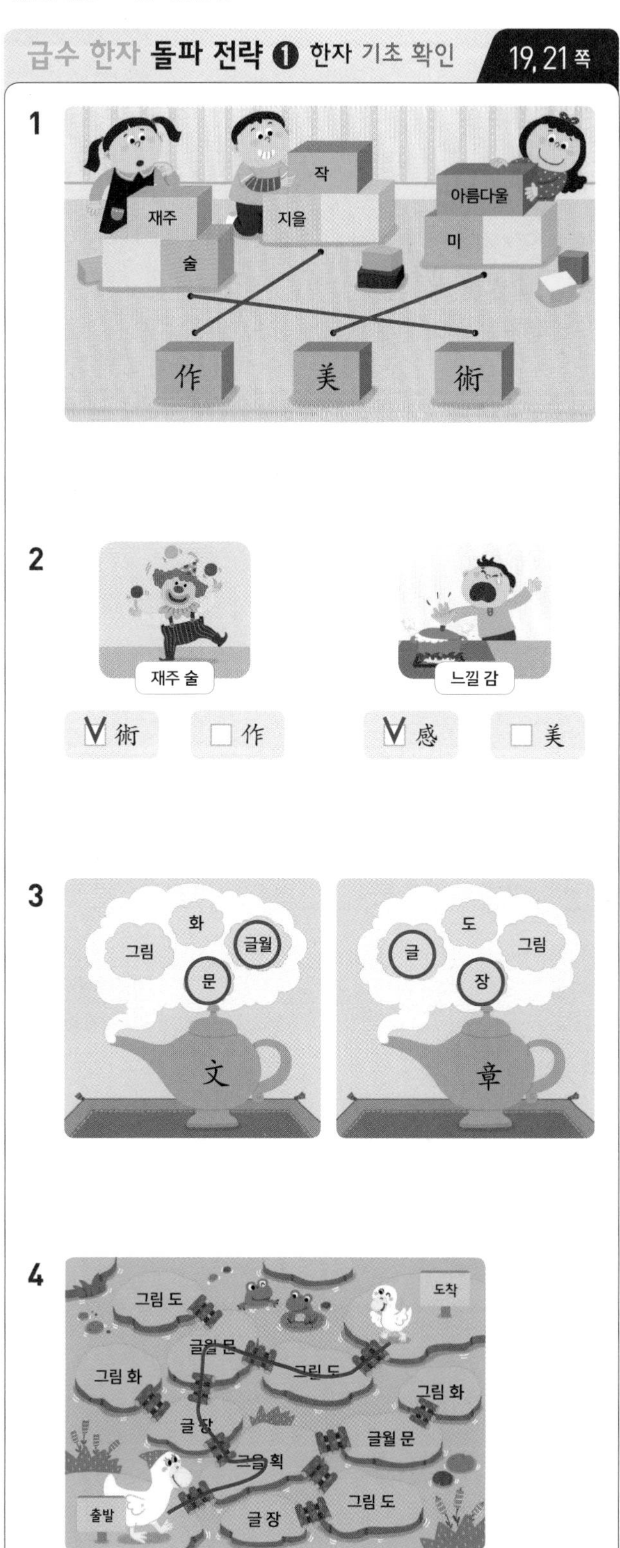
급수 한자 돌파 전략 ❶ 한자 기초 확인
19, 21쪽
1
작
재주
지을
아름다울
술
미
作
美
術
2
재주 술
느낄 감
V 術
作
V 感
美
3
그림
화
글월
문
文
글
도
그림
장
章
4
그림 도
도착
글월 문
그림 도
그림 화
그림 화
글 장
글월 문
그을 획
그림 도
출발
글 장

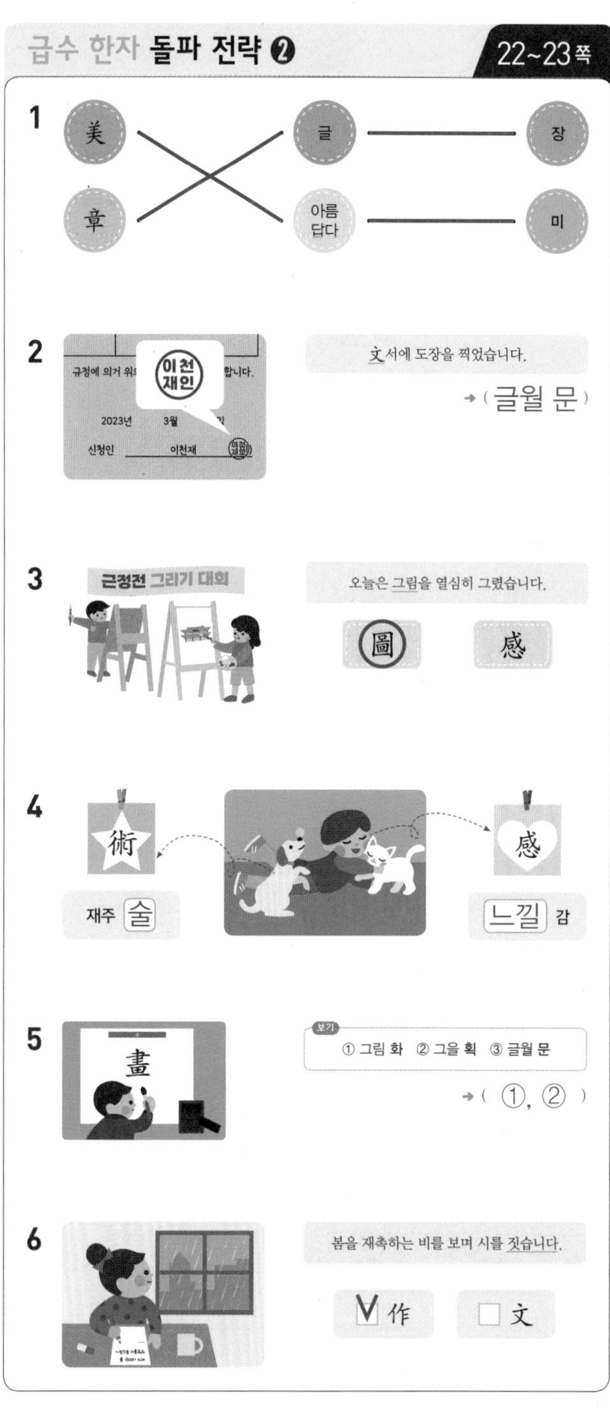
급수 한자 돌파 전략 ❷
22~23쪽
1
美
글
장
章
아름답다
미
2
이천재인
文서에 도장을 찍었습니다.
→ (글월 문)
3
근정전 그리기 대회
오늘은 그림을 열심히 그렸습니다.
圖
感
4
術
感
재주 술
느낄 감
5
畫
보기
① 그림 화 ② 그을 획 ③ 글월 문
→ (①, ②)
6
봄을 재촉하는 비를 보며 시를 짓습니다.
V 作
文

1주 03일

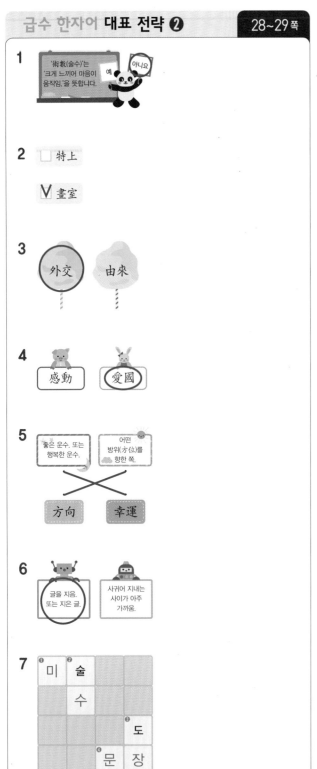

급수 한자어 대표 전략 ❷ 28~29쪽

1

2 □ 特上

☑ 晝室

3 (外交) 由來

4 感動 (愛國)

5
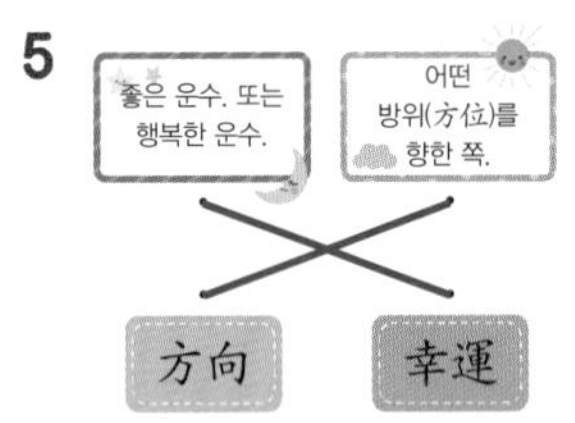

6

7

1주 04일

급수 시험 체크 전략 ❶ 30~33쪽

필수 예제 01

(1) 외교 (2) 방향 (3) 행운 (4) 미술

필수 예제 02

(1) 말미암을 유 (2) 아름다울 미 (3) 글 장 (4) 느낄 감

필수 예제 03

(1) ③ (2) ① (3) ③ (4) ②

필수 예제 04

(1) ③ (2) ① (3) ② (4) ④

급수 시험 체크 전략 ❷ 34~35쪽

1 애국

2 작문

3 믿을 신

4 친할 친

5 ①

6 ③

7 ④

8 ③

누구나 만점 전략 36~37쪽

01 感 特 (特에 ○)

02 幸 다행 행

03 친근

04 ③

05 ①

06 由來 (○) 方向

07 ②, ③

08 ②

09 ③

10 그림 도

창의•융합•코딩 전략 ❶ 38~39쪽

1 방향

2 여러 사람의 감상을 쓴 (文章 圖章)이 덧붙여져 있습니다. (文章에 ○)

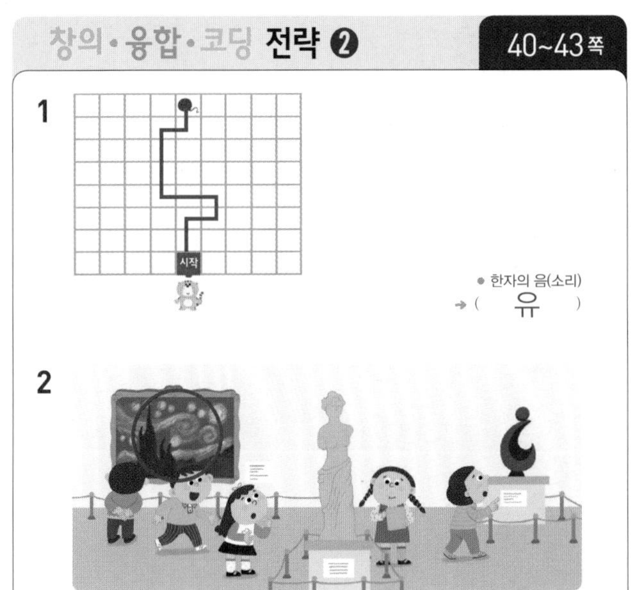

창의•융합•코딩 전략 ❷ 40~43쪽

1

• 한자의 음(소리) → (유)

2

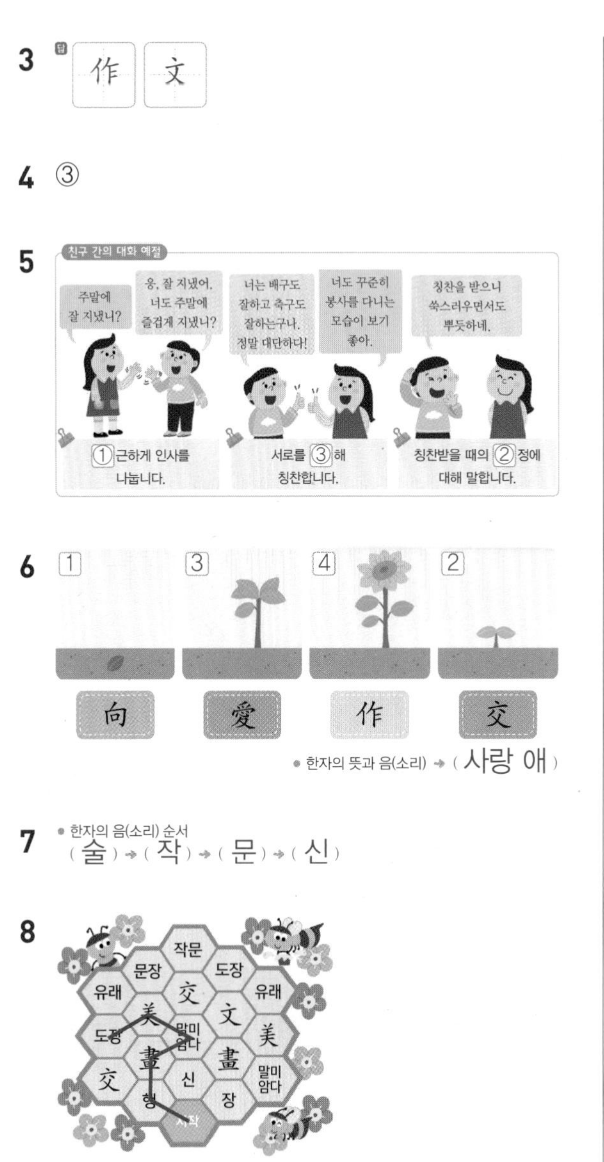

3 作 文

4 ③

5

6 1 3 4 2

向 愛 作 交

• 한자의 뜻과 음(소리) → (사랑 애)

7 • 한자의 음(소리) 순서

(술) → (작) → (문) → (신)

8

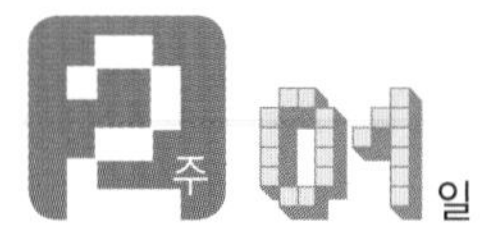

급수 한자 돌파 전략 ❶ 한자 기초 확인 47, 49쪽

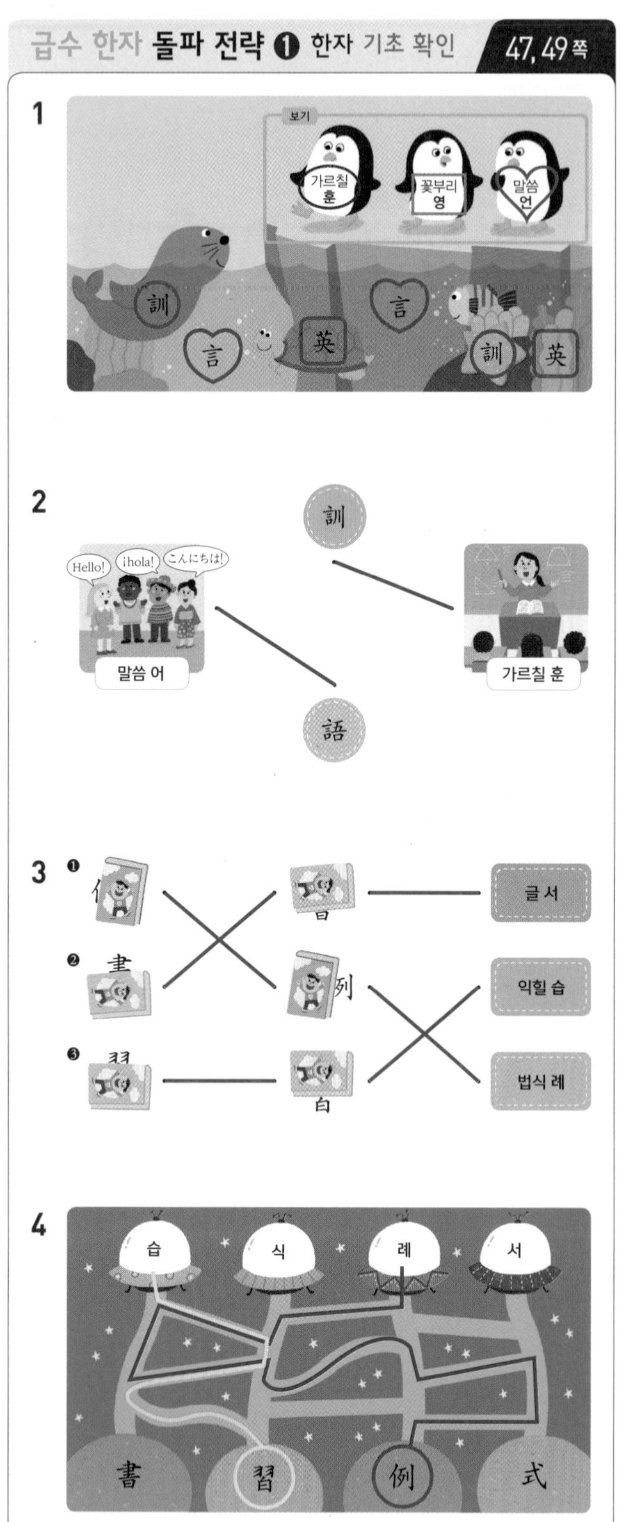

급수 한자 돌파 전략 ❷ 50~51쪽

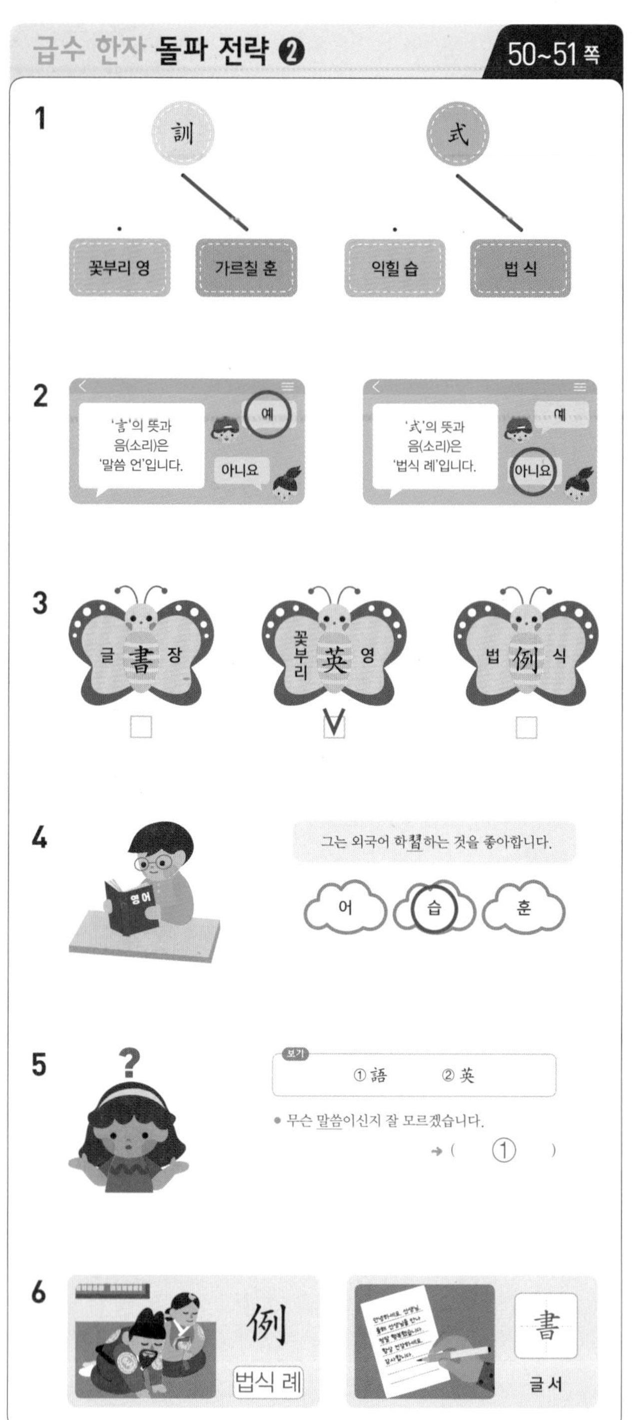

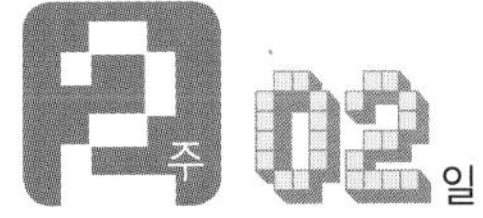

급수 한자 돌파 전략 ① 한자 기초 확인 53, 55쪽

1

2

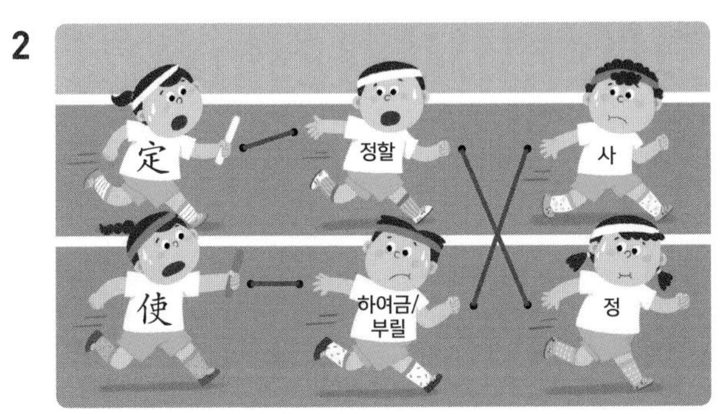

3

4

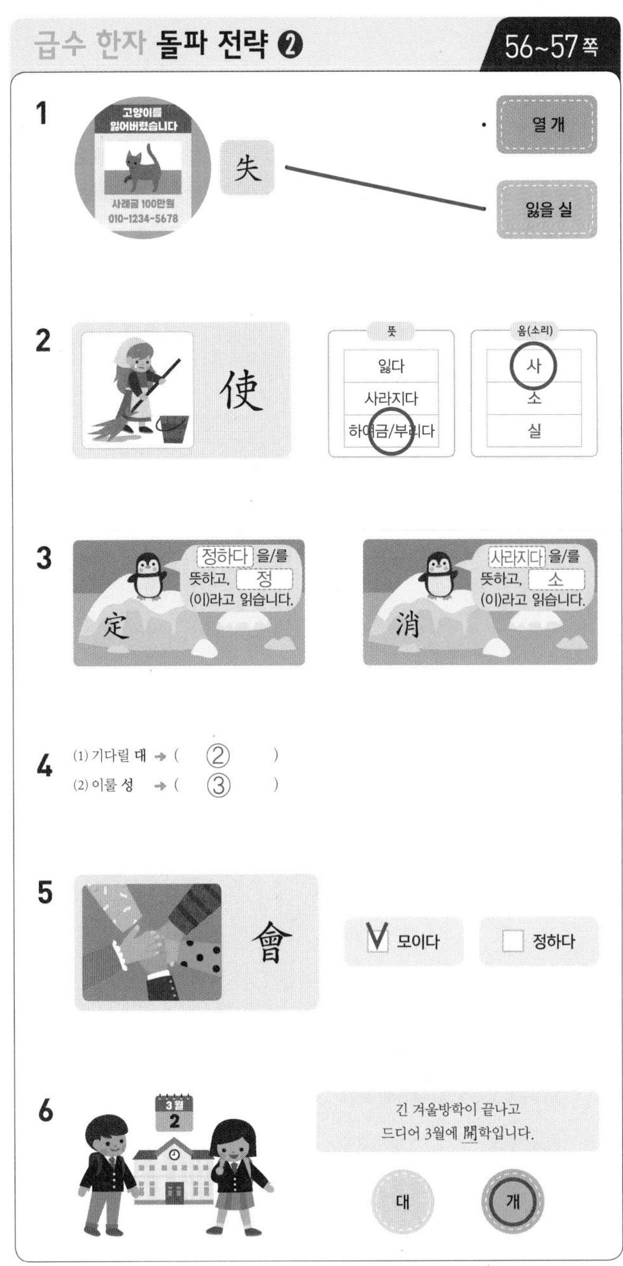

정답

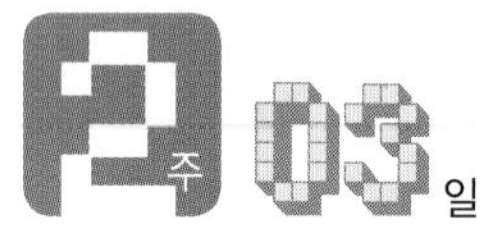

급수 한자어 대표 전략 ❷ 62~63쪽

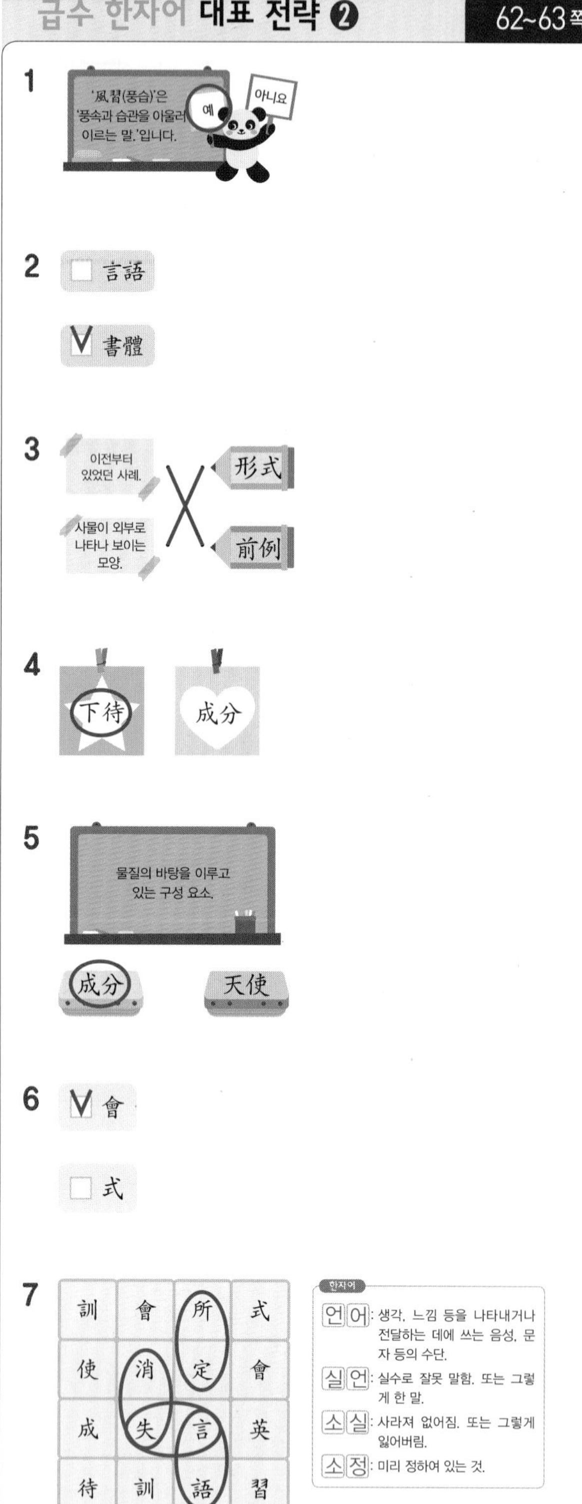

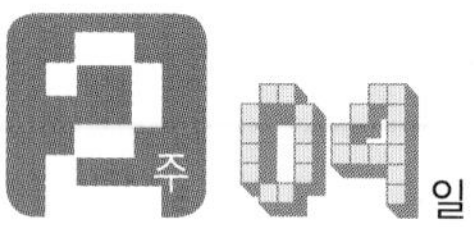

급수 시험 체크 전략 ❶ 64~67쪽

필수 예제 01

(1) 전례 (2) 하대 (3) 천사 (4) 실언

필수 예제 02

(1) 사라질 소 (3) 글 서
(2) 말씀 언 (4) 열 개

필수 예제 03

(1) ③ (2) ① (3) ③ (4) ①

필수 예제 04

(1) ④ (2) ③ (3) ② (4) ①

급수 시험 체크 전략 ❷ 68~69쪽

1 교훈
2 성분
3 정할 정
4 하여금 사, 부릴 사
5 ③
6 ④
7 ①
8 ④

누구나 만점 전략 70~71쪽

01 語 英
02 成 이룰 성
06 失言 消失

03 교훈

04 ③

05 ①

07 ①, ③

08 ③

09 ①

10 잃을 실

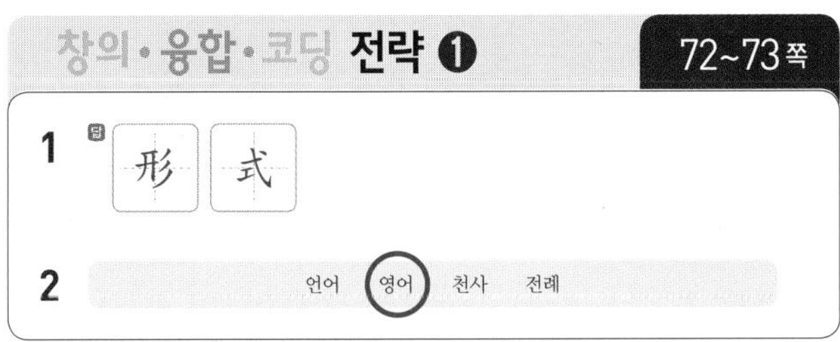
창의·융합·코딩 전략 ❶
72~73쪽
1 形 式
2 언어 영어 천사 전례

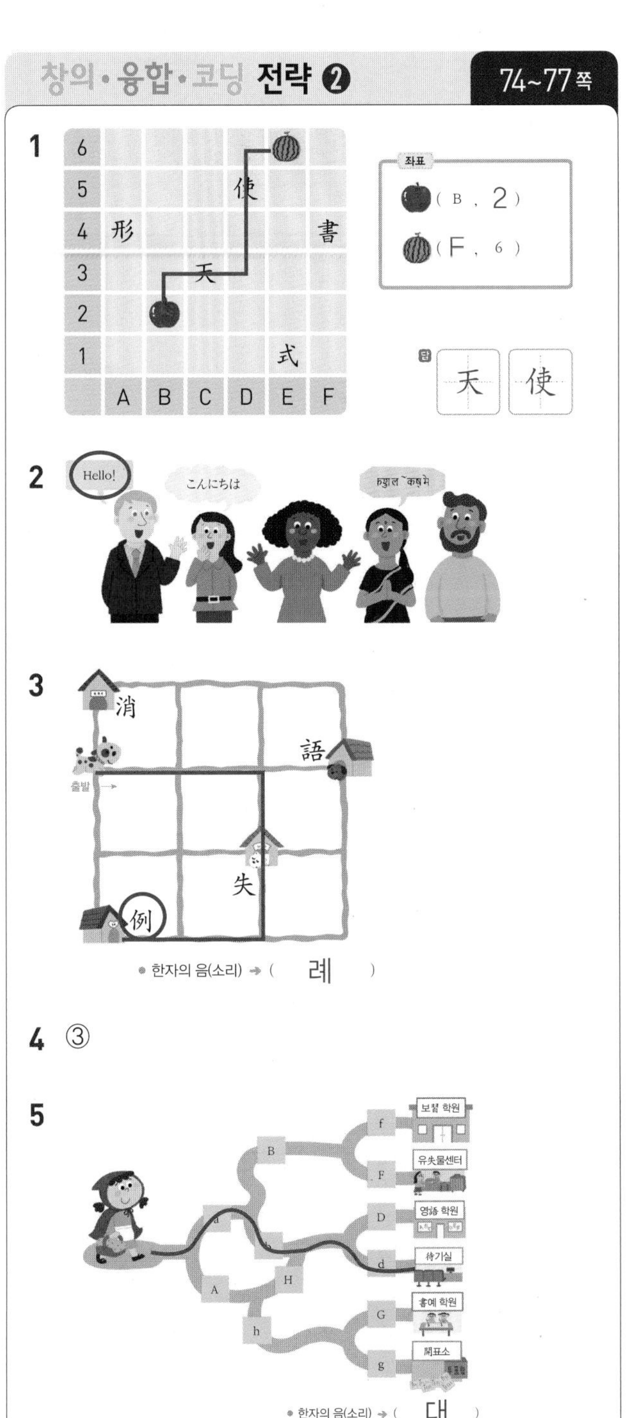
창의·융합·코딩 전략 ❷
74~77쪽
1
좌표
(B , 2)
(F , 6)
天 使
2
Hello!
こんにちは
3
消
語
失
例
출발
● 한자의 음(소리) → (례)
4 ③
5
보람 학원
유失물센터
영語 학원
待기실
書예 학원
開표소
● 한자의 음(소리) → (대)

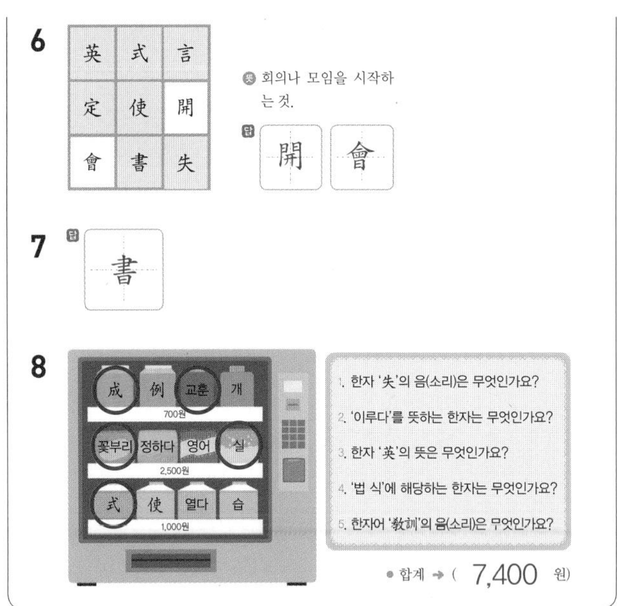
6
英 式 言
定 使 開
會 書 失
뜻 회의나 모임을 시작하는 것.
開 會
7 書
8
成 例 교훈 개
700원
꽃부리 정하다 영어 실
2,500원
式 使 열다 合
1,000원
1. 한자 '失'의 음(소리)은 무엇인가요?
2. '이루다'를 뜻하는 한자는 무엇인가요?
3. 한자 '英'의 뜻은 무엇인가요?
4. '법 식'에 해당하는 한자는 무엇인가요?
5. 한자어 '敎訓'의 음(소리)은 무엇인가요?
● 합계 → (7,400 원)

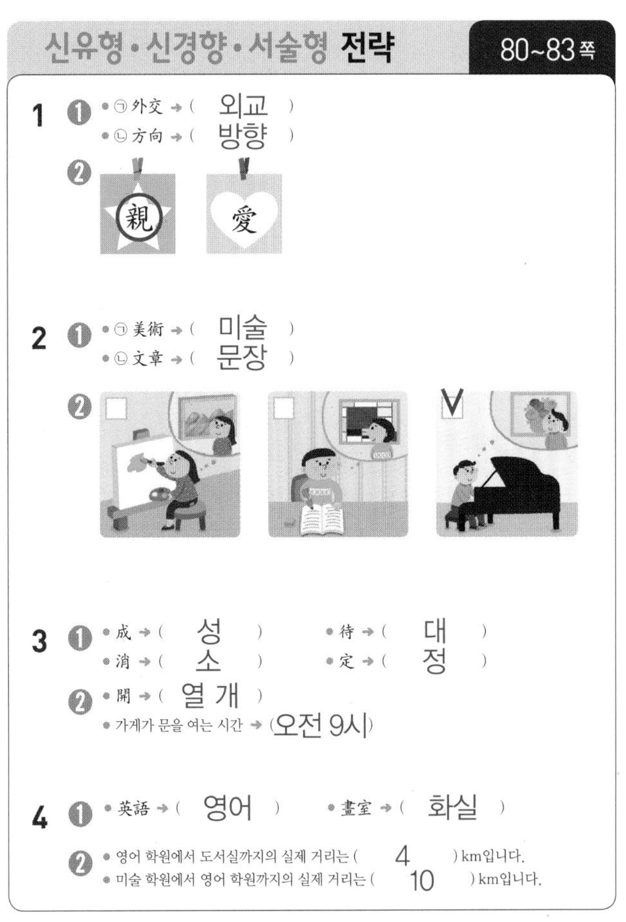
신유형·신경향·서술형 전략
80~83쪽
1 ❶ ● ㉠ 外交 → (외교)
● ㉡ 方向 → (방향)
❷ 親 愛
2 ❶ ● ㉠ 美術 → (미술)
● ㉡ 文章 → (문장)
❷ V
3 ❶ ● 成 → (성) ● 待 → (대)
● 消 → (소) ● 定 → (정)
❷ ● 開 → (열 개)
● 가게가 문을 여는 시간 → (오전 9시)
4 ❶ ● 英語 → (영어) ● 畫室 → (화실)
❷ ● 영어 학원에서 도서실까지의 실제 거리는 (4) km입니다.
● 미술 학원에서 영어 학원까지의 실제 거리는 (10) km입니다.

정답

적중 예상 전략 1회 84~87쪽

01 친근
02 행운
03 사랑 애
04 그림 도
05 ③
06 ②
07 ①
08 ④
09 ④
10 ③
11 ④
12 ①
13 氣力
14 學校
15 ③
16 ②

적중 예상 전략 2회 88~91쪽

01 개회
02 전례
03 하여금 사, 부릴 사
04 사라질 소
05 ①
06 ④
07 ③
08 ①
09 ④
10 ①
11 ④
12 ①
13 立夏
14 活火山
15 ②
16 ④

교과 학습 한자어 전략 94~95쪽

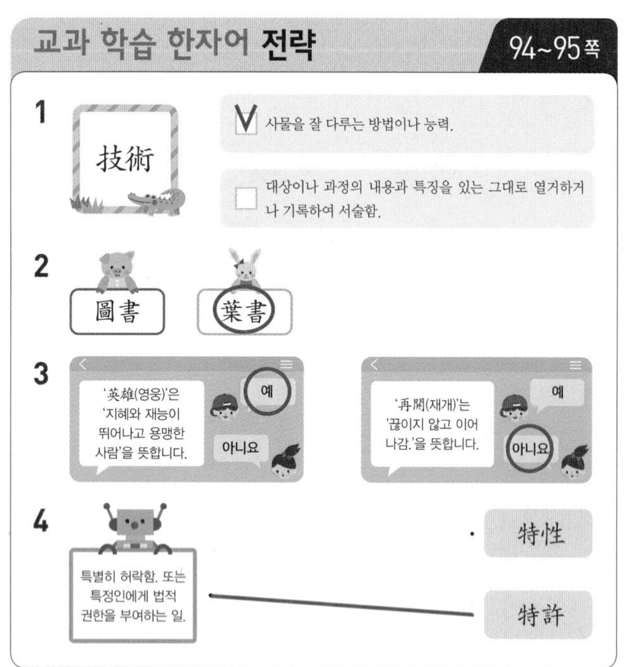

1
技術
V 사물을 잘 다루는 방법이나 능력.
대상이나 과정의 내용과 특징을 있는 그대로 열거하거나 기록하여 서술함.
2
圖書
葉書
3
'英雄(영웅)'은 '지혜와 재능이 뛰어나고 용맹한 사람'을 뜻합니다.
예
아니요
'再開(재개)'는 '끊이지 않고 이어 나감.'을 뜻합니다.
예
아니요
4
특별히 허락함. 또는 특정인에게 법적 권한을 부여하는 일.
特性
特許

후편 1주 01일

급수 한자 돌파 전략 ❶ 한자 기초 확인 11, 13쪽

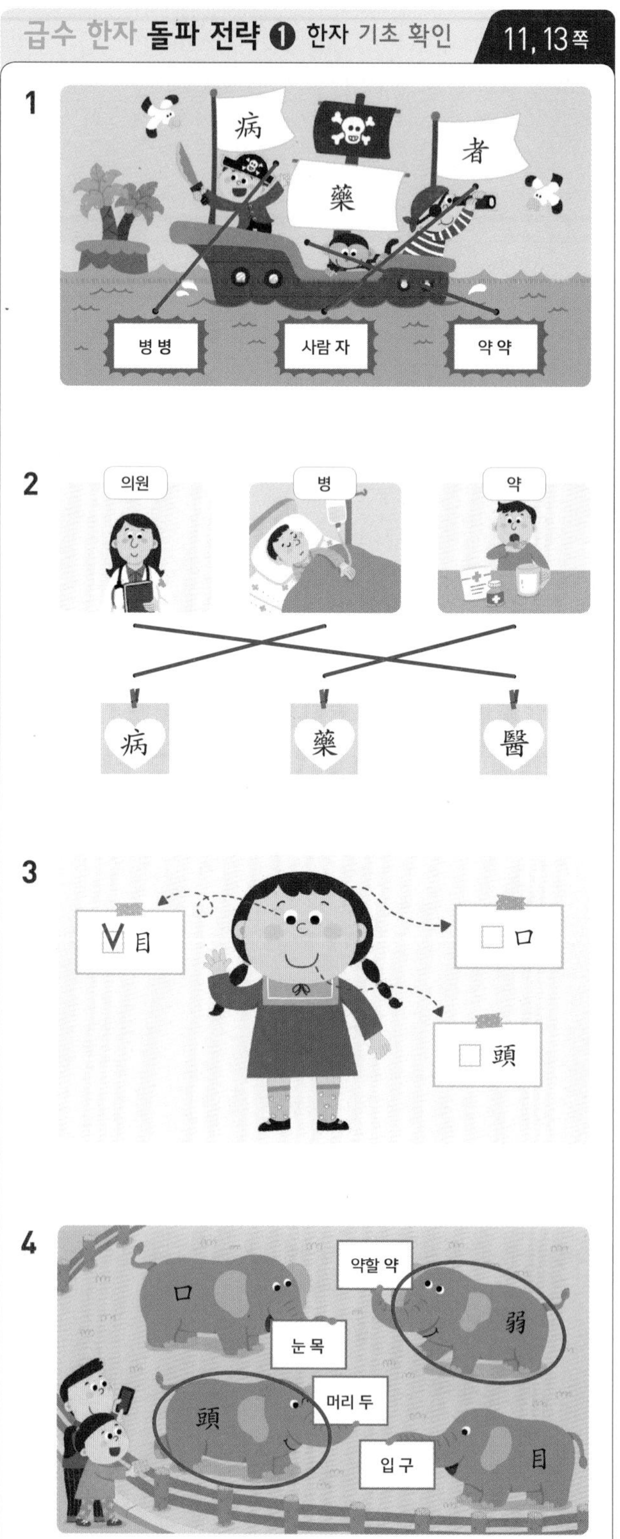

급수 한자 돌파 전략 ❷ 14~15쪽

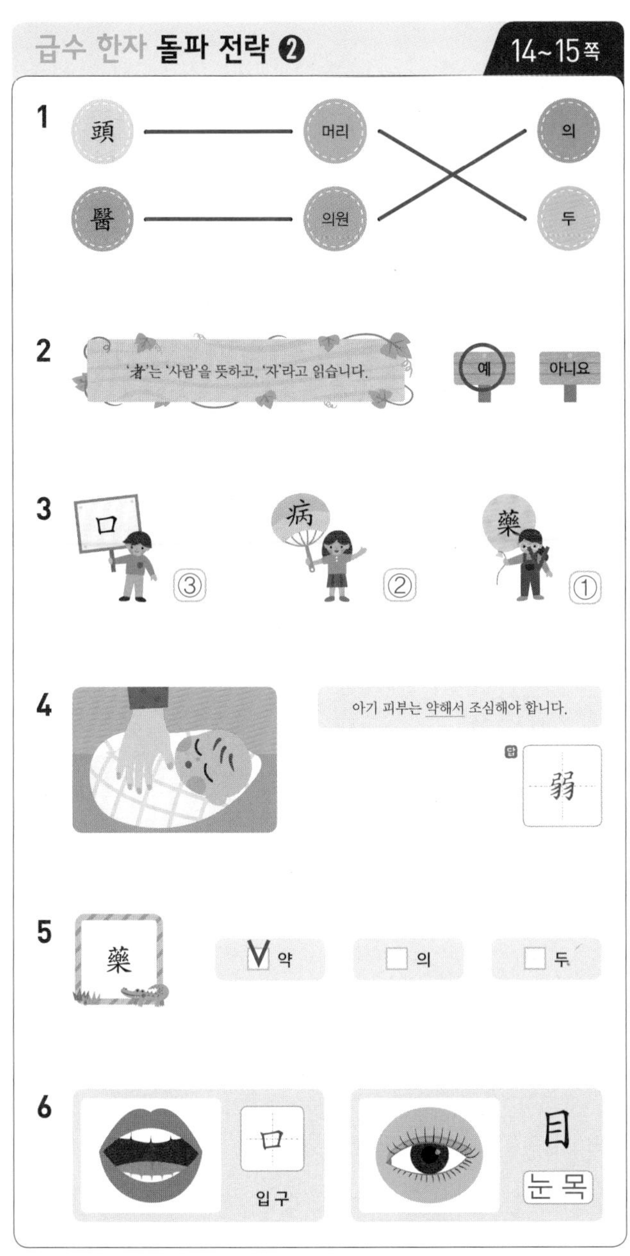

1주 02일

급수 한자 돌파 전략 ❶ 한자 기초 확인 17, 19쪽

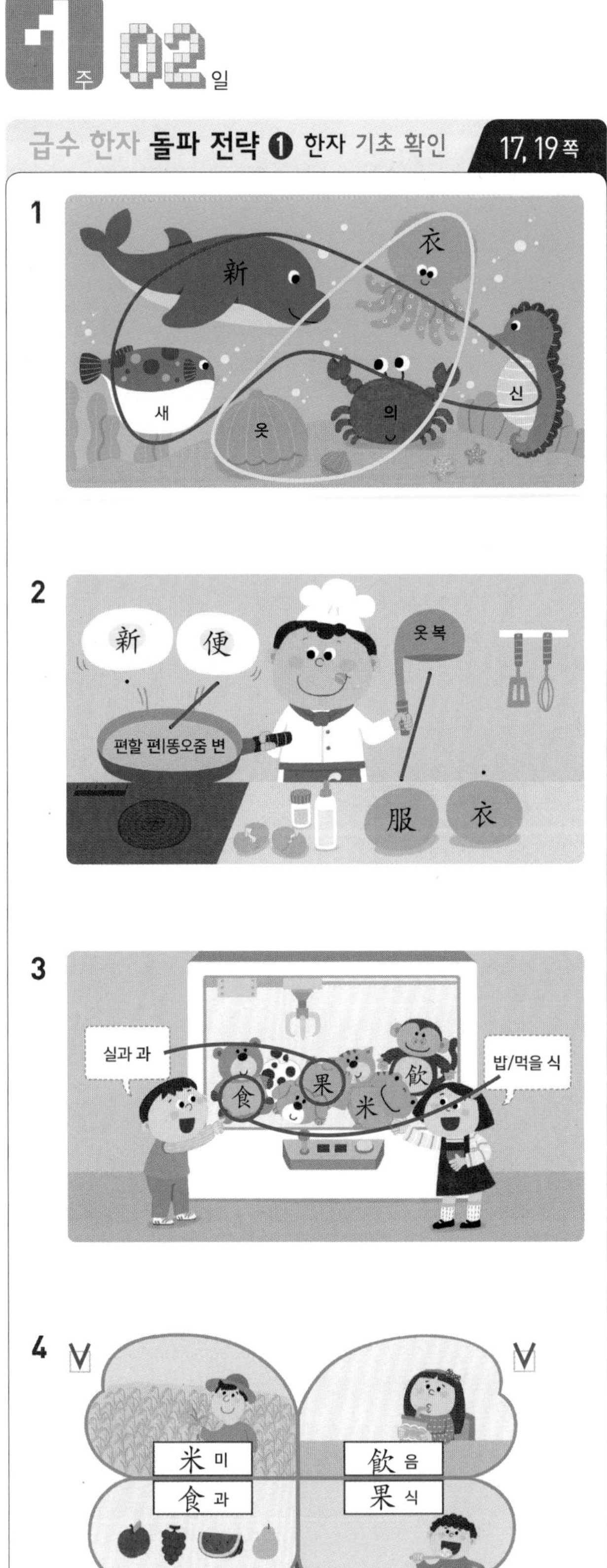

급수 한자 돌파 전략 ❷ 20~21쪽

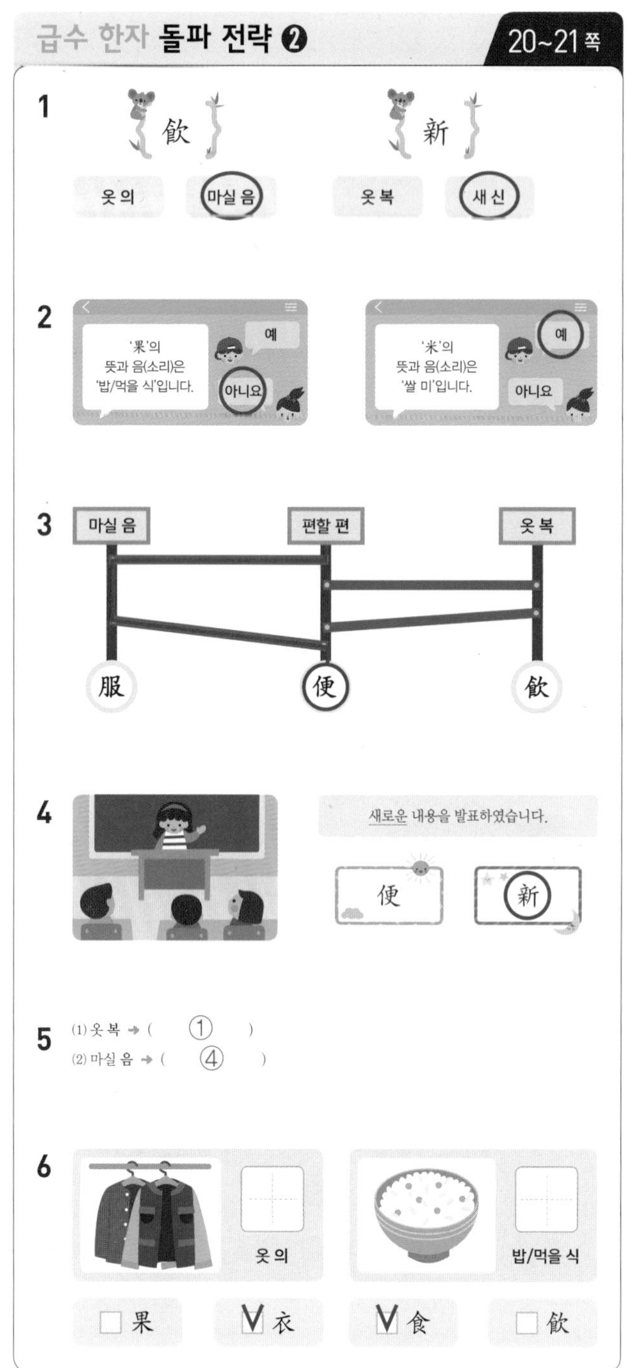

1주 03일

급수 한자어 대표 전략 ❷ 26~27쪽

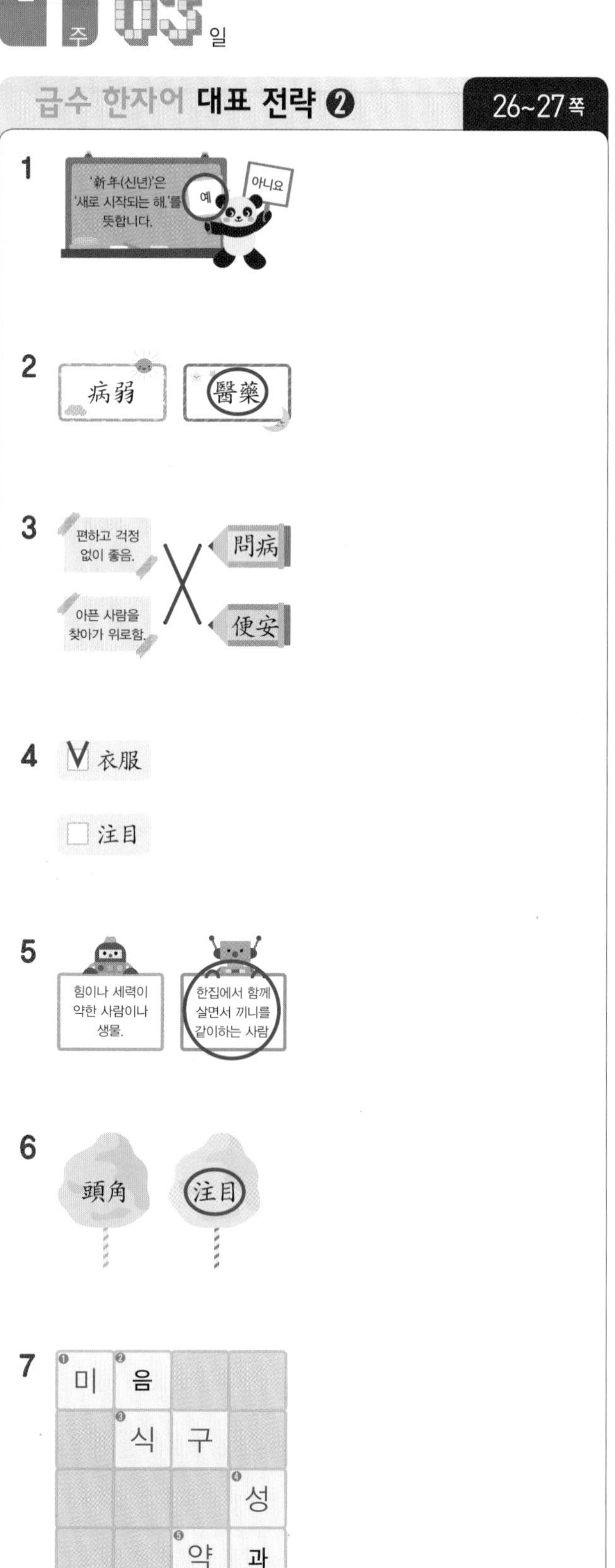

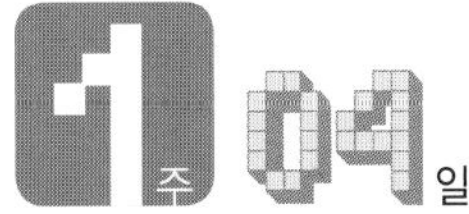

급수 시험 체크 전략 ❶ 28~31쪽

필수 예제 01
(1) 두각 (2) 식구 (3) 문병 (4) 주목

필수 예제 02
(1) 병 병 (3) 약할 약
(2) 옷 의 (4) 의원 의

필수 예제 03
(1) ④ (2) ③ (3) ② (4) ①

필수 예제 04
(1) ② (2) ④ (3) ③ (4) ①

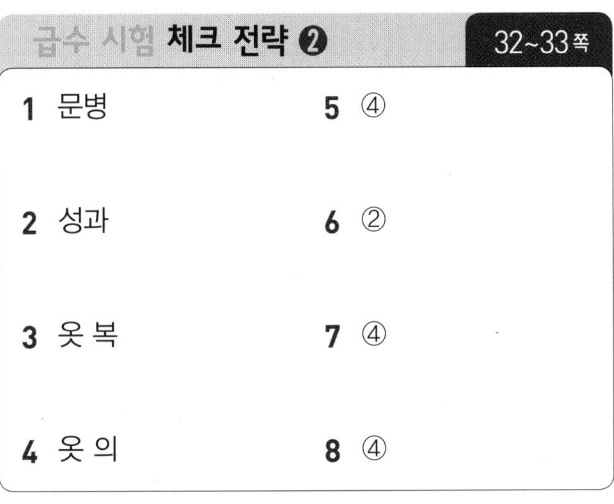

급수 시험 체크 전략 ❷ 32~33쪽

1 문병 5 ④
2 성과 6 ②
3 옷 복 7 ④
4 옷 의 8 ④

누구나 만점 전략 34~35쪽

01 目(○) 頭

02 口 입 구

03 음식

04 ①

05 ②

06 注目 便安(○)

07 ①

08 ③

09 ②

10 편할 편, 똥오줌 변

창의・융합・코딩 전략 ❶ 36~37쪽

1 병약

2 의복, 음식

창의•융합•코딩 전략 ❷ 38~41쪽

1 • 한자어의 음(소리) → (주목)

2 답 弱

3 • 음(소리): (신) → (과)

4

5 ②

6

7 • 명령어 → 頭 角

• 음(소리) → (두각)

8

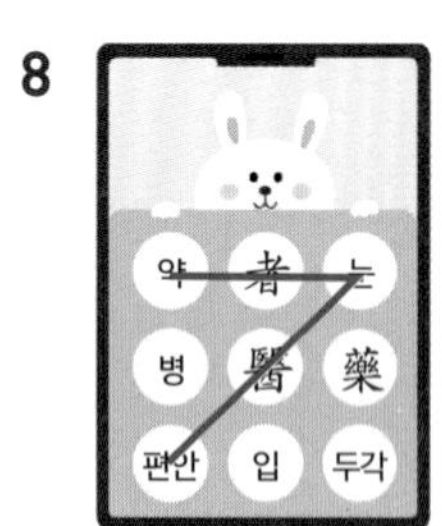

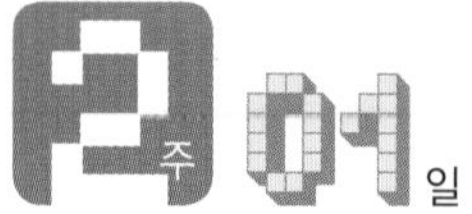

급수 한자 돌파 전략 ❶ 한자 기초 확인 45, 47쪽

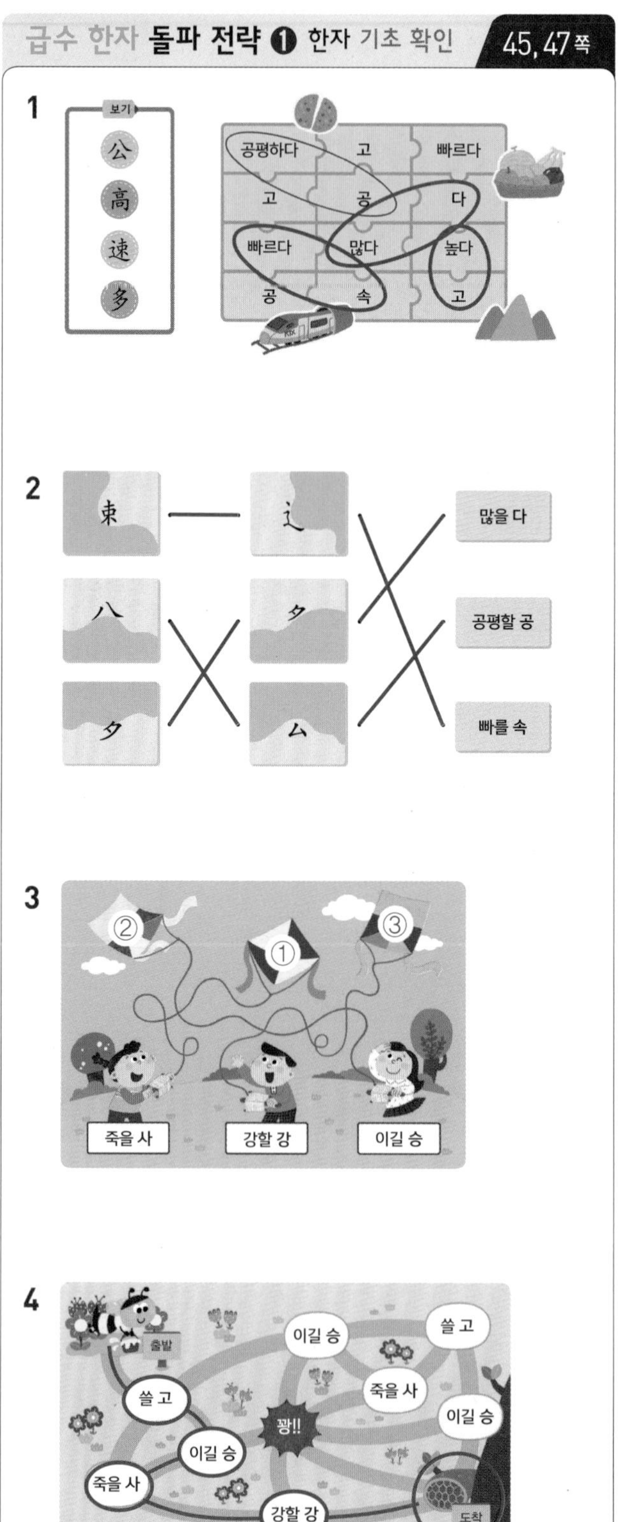

급수 한자 돌파 전략 ❷ 한자 기초 확인 48~49쪽

급수 한자 돌파 전략 ❶ 한자 기초 확인 51, 53쪽

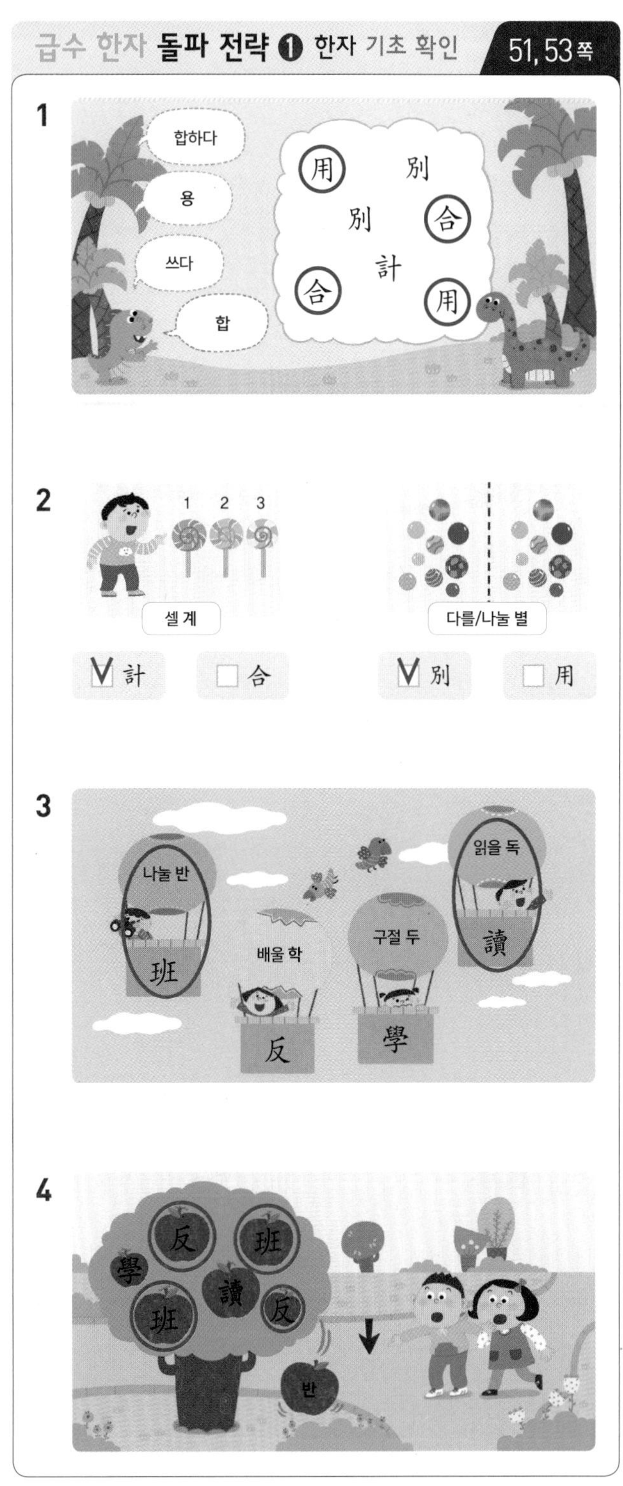

정답

급수 한자 돌파 전략 ❷ 한자 기초 확인 54~55쪽

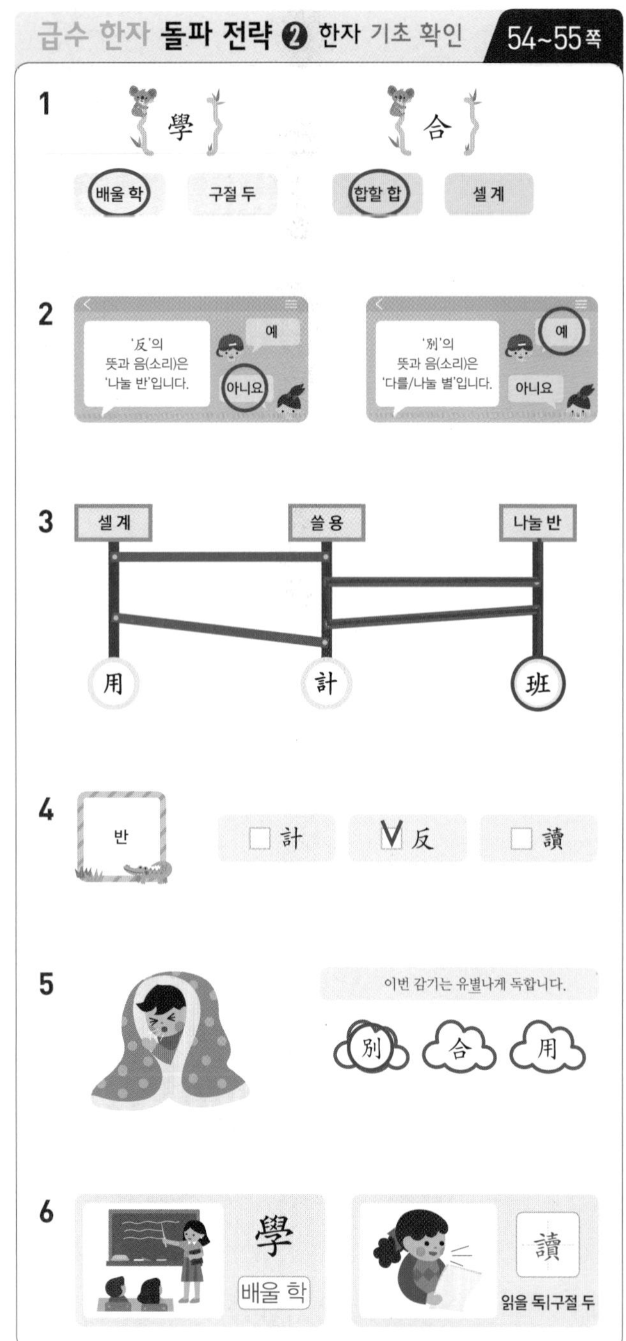

2주 03일

급수 한자어 대표 전략 ❷ 60~61쪽

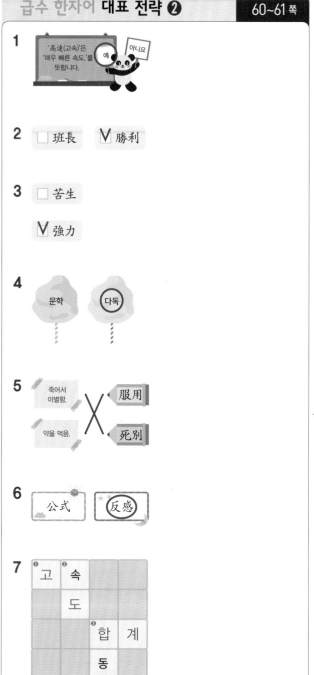

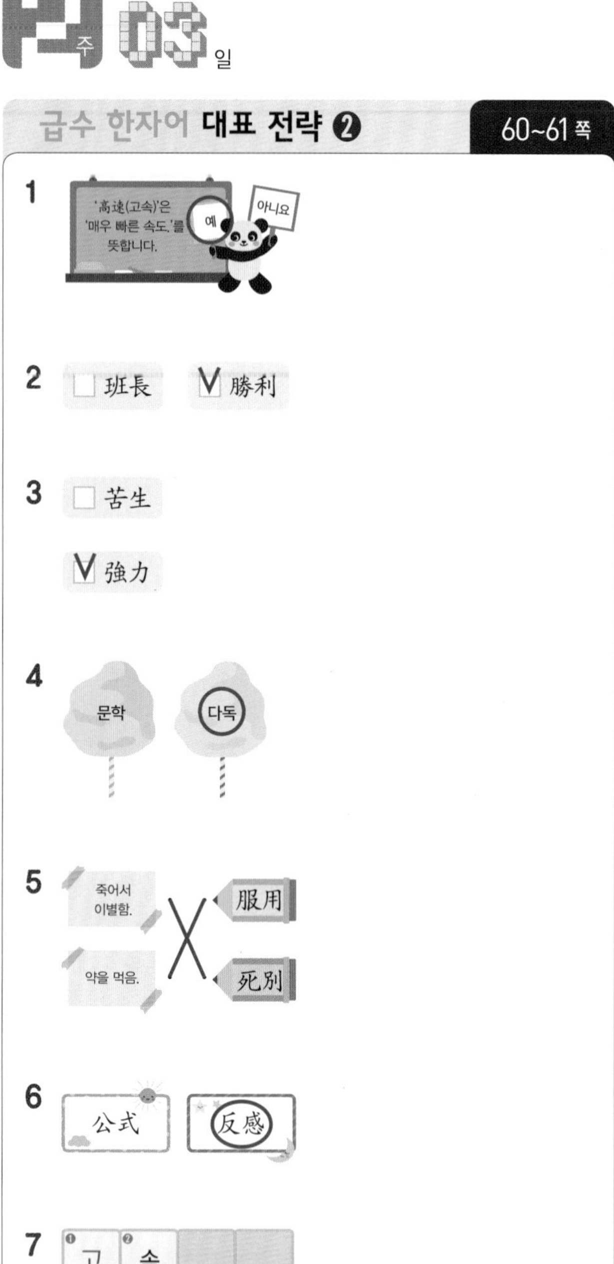

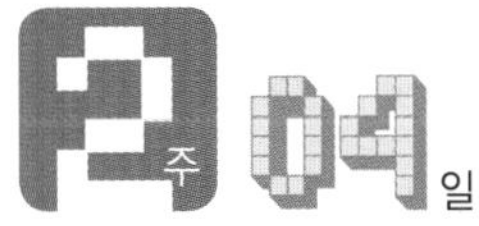

급수 시험 체크 전략 ❶ 62~65쪽

필수 예제 01
(1) 공식 (2) 고생 (3) 합계 (4) 문학

필수 예제 02
(1) 이길 승 (2) 빠를 속 (3) 셀 계 (4) 배울 학

필수 예제 03
(1) ③ (2) ① (3) ② (4) ④

필수 예제 04
(1) ④ (2) ① (3) ③ (4) ②

급수 시험 체크 전략 ❷ 66~67쪽

1 다독
2 반장
3 이길 승
4 ②
5 ①
6 ④
7 ②
8 ②

누구나 만점 전략 68~69쪽

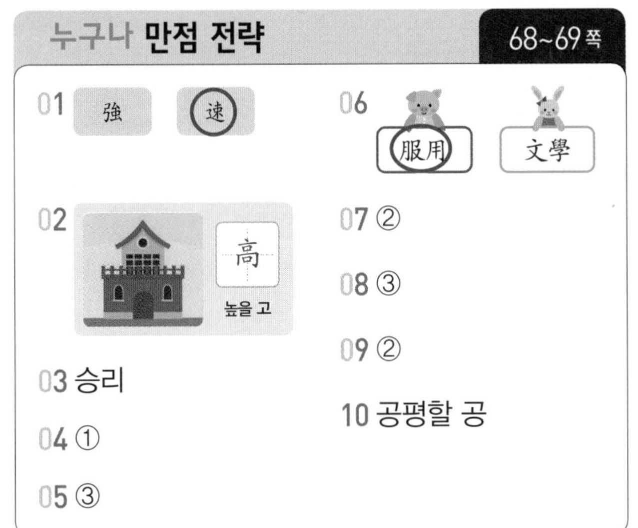

01 強 速
02 高 높을 고
03 승리
04 ①
05 ③
06 服用 文學
07 ②
08 ③
09 ②
10 공평할 공

창의•융합•코딩 전략 ❶ 70~71쪽

창의•융합•코딩 전략 ❷ 72~75쪽

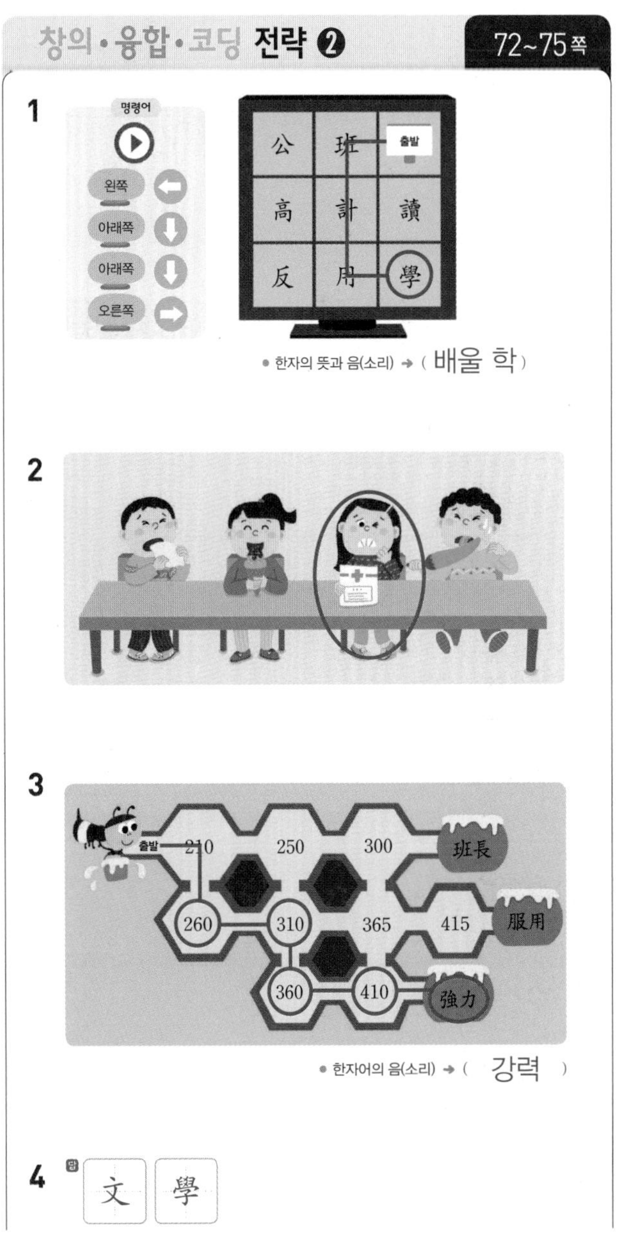

정답

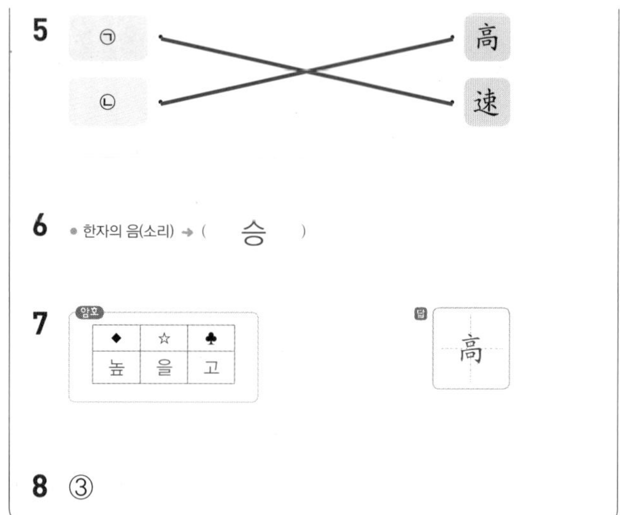
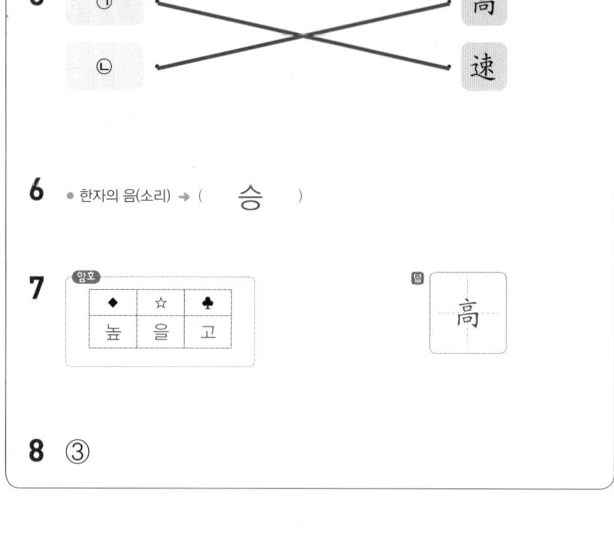

5 ㉠ – 速, ㉡ – 高

6 • 한자의 음(소리) → (승)

7 암호

◆	☆	♣
높	을	고

답 高

8 ③

신유형•신경향•서술형 전략 78~81쪽

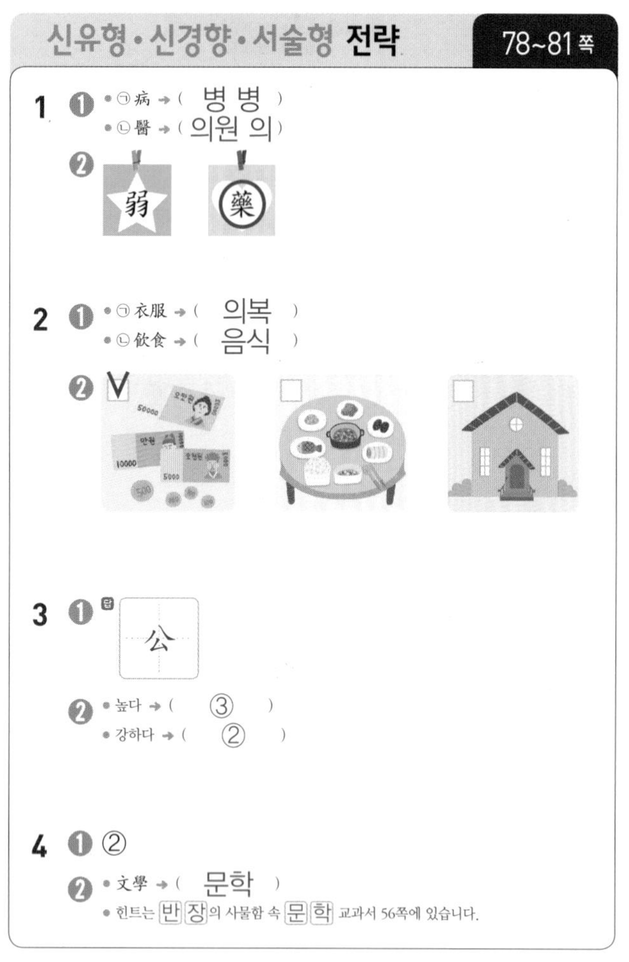

1 ❶ • ㉠ 病 → (병 병)
• ㉡ 醫 → (의원 의)

❷ 弱 藥

2 ❶ • ㉠ 衣服 → (의복)
• ㉡ 飮食 → (음식)

❷ V

3 ❶ 답 公

❷ • 높다 → (③)
• 강하다 → (②)

4 ❶ ②

❷ • 文學 → (문학)
• 힌트는 반장의 사물함 속 문학 교과서 56쪽에 있습니다.

적중 예상 전략 1회 82~85쪽

01	문병	09	④
02	병약	10	①
03	새 신	11	④
04	마실 음	12	②
05	③	13	便安
06	④	14	食口
07	③	15	③
08	④	16	①

적중 예상 전략 2회 86~89쪽

01	반장	09	④
02	다독	10	①
03	죽을 사	11	③
04	배울 학	12	①
05	③	13	登校
06	①	14	算數
07	③	15	④
08	②	16	①

교과 학습 한자어 전략 93쪽

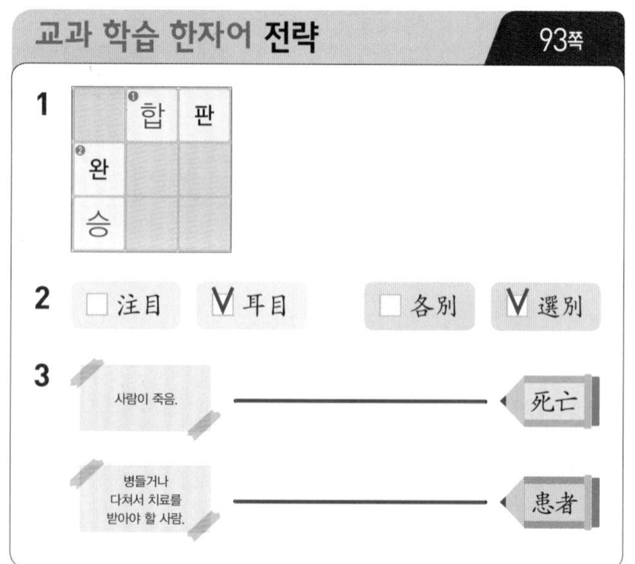

1

	❶ 합	판
❷ 완		
승		

2 □ 注目 V 耳目 □ 各別 V 選別

3 사람이 죽음. — 死亡
병들거나 다쳐서 치료를 받아야 할 사람. — 患者

급수 한자 쓰기장 6급

家	집 가	부수 宀 | 총 10획	丶 丶 宀 宀 宀 宇 宇 家 家 家
歌	노래 가	부수 欠 | 총 14획	一 ㄷ 戸 可 可 可 哥 哥 哥 哥 哥 哥 歌 歌
各	각각 각	부수 口 | 총 6획	丿 夂 夂 冬 各 各
角	뿔 각	부수 角 | 총 7획	丿 ク 户 角 角 角 角
間	사이 간	부수 門 | 총 12획	丨 冂 冂 冂 冂 門 門 門 門 間 間 間
感	느낄 감	부수 心 | 총 13획	丿 厂 厂 厂 后 后 咸 咸 咸 咸 感 感 感
強	강할 강	부수 弓 | 총 11획	ㄱ ㄱ 弓 弘 弘 弘 弨 弨 强 強 強
江	강 강	부수 水(氵) | 총 6획	丶 丶 氵 氵 汀 江

開	열 개	부수 門 | 총 12획	丨 𠃌 𠃌 門 門 門 門 門 門 閂 開 開
車	수레 거 / 수레 차	부수 車 | 총 7획	一 𠂇 亘 亘 亘 亘 車
京	서울 경	부수 亠 | 총 8획	丶 亠 亠 亠 亠 亨 亨 京
計	셀 계	부수 言 | 총 9획	丶 亠 亠 亠 言 言 言 訁 計
界	지경 계	부수 田 | 총 9획	丨 冂 冂 田 田 甲 畀 界 界
高	높을 고	부수 高 | 총 10획	丶 亠 亠 亠 亠 亠 高 高 高 高
苦	쓸 고	부수 艸(艹) | 총 9획	一 十 艹 艹 艹 芏 芐 苦 苦
古	예 고	부수 口 | 총 5획	一 十 十 古 古

功 공 공
부수 力 | 총 5획
公 공평할 공
부수 八 | 총 4획
空 빌 공
부수 穴 | 총 8획 丶 丶 宀 宀 穴 穴 空 空 |
工 장인 공
부수 工 | 총 3획
共 한가지 공
부수 八 | 총 6획
科 과목 과
부수 禾 | 총 9획
果 실과 과
부수 木 | 총 8획 丶 丨 冂 日 旦 甲 果 果 |
光 빛 광
부수 儿 | 총 6획

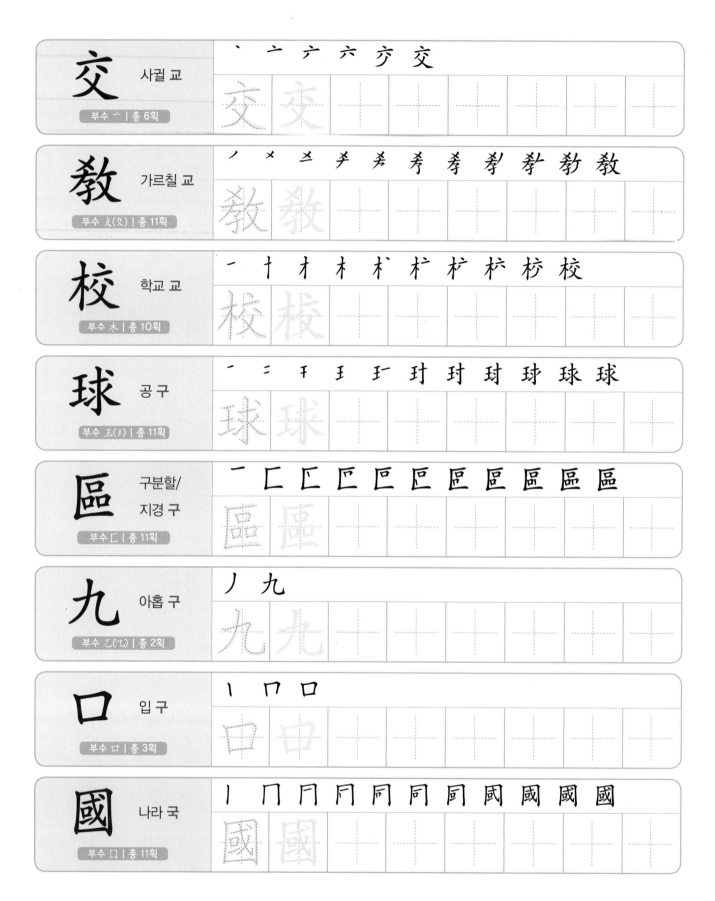

한자	훈음	부수 / 총획	필순
交	사귈 교	부수 亠 | 총 6획	丶 亠 六 六 交 交
敎	가르칠 교	부수 攴(攵) | 총 11획	丿 㐅 㐅 孝 孝 孝 孝 教 教 教 敎
校	학교 교	부수 木 | 총 10획	一 十 才 木 木 杧 杧 杧 校 校
球	공 구	부수 玉(王) | 총 11획	一 二 千 王 王 玎 玎 玎 球 球 球
區	구분할/지경 구	부수 匚 | 총 11획	一 匚 匚 匚 匚 匚 區 區 區 區 區
九	아홉 구	부수 乙(乚) | 총 2획	丿 九
口	입 구	부수 口 | 총 3획	丨 冂 口
國	나라 국	부수 囗 | 총 11획	丨 冂 冂 冂 同 同 同 國 國 國 國

郡 고을 군
부수 邑(阝) | 총 10획
軍 군사 군
부수 車 | 총 9획
根 뿌리 근
부수 木 | 총 10획
近 가까울 근
부수 辵(辶) | 총 8획
今 이제 금
부수 人 | 총 4획
金 쇠 금 | 성 김
부수 金 | 총 8획
急 급할 급
부수 心 | 총 9획
級 등급 급
부수 糸(糸) | 총 10획

한자	뜻·음	부수·획수	필순
旗	기 기	부수 方 | 총 14획	丶 亠 亡 方 方 方 㫃 㫃 旂 旂 旃 旗 旗 旗
記	기록할 기	부수 言 | 총 10획	丶 亠 亠 亠 言 言 言 訁 訂 記
氣	기운 기	부수 气 | 총 10획	丿 𠂉 𠂉 气 气 气 氣 氣 氣 氣
男	사내 남	부수 田 | 총 7획	丨 冂 冂 田 田 男 男
南	남녘 남	부수 十 | 총 9획	一 十 十 内 内 内 内 南 南
内	안 내	부수 入 | 총 4획	丨 冂 内 内
女	여자 녀	부수 女 | 총 3획	𡿨 女 女
年	해 년	부수 干 | 총 6획	丿 𠂉 𠂉 𠂉 年 年

한자	뜻·음	부수 / 획수
農	농사 농	부수 辰 | 총 13획
多	많을 다	부수 夕 | 총 6획
短	짧을 단	부수 矢 | 총 12획
答	대답 답	부수 竹(⺮) | 총 12획
堂	집 당	부수 土 | 총 11획
代	대신할 대	부수 人(亻) | 총 5획
對	대할 대	부수 寸 | 총 14획
待	기다릴 대	부수 彳 | 총 9획

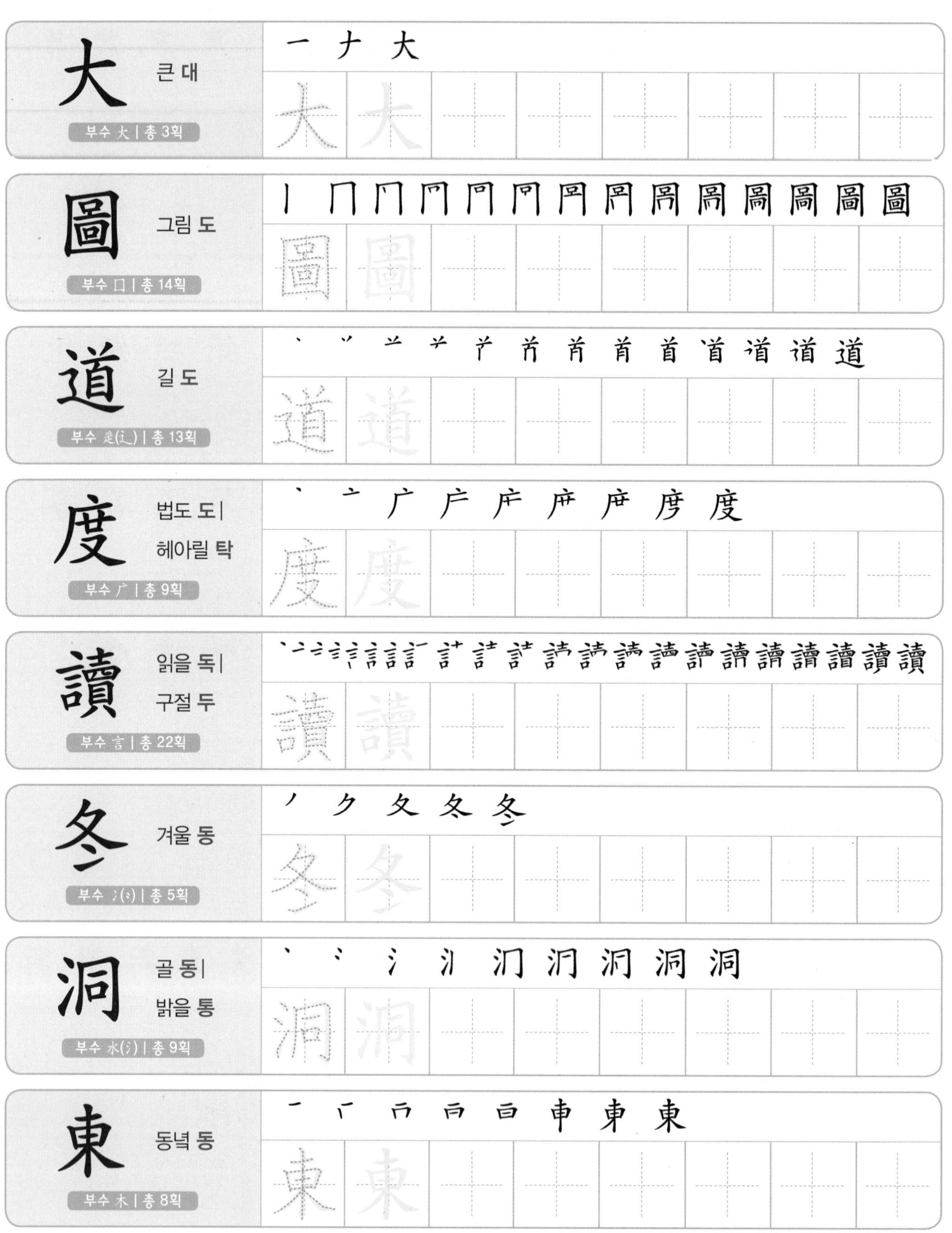
大 큰 대
부수 大 | 총 3획
一 ナ 大
圖 그림 도
부수 口 | 총 14획
道 길 도
부수 辵(辶) | 총 13획
度 법도 도 | 헤아릴 탁
부수 广 | 총 9획
讀 읽을 독 | 구절 두
부수 言 | 총 22획
冬 겨울 동
부수 冫(⺀) | 총 5획
ノ ク 夂 冬 冬
洞 골 동 | 밝을 통
부수 水(氵) | 총 9획
東 동녘 동
부수 木 | 총 8획

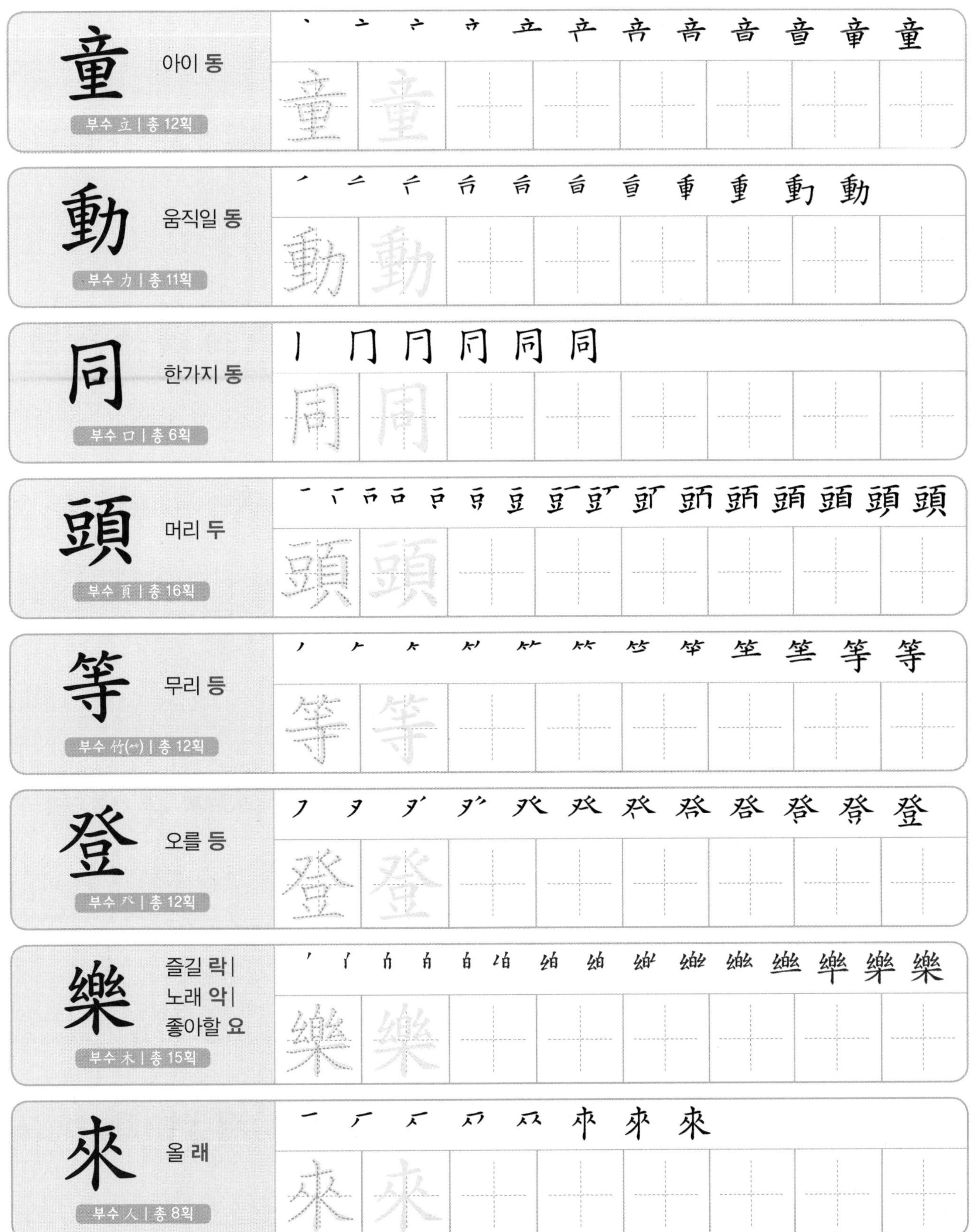

童
아이 동
부수 立 | 총 12획
動
움직일 동
부수 力 | 총 11획
同
한가지 동
부수 口 | 총 6획
頭
머리 두
부수 頁 | 총 16획
等
무리 등
부수 竹(⺮) | 총 12획
登
오를 등
부수 癶 | 총 12획
樂
즐길 락|
노래 악|
좋아할 요
부수 木 | 총 15획
來
올 래
부수 人 | 총 8획

力	힘 력	부수 力 | 총 2획
例	법식 례	부수 人(亻) | 총 8획
禮	예도 례	부수 示 | 총 18획
路	길 로	부수 足 | 총 13획
老	늙을 로	부수 老 | 총 6획
綠	푸를 록	부수 糸(糸) | 총 14획
六	여섯 륙	부수 八 | 총 4획
理	다스릴 리	부수 玉(王) | 총 11획

한자	훈음	부수/총획	필순
里	마을 리	부수 里 | 총 7획	丨 冂 日 日 旦 甲 里
李	오얏/성 리	부수 木 | 총 7획	一 十 才 木 本 李 李
利	이할 리	부수 刀(刂) | 총 7획	丿 二 千 禾 禾 利 利
林	수풀 림	부수 木 | 총 8획	一 十 才 木 木 村 材 林
立	설 립	부수 立 | 총 5획	丶 亠 亠 立 立
萬	일만 만	부수 艸(艹) | 총 13획	一 十 艹 艹 艹 节 苩 苩 苩 萬 萬 萬 萬
每	매양 매	부수 毋 | 총 7획	丿 𠂉 𠂉 勾 每 每 每
面	낯 면	부수 面 | 총 9획	一 丆 丆 丙 而 而 而 面 面

命 목숨 명	부수 口 | 총 8획	丿 人 亼 亽 合 合 命 命
明 밝을 명	부수 日 | 총 8획	丨 冂 日 日 明 明 明 明
名 이름 명	부수 口 | 총 6획	丿 夕 夕 夕 名 名
母 어머니 모	부수 毋 | 총 5획	𠃋 母 母 母 母
目 눈 목	부수 目 | 총 5획	丨 冂 月 月 目
木 나무 목	부수 木 | 총 4획	一 十 才 木
文 글월 문	부수 文 | 총 4획	丶 亠 ナ 文
聞 들을 문	부수 耳 | 총 14획	丨 冂 戶 戶 門 門 門 門 門 門 門 聞 聞 聞

門 문 문
부수 門 | 총 8획
問 물을 문
부수 口 | 총 11획
物 물건 물
부수 牛 | 총 8획
米 쌀 미
부수 米 | 총 6획
美 아름다울 미
부수 羊 | 총 9획
民 백성 민
부수 氏 | 총 5획
朴 성 박
부수 木 | 총 6획
班 나눌 반
부수 玉(王) | 총 10획

反	돌이킬/돌아올 반	부수 又 | 총 4획	一 厂 万 反
半	반 반	부수 十 | 총 5획	丶 丷 丷 兰 半
發	필 발	부수 癶 | 총 12획	フ ヲ 癶 癶 癶 癶 癶 癸 癸 登 發 發
放	놓을 방	부수 攵(攴) | 총 8획	丶 亠 亍 方 方 方 於 放
方	모 방	부수 方 | 총 4획	丶 亠 亍 方
百	일백 백	부수 白 | 총 6획	一 丆 了 百 百 百
白	흰 백	부수 白 | 총 5획	ノ 亻 白 白 白
番	차례 번	부수 田 | 총 12획	一 ∠ 亠 平 平 釆 釆 釆 番 番 番 番

別 다를/나눌 별

부수 刀(刂) | 총 7획

丨 ㄇ ㅁ 另 另 別 別

病 병 병

부수 疒 | 총 10획

丶 亠 广 疒 疒 疒 疔 病 病 病

服 옷 복

부수 月 | 총 8획

丿 刀 月 月 月 肌 服 服

本 근본 본

부수 木 | 총 5획

一 十 才 木 本

部 떼 부

부수 邑(阝) | 총 11획

丶 亠 亠 立 立 产 音 咅 咅 部 部

夫 지아비 부

부수 大 | 총 4획

一 二 夫 夫

父 아버지 부

부수 父 | 총 4획

丿 八 父 父

北 북녘 북 | 달아날 배

부수 匕 | 총 5획

丨 ㅓ ㅋ 北 北

한자	훈음	부수/획수	필순
分	나눌 분	부수 刀 | 총 4획	丿 八 分 分
不	아닐 불	부수 一 | 총 4획	一 丆 不 不
四	넉 사	부수 囗 | 총 5획	丨 冂 罒 四 四
社	모일 사	부수 示 | 총 8획	丶 ⺀ 亍 亓 示 礻一 社 社
事	일 사	부수 亅 | 총 8획	一 〒 戸 戸 亊 亊 亊 事
死	죽을 사	부수 歹 | 총 6획	一 厂 歹 歹 歹' 死
使	하여금/부릴 사	부수 人(亻) | 총 8획	丿 亻 亻 仁 佢 佢 使 使
算	셈 산	부수 竹(⺮) | 총 14 획	丿 ⺊ ⺮ ⺮ ⺮ ⺮ 笁 笞 笞 筲 筲 筲 算 算

山 메 산
부수 山 | 총 3획
三 석 삼
부수 一 | 총 3획
上 윗 상
부수 一 | 총 3획
色 빛 색
부수 色 | 총 6획
生 날 생
부수 生 | 총 5획
書 글 서
부수 曰 | 총 10획
西 서녘 서
부수 襾 | 총 6획
石 돌 석
부수 石 | 총 5획

席	자리 석	부수 巾 | 총 10획	丶 亠 广 广 庐 庐 庐 席 席 席
夕	저녁 석	부수 夕 | 총 3획	丿 ク 夕
先	먼저 선	부수 儿 | 총 6획	丿 𠂉 什 生 失 先
線	줄 선	부수 糸(糸) | 총 15획	𠃋 幺 幺 糸 糸 糸 糸' 糸' 紒 紒 絈 綿 線 線 線
雪	눈 설	부수 雨 | 총 11획	一 亠 冖 帀 帀 雨 雨 雨 雪 雪 雪
省	살필 성 덜 생	부수 目 | 총 9획	亅 小 小 少 少 省 省 省 省
姓	성 성	부수 女 | 총 8획	ㄑ 夂 女 女 女 女 姓 姓
成	이룰 성	부수 戈 | 총 7획	丿 厂 F 万 成 成 成

世 인간 세

부수 一 | 총 5획

一 十 廿 廿 世

世 世

所 바 소

부수 戶 | 총 8획

所 所

消 사라질 소

부수 水(氵) | 총 10획

消 消 消

消 消

小 작을 소

부수 小 | 총 3획

亅 小 小

小 小

少 적을 소

부수 小 | 총 4획

亅 小 小 少

少 少

速 빠를 속

부수 辵(辶) | 총 11획

速

速 速

孫 손자 손

부수 子 | 총 10획

了 子 孫

孫 孫

樹 나무 수

부수 木 | 총 16획

一 十 木 樹 樹

樹 樹

手	손 수	부수 手 | 총 4획	一 二 三 手
數	셈 수	부수 攴(攵) | 총 15획	丨 口 日 日 日 胃 胃 婁 婁 婁 婁 婁 數 數 數
水	물 수	부수 水 | 총 4획	亅 刁 水 水
術	재주 술	부수 行 | 총 11획	丿 彳 彳 彳 什 徘 徘 術 術 術 術
習	익힐 습	부수 羽 | 총 11획	丁 习 习 羽 羽 羽 羽 習 習 習 習
勝	이길 승	부수 力 | 총 12획	丿 月 月 月 月 月 月 胖 胖 朕 勝 勝
時	때 시	부수 日 | 총 10획	丨 冂 月 日 日 日 旪 旪 時 時
始	비로소 시	부수 女 | 총 8획	𡿨 女 女 女 始 始 始 始

市
저자 시
부수 巾 | 총 5획
食
밥/먹을 식
부수 食 | 총 9획
式
법 식
부수 弋 | 총 6획
植
심을 식
부수 木 | 총 12획
神
귀신 신
부수 示 | 총 10획
身
몸 신
부수 身 | 총 7획
信
믿을 신
부수 人(亻) | 총 9획
新
새 신
부수 斤 | 총 13획

한자	훈음	부수/총획	필순
失	잃을 실	부수 大 | 총 5획	丿 𠂉 𠂉 ⺧ 失
室	집 실	부수 宀 | 총 9획	丶 丶 宀 宀 宀 宀 宀 宀 室
心	마음 심	부수 心 | 총 4획	丶 心 心 心
十	열 십	부수 十 | 총 2획	一 十
安	편안 안	부수 宀 | 총 6획	丶 丶 宀 宀 安 安
愛	사랑 애	부수 心 | 총 13획	愛
夜	밤 야	부수 夕 | 총 8획	丶 亠 广 广 夜 夜 夜 夜
野	들 야	부수 里 | 총 11획	丨 口 日 日 旦 甲 里 野 野 野 野

藥 약 약

부수 艸(艹) | 총 19획

弱 약할 약

부수 弓 | 총 10획

陽 볕 양

부수 阜(阝) | 총 12획

洋 큰바다 양

부수 水(氵) | 총 9획

語 말씀 어

부수 言 | 총 14획

言 말씀 언

부수 言 | 총 7획

業 업 업

부수 木 | 총 13획

然 그럴 연

부수 火(灬) | 총 12획

한자	뜻과 음	부수 / 총획	필순
永	길 영	부수 水 | 총 5획	丶 亅 刁 永 永
英	꽃부리 영	부수 艸(艹) | 총 9획	一 十 廾 卄 艹 芇 苎 英 英
午	낮 오	부수 十 | 총 4획	丿 𠂉 ⺧ 午
五	다섯 오	부수 二 | 총 4획	一 丆 五 五
溫	따뜻할 온	부수 水(氵) | 총 13획	丶 冫 氵 氵 氵 氵 氵 氵 氵 溫 溫 溫 溫
王	임금 왕	부수 玉(𤣩) | 총 4획	一 二 千 王
外	바깥 외	부수 夕 | 총 5획	丿 ク 夕 夘 外
勇	날랠 용	부수 力 | 총 9획	乛 マ 卩 丙 両 甬 甬 勇 勇

한자	뜻·음	부수 / 총획	필순
用	쓸 용	부수 用 | 총 5획	丿 冂 月 月 用
右	오를/오른(쪽) 우	부수 口 | 총 5획	丿 ナ 才 右 右
運	옮길 운	부수 辵(辶) | 총 13획	丶 冖 冖 冖 旨 旨 昌 亘 軍 軍 渾 渾 運
園	동산 원	부수 囗 | 총 13획	丨 冂 冂 冂 冂 冂 冂 冂 冂 冂 冂 冂 園
遠	멀 원	부수 辵(辶) | 총 14획	一 十 土 土 吉 吉 吉 吉 声 袁 袁 遠 遠 遠
月	달 월	부수 月 | 총 4획	丿 刀 月 月
油	기름 유	부수 水(氵) | 총 8획	丶 丶 氵 氵 氵 汩 油 油
由	말미암을 유	부수 田 | 총 5획	丨 冂 冂 由 由

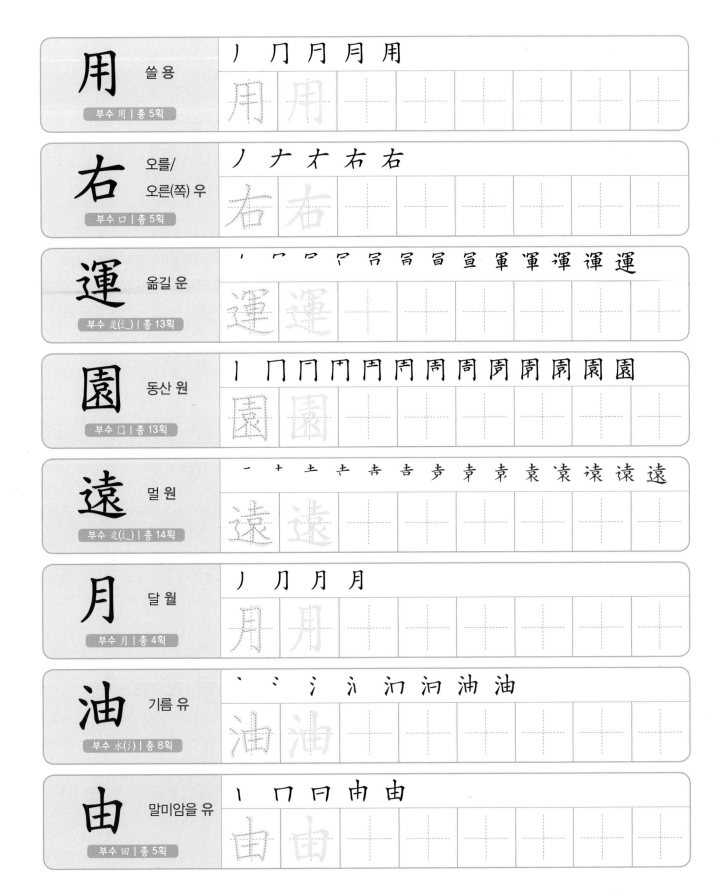

한자	훈음	부수 / 총획	필순
有	있을 유	부수 月 | 총 6획	丿 ナ 才 冇 有 有
育	기를 육	부수 肉(月) | 총 8획	丶 亠 云 云 产 育 育 育
銀	은 은	부수 金 | 총 14획	丿 ㇒ 𠆢 스 仐 숚 金 金 釒 釕 釖 鈤 銀 銀
飮	마실 음	부수 食(飠) | 총 13획	丿 𠂉 𠆢 今 今 슴 食 食 食 飠 飲 飲 飮
音	소리 음	부수 音 | 총 9획	丶 亠 亠 亣 立 产 音 音 音
邑	고을 읍	부수 邑 | 총 7획	丨 ㄇ 口 吕 呂 邑 邑
意	뜻 의	부수 心 | 총 13획	丶 亠 亠 亣 立 产 音 音 音 音 意 意 意
衣	옷 의	부수 衣 | 총 6획	丶 亠 ナ 衣 衣 衣

醫	의원 의	부수 酉 | 총 18획
二	두 이	부수 二 | 총 2획
人	사람 인	부수 人 | 총 2획
一	한 일	부수 一 | 총 1획
日	날 일	부수 日 | 총 4획
入	들 입	부수 入 | 총 2획
字	글자 자	부수 子 | 총 6획
者	사람 자	부수 老(耂) | 총 9획

한자	훈음	부수/총획	필순
自	스스로 자	부수 自 | 총 6획	′ 丨 白 白 自 自
子	아들 자	부수 子 | 총 3획	㇇ 了 子
昨	어제 작	부수 日 | 총 9획	丨 ㄇ 日 日 日′ 日′ 昨 昨 昨
作	지을 작	부수 人(亻) | 총 7획	ノ 亻 亻′ 亻′ 竹 作 作
章	글 장	부수 立 | 총 11획	丶 亠 亠 立 立 产 音 音 音 章 章
長	긴 장	부수 長 | 총 8획	丨 ㄏ F F E 乓 長 長
場	마당 장	부수 土 | 총 12획	一 十 土 圵 坦 坦 坦 垾 垾 場 場 場
在	있을 재	부수 土 | 총 6획	一 ナ 𠂇 𡉀 存 在

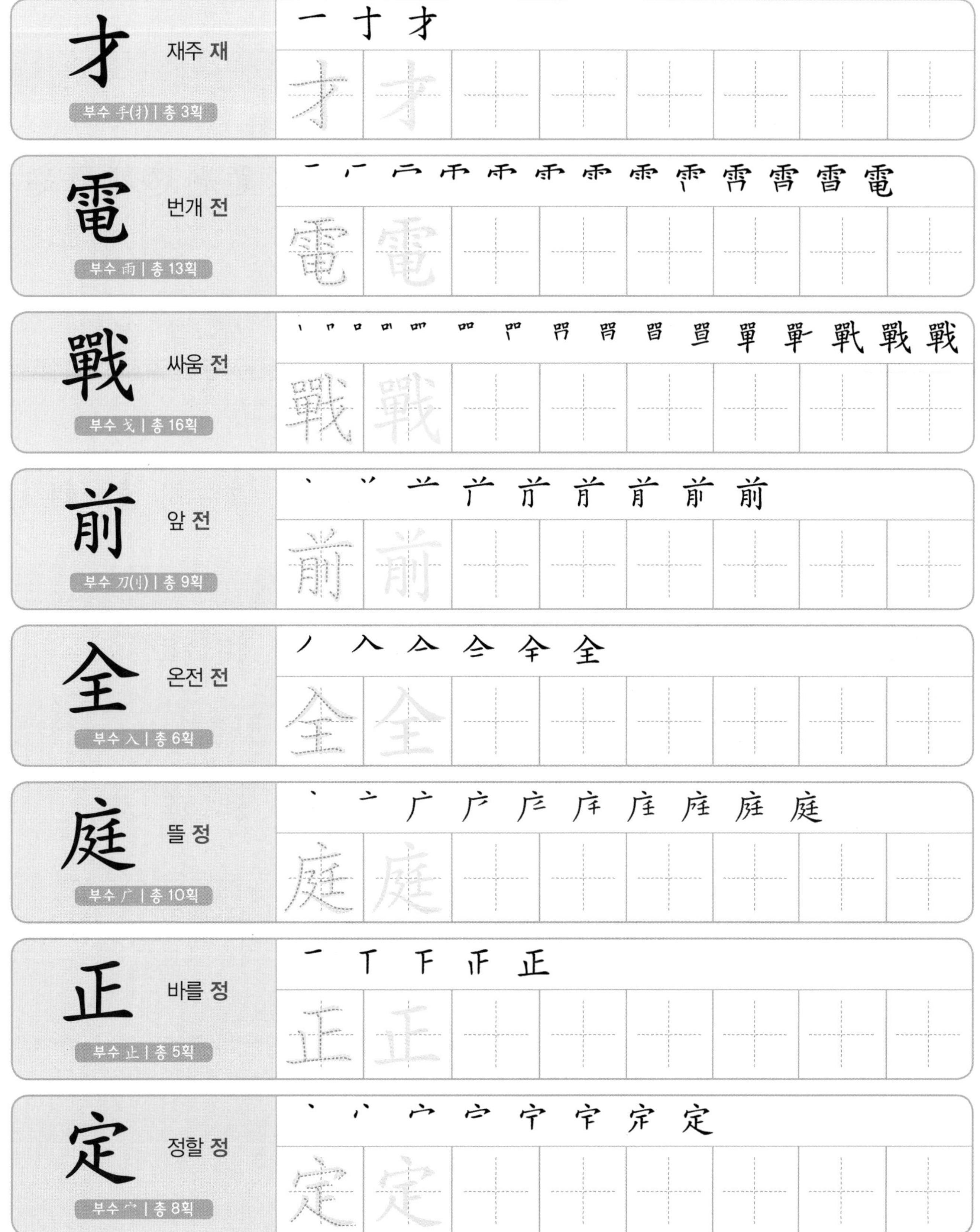

才 재주 재
부수 手(扌) | 총 3획

電 번개 전
부수 雨 | 총 13획

戰 싸움 전
부수 戈 | 총 16획

前 앞 전
부수 刀(刂) | 총 9획

全 온전 전
부수 入 | 총 6획

庭 뜰 정
부수 广 | 총 10획

正 바를 정
부수 止 | 총 5획

定 정할 정
부수 宀 | 총 8획

한자	훈음	부수 / 총획
弟	아우 제	부수 弓 | 총 7획
題	제목 제	부수 頁 | 총 18획
第	차례 제	부수 竹(⺮) | 총 11획
朝	아침 조	부수 月 | 총 12획
祖	할아버지 조	부수 示 | 총 10획
族	겨레 족	부수 方 | 총 11획
足	발 족	부수 足 | 총 7획
左	왼 좌	부수 工 | 총 5획

晝	낮 주	부수 日 | 총 11획	𠃍 ⺕ ⺕ 聿 聿 聿 書 書 書 晝
注	부을 주	부수 水(氵) | 총 8획	丶 冫 氵 氵 氵 氵 汻 注
主	임금/주인 주	부수 丶 | 총 5획	丶 亠 亠 丰 主
住	살 주	부수 人(亻) | 총 7획	丿 亻 亻 亻 亻 仹 住
中	가운데 중	부수 丨 | 총 4획	丨 冂 口 中
重	무거울 중	부수 里 | 총 9획	丿 二 千 千 肙 肙 盲 重 重
地	땅 지	부수 土 | 총 6획	一 十 土 圠 圤 地
紙	종이 지	부수 糸(糹) | 총 10획	𠃋 幺 幺 糸 糸 糸 紅 紅 紅 紙

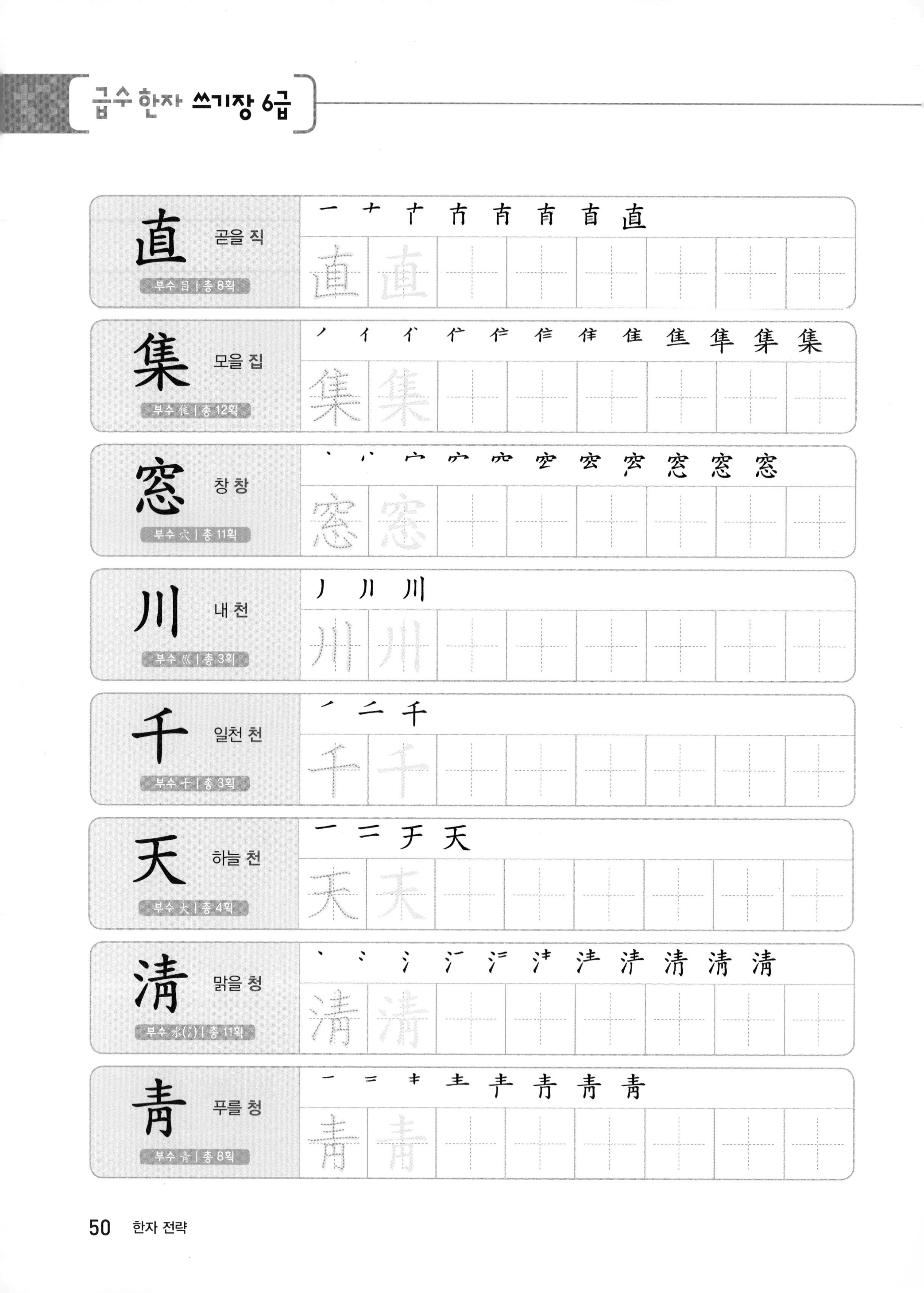

直 곧을 직
부수 目 | 총 8획

集 모을 집
부수 隹 | 총 12획

窓 창 창
부수 穴 | 총 11획

川 내 천
부수 巛 | 총 3획

千 일천 천
부수 十 | 총 3획

天 하늘 천
부수 大 | 총 4획

清 맑을 청
부수 水(氵) | 총 11획

青 푸를 청
부수 青 | 총 8획

體 몸 체

부수 骨 | 총 23획

草 풀 초

부수 艸(艹) | 총 10획

寸 마디 촌

부수 寸 | 총 3획 一 寸 寸
	寸 寸

村 마을 촌

부수 木 | 총 7획 一 十 才 木 木 村 村
	村 村

秋 가을 추

부수 禾 | 총 9획

春 봄 춘

부수 日 | 총 9획

出 날 출

부수 凵 | 총 5획 丨 屮 屮 出 出
	出 出

親 친할 친

부수 見 | 총 16획

한자	훈음	부수 / 총획	필순
七	일곱 칠	부수 一 | 총 2획	一 七
太	클 태	부수 大 | 총 4획	一 ナ 大 太
土	흙 토	부수 土 | 총 3획	一 十 土
通	통할 통	부수 辵(辶) | 총 11획	㇇ ㇇ 乛 月 月 甬 甬 涌 涌 诵 通
特	특별할 특	부수 牛 | 총 10획	ノ 𠂉 牛 牛 牜 牪 牪 特 特 特
八	여덟 팔	부수 八 | 총 2획	ノ 八
便	편할 편| 똥오줌 변	부수 人(亻) | 총 9획	ノ 亻 亻 亻 仃 佰 佰 便 便
平	평평할 평	부수 干 | 총 5획	一 ㇀ 丷 丠 平

漢字	뜻·음	부수·획수	필순
表	겉 표	부수 衣 | 총 8획	表 (8획)
風	바람 풍	부수 風 | 총 9획	風 (9획)
下	아래 하	부수 一 | 총 3획	一 丅 下
夏	여름 하	부수 夊 | 총 10획	夏 (10획)
學	배울 학	부수 子 | 총 16획	學 (16획)
韓	한국/나라 한	부수 韋 | 총 17획	韓 (17획)
漢	한수/한나라 한	부수 水(氵) | 총 14획	漢 (14획)
合	합할 합	부수 口 | 총 6획	合 (6획)

海	바다 해	부수 水(氵) | 총 10획	丶 氵 氵 氵 氵 汇 海 海 海 海
行	다닐 행 / 항렬 항	부수 行 | 총 6획	丿 彳 彳 彳 彳 行
幸	다행 행	부수 干 | 총 8획	一 十 土 去 去 幸 幸 幸
向	향할 향	부수 口 | 총 6획	丿 丿 门 向 向 向
現	나타날 현	부수 玉(王) | 총 11획	一 二 千 王 玑 玑 玥 玥 玥 現 現
形	모양 형	부수 彡 | 총 7획	一 二 于 开 开 形 形
兄	형 형	부수 儿 | 총 5획	丨 口 口 尸 兄
號	이름 호	부수 虍 | 총 13획	丨 口 口 口 号 号 号 号 號 號 號 號 號

畫	그림 화 / 그을 획	부수 田 | 총 12획	㇕ ⺕ ⺕ 聿 … 畫
花	꽃 화	부수 艸(艹) | 총 8획	一 十 艹 艹 艹 艹 花 花
話	말씀 화	부수 言 | 총 13획	丶 亠 亠 亠 言 言 言 訁 話 話 話 話 話
火	불 화	부수 火 | 총 4획	丶 丷 少 火
和	화할 화	부수 口 | 총 8획	丿 二 千 禾 禾 和 和 和
活	살 활	부수 水(氵) | 총 9획	丶 冫 氵 氵 氵 汗 汗 活 活
黃	누를 황	부수 黃 | 총 12획	一 十 廾 廿 廿 芇 芇 芇 芇 黃 黃 黃
會	모일 회	부수 曰 | 총 13획	丿 人 亼 亼 会 会 会 会 會 會 會 會 會

孝 효도 효	부수 子 I 총 7획	一 十 土 耂 耂 考 孝
後 뒤 후	부수 彳 I 총 9획	丿 彳 彳 彳 彸 彸 徬 後 後
訓 가르칠 훈	부수 言 I 총 10획	丶 亠 亠 亖 言 言 言 訁 訓 訓
休 쉴 휴	부수 人(亻) I 총 6획	丿 亻 仁 什 休 休

한자능력검정시험 6급 모의평가 문제지

6급	*** 6급과 6급Ⅱ는 서로 다른 급수입니다. 반드시 지원 급수를 다시 확인하세요. ***		
	90문항	50분 시험	시험일자 : 20○○. ○○. ○○
	* 성명과 수험번호를 쓰고 문제지와 답안지는 함께 제출하세요.		
	성명 ______	수험번호 □□□-□□-□□□□	

[問 1~33] **다음 밑줄 친 漢字語의 讀音을 쓰세요.**

〈보기〉

漢字 ➔ 한자

[1] 가게 앞에 開業을 축하하는 화환이 여러 개 놓여 있었습니다.

[2] 지난주에 강원도로 家族 여행을 다녀왔습니다.

[3] 점심時間 종이 울리자마자 아이들은 누가 먼저랄 것 없이 뛰어나갔습니다.

[4] 10년이면 江山도 변한다는데 이곳은 변한 것 없이 그대로입니다.

[5] 신제품을 開市한 지 얼마 되지 않아 완전 판매되었습니다.

[6] 우리 學校는 올해로 개교 20주년을 맞이했습니다.

[7] 올해는 날씨가 좋아 벼農事가 풍작입니다.

[8] 그의 제안에 多數의 사람들이 찬성했습니다.

[9] 바쁜 아버지를 代身해 심부름을 했습니다.

[10] 도서관에서 童話책을 빌려 동생에게 읽어주었습니다.

[11] 사람 面前에 대고 하기 어려운 말은 뒤에서도 하면 안 됩니다.

[12] 심폐소생술을 통해 소중한 生命을 살릴 수 있었습니다.

[13] 그 木手가 만드는 가구는 튼튼하기로 소문이 자자합니다.

[14] 많은 사람 앞에서 發表하는 일은 항상 떨립니다.

[15] 두 사람은 區別할 수 없을 정도로 많이 닮았습니다.

[16] 눈을 떴을 때는 이미 夕陽이 내려앉고 있었습니다.

[17] 아역 배우가 成人 연기자 못지않은 명연기를 펼쳤습니다.

[18] 비상시를 대비하여 집안에다 消火기를 항상 비치해 두어야 합니다.

[19] 밖은 환한데 室內는 너무 어두워서 밤이 된 줄 알았습니다.

[20] 우리가 運命이라면 다시 만날 수 있을 것입니다.

[21] 言語의 장벽을 뛰어넘어 친구가 되었습니다.

[22] 언제 다시 볼 수 있을지는 모르겠지만 永遠한 우정을 약속했습니다.

[23] 그가 있던 자리에 溫氣가 남아 있습니다.

[24] 휘몰아치는 거센 바람에 집 全體가 흔들렸습니다.

▶ 자르는 선

〈계속〉

[25] 봄이 되자 庭園에 하나둘씩 꽃이 피기 시작했습니다.

[26] 어떤 어려운 상황이 닥쳐도 正直하게 살아야 합니다.

[27] 추석을 맞이하여 과일 선물 세트가 主力 상품으로 나왔습니다.

[28] 에너지를 절약하여 地球 온난화를 막을 수 있습니다.

[29] 비상 通路에는 물건을 쌓아 두면 안 됩니다.

[30] 헌법에서 모든 인간은 平等하다고 말하고 있습니다.

[31] 서당 개 삼 년이면 風月을 읊습니다.

[32] 날씨가 갑자기 쌀쌀해져서 두꺼운 下衣로 갈아입고 나왔습니다.

[33] 기나긴 접전 끝에 우리 팀이 勝利를 거두었습니다.

[問 34~55] **다음 漢字의 訓과 音을 쓰세요.**

〈보기〉
字 ➔ 글자 자

[34] 醫

[35] 各

[36] 強

[37] 界

[38] 南

[39] 短

[40] 堂

[41] 李

[42] 理

[43] 朴

[44] 孫

[45] 術

[46] 野

[47] 然

[48] 油

[49] 題

[50] 集

[51] 親

[52] 表

[53] 幸

[54] 和

[55] 休

[問 56~75] **다음 밑줄 친 漢字語를 漢字로 쓰세요.**

〈보기〉
한자 ➔ 漢字

[56] 저 땅은 개인이 소유한 곳이라 허락 없이 함부로 들어갈 수 없습니다.

〈계속〉

◀ 자르는 선

[57] 온 가족이 가사를 공평하게 분담하여 각자의 몫을 하고 있습니다.

[58] 무대 위에 오른 가수가 노래를 시작했습니다.

[59] 선생님이 들어오시자 교실 안이 순식간에 조용해졌습니다.

[60] 국군의 날을 맞이하여 군인들이 행진하고 있습니다.

[61] 남해는 해산물이 풍부하여 맛있는 음식이 많습니다.

[62] 아쉬움을 동력으로 삼아 다음번에는 더 좋은 결과를 낼 것입니다.

[63] 대화할 때는 상대방의 입장을 고려해서 말해야 합니다.

[64] 그 이야기는 판소리로 전해지다가 문자로 기록되어 후대에 전해졌습니다.

[65] 목격자를 찾기 위해 백방으로 수소문하였지만 아무 소용이 없었습니다.

[66] 그곳은 과거 표범의 왕국이라고 불릴 만큼 그 수가 많았다고 합니다.

[67] 잠깐 외출한 사이 소나기가 내려 빨래가 다 젖었습니다.

[68] 부모님은 조모를 모시고 식당에 가셨습니다.

[69] 건강을 위해 현미밥을 주식으로 하고 있습니다.

[70] 시작은 조금 늦었지만, 마음만은 언제나 청춘입니다.

[71] 초목이 우거진 정글 속을 걷다 보니 폭포가 나왔습니다.

[72] 저 두 사람은 형제인데도 불구하고 닮은 구석이 하나도 없습니다.

[73] 조선 시대에는 대가 끊기게 하는 것이 가장 큰 불효였다고 합니다.

[74] 그는 타고난 능력과 후천적인 노력으로 대회에서 우승을 거두었습니다.

[75] 갈치는 대표적인 제주도의 명물 중 하나입니다.

[問 76~78] 다음 漢字와 뜻이 반대(또는 상대)되는 漢字를 골라 그 번호를 쓰세요.

[76] 今: ① 古 ② 計 ③ 答 ④ 班

[77] 女: ① 苦 ② 男 ③ 樹 ④ 番

[78] 天: ① 度 ② 共 ③ 地 ④ 父

[問 79~80] 다음 漢字와 뜻이 같거나 비슷한 漢字를 골라 그 번호를 쓰세요.

[79] 光: ① 色 ② 果 ③ 讀 ④ 使

[80] 衣: ① 郡 ② 童 ③ 算 ④ 服

▶ 자르는 선

〈계속〉

[問 81~83] 다음 성어의 (　) 안에 알맞은 漢字를 〈보기〉에서 찾아 그 번호를 쓰세요.

〈보기〉

① 根　② 樂　③ 作　④ 月
⑤ 發　⑥ 三　⑦ 信　⑧ 運

[81] 百(　)百中: 백 번 쏘아 백 번 맞힌다는 뜻으로, 쏠 때마다 다 맞음을 이르는 말.

[82] 淸風明(　): 맑은 바람과 밝은 달.

[83] (　)心三日: 단단히 먹은 마음이 사흘을 가지 못한다는 뜻으로, 결심이 굳지 못함을 이르는 말.

[問 84~85] 다음 중 소리(音)는 같으나 뜻(訓)이 다른 漢字를 골라 그 번호를 쓰세요.

[84] 球: ① 區　② 急　③ 例　④ 書

[85] 百: ① 年　② 綠　③ 白　④ 線

[問 86~87] 다음 뜻에 맞는 漢字語를 〈보기〉에서 찾아 그 번호를 쓰세요.

〈보기〉

① 入住　② 多少　③ 六寸
④ 姓名　⑤ 愛民　⑥ 農夫

[86] 새 집에 들어가 삶.

[87] 농사짓는 일을 직업으로 하는 사람.

[問 88~90] 다음 漢字의 짙게 표시한 획은 몇 번째 쓰는 획인지 〈보기〉에서 골라 그 번호를 쓰세요.

〈보기〉

① 첫 번째　② 두 번째
③ 세 번째　④ 네 번째
⑤ 다섯 번째　⑥ 여섯 번째
⑦ 일곱 번째　⑧ 여덟 번째
⑨ 아홉 번째　⑩ 열 번째
⑪ 열한 번째　⑫ 열두 번째
⑬ 열세 번째　⑭ 열네 번째

[88]

[89]

[90]

♣수고하셨습니다.

〈끝〉

◀ 자르는 선

수험번호 □□□-□□-□□□□□ **성명** □□□□□

생년월일 □□□□□□

※ 유성 사인펜, 붉은색 필기구 사용 불가.

※ 답안지는 컴퓨터로 처리되므로 구기거나 더럽히지 마시고, 정답 칸 안에만 쓰십시오. 글씨가 채점란으로 들어오면 오답처리가 됩니다.

한자능력검정시험 6급 모의평가 답안지(1)

답안란		채점란		답안란		채점란		답안란		채점란	
번호	정답	1검	2검	번호	정답	1검	2검	번호	정답	1검	2검
1				15				29			
2				16				30			
3				17				31			
4				18				32			
5				19				33			
6				20				34			
7				21				35			
8				22				36			
9				23				37			
10				24				38			
11				25				39			
12				26				40			
13				27				41			
14				28				42			

감독위원	채점위원(1)		채점위원(2)		채점위원(3)	
(서명)	(득점)	(서명)	(득점)	(서명)	(득점)	(서명)

▶ 자르는 선

※뒷면으로 이어짐

※ 본 답안지는 컴퓨터로 처리되므로 구겨지거나 더럽혀지지 않도록 조심하시고 글씨를 칸 안에 또박또박 쓰십시오.

한자능력검정시험 6급 모의평가 답안지(2)

답안란		채점란		답안란		채점란		답안란		채점란	
번호	정답	1검	2검	번호	정답	1검	2검	번호	정답	1검	2검
43				59				75			
44				60				76			
45				61				77			
46				62				78			
47				63				79			
48				64				80			
49				65				81			
50				66				82			
51				67				83			
52				68				84			
53				69				85			
54				70				86			
55				71				87			
56				72				88			
57				73				89			
58				74				90			

◀ 자르는 선

[한자능력검정시험 6급 모의평가 정답]

수험번호 □□□-□□-□□□□□ 성명 □□□□□

생년월일 □□□□□□

※ 유성 사인펜, 붉은색 필기구 사용 불가.

※ 답안지는 컴퓨터로 처리되므로 구기거나 더럽히지 마시고, 정답 칸 안에만 쓰십시오. 글씨가 채점란으로 들어오면 오답처리가 됩니다.

한자능력검정시험 6급 모의평가 답안지(1)

답안란		채점란		답안란		채점란		답안란		채점란	
번호	정답	1검	2검	번호	정답	1검	2검	번호	정답	1검	2검
1	개업			15	구별			29	통로		
2	가족			16	석양			30	평등		
3	시간			17	성인			31	풍월		
4	강산			18	소화			32	하의		
5	개시			19	실내			33	승리		
6	학교			20	운명			34	의원 의		
7	농사			21	언어			35	각각 각		
8	다수			22	영원			36	강할 강		
9	대신			23	온기			37	지경 계		
10	동화			24	전체			38	남녘 남		
11	면전			25	정원			39	짧을 단		
12	생명			26	정직			40	집 당		
13	목수			27	주력			41	오얏/성 리		
14	발표			28	지구			42	다스릴 리		

감독위원	채점위원(1)		채점위원(2)		채점위원(3)	
(서명)	(득점)	(서명)	(득점)	(서명)	(득점)	(서명)

▶ 자르는 선

※뒷면으로 이어짐

※ 본 답안지는 컴퓨터로 처리되므로 구겨지거나 더럽혀지지 않도록 조심하시고 글씨를 칸 안에 또박또박 쓰십시오.

한자능력검정시험 6급 모의평가 답안지(2)

답안란		채점란		답안란		채점란		답안란		채점란	
번호	정답	1검	2검	번호	정답	1검	2검	번호	정답	1검	2검
43	성씨 박			59	教室			75	名物		
44	손자 손			60	軍人			76	① 古		
45	재주 술			61	南海			77	② 男		
46	들 야			62	動力			78	③ 地		
47	그럴 연			63	立場			79	① 色		
48	기름 유			64	文字			80	④ 服		
49	제목 제			65	百方			81	⑤ 發		
50	모을 집			66	王國			82	④ 月		
51	친할 친			67	外出			83	③ 作		
52	겉 표			68	祖母			84	① 區		
53	다행 행			69	主食			85	③ 白		
54	화할 화			70	青春			86	① 入住		
55	쉴 휴			71	草木			87	⑥ 農夫		
56	所有			72	兄弟			88	⑩		
57	家事			73	不孝			89	⑪		
58	歌手			74	後天			90	⑧		

◀ 자르는 선